U0141700

唐浩明——著

肆

張之洞

這是一個成功的人生——
少年解元，青年探花，中年督撫，晚年宰輔。
這也是一個備受奚落的人物——
起居無時，號令無節，行爲乖張，巧於仕宦。

國家圖書館出版品預行編目資料

張之洞／唐浩明著. -- 初版. -- 臺北市：遠流, 2002[民91]
冊： 公分

ISBN 957-32-4712-7(全套：平裝). -- ISBN 957-32-4713-5(第1冊：平裝). -- ISBN 957-32-4714-3(第2冊：平裝). -- ISBN 957-32-4715-1(第3冊：平裝). -- ISBN 957-32-4716-X(第4冊：平裝). -- ISBN 957-32-4717-8(第5冊：平裝). -- ISBN 957-32-4718-6(第6冊：平裝)

857.7　　91013621

張之洞（共六冊）

〈肆〉

作　者　唐浩明
主　編　李佳穎
執行編輯　洪淑暖
封面設計　唐壽南
發 行 人　王榮文
出版發行　遠流出版事業股份有限公司
臺北市汀州路三段一八四號七樓之五
郵撥：0189456-1　電話：(02)2365-1212
傳真：(02)2365-7979　(02)2365-8989
著作權顧問　蕭雄淋律師
法律顧問　王秀哲律師／董安丹律師
印　刷　一展印刷事業有限公司
初版一刷　2002年9月1日
初版二刷　2003年3月15日
ISBN　957-32-4712-7（全套：平裝）
ISBN　957-32-4716-X（第四冊：平裝）
版權所有・翻印必究　Printed in Taiwan
（缺頁、破損或裝訂錯誤，請寄回更換）
YLib 遠流博識網
http://www.ylib.com　E-mail:ylib@ylib.com

定價250元

目錄　中卷（下）

第六章　署理兩江

第四章 參劾風波

1 為獲取信賴，候補道用高價從書呆子手裏買來一部《解讀東坡》

為興辦漢陽鐵廠請款的奏疏移到戶部很長時間了，翁同龢有意壓着不辦。

翁同龢的侄子翁曾源與張之洞為同科鼎甲。故翁同龢與張之洞非但無個人嫌隙，反倒多一層情誼。張之洞與翁氏叔侄關係一向不錯，但幾年前卻決裂了。這原因是因為張之洞的開禁闈賭。出身閥閱世家的翁狀元十分注重性理品操。廣東賭徒的眼睛居然會盯住鄉試，這令翁同龢不可思議。鄉試乃朝廷掄才大典，神聖而清高，怎能與賭博掛上鉤？翁同龢堅決主張取締這種非法賭博。後來廣東官府嚴令禁止，翁同龢是十二分擁護的。張之洞以清流出身的兩廣總督，居然可以為了幾個錢冒天下之大不韙，解除這道禁令，讓罪惡之賭在廣東再次泛濫，這哪裏算得上聖門之徒，這又怎麼配做總督？所以儘管張之洞有關外之捷，翁同龢仍不喜歡他。他的請款奏疏移到戶部後，翁同龢公然對下屬說：「暫時壓一壓，看他張之洞又會想出甚麼點子來。」

直到成允四處在京城活動，幫成允説話的人來到醇王府，説起湖北的事情和張之洞辦鐵廠的艱難時，重病中的醇王派人給翁同龢帶去他的口諭：戶部不要在用款上為難張之洞，他在湖北辦洋務不易，要支持。

翁同龢不敢不聽醇王的話，於是同意給漢陽鐵廠撥款二百萬。另外附帶兩個說明：一是這筆款子即為鐵廠的全部撥款，今後不再追加；二是銀子從光緒十六、十七兩年湖北應上交給戶部的四百萬兩鐵路籌款中扣除。正是桑治平所預料的：羊毛出在羊身上。

由於張之洞的力薦，也由於成允本人在京師的得力活動，更因為醇王的支持，張之洞所期望的人事安排完全達到了預期的目的：王之春從粵臬升調鄂藩，陳寶箴官復原職，放湖北，成允升調粵藩，皆大歡喜。

有了熱心洋務的湖北藩、臬的幫襯，又有了戶部允准的銀子，張之洞決心步胡林翼的後塵，利用荊襄江漢這塊廣袤的土地，大力興辦洋務，把漢陽鐵廠建成世界第一流的鋼鐵工廠，既為朝廷立一個強國富民的樣板，也為自己在千年史冊上留個美名。

龜山腳下成千民伕在填土築堤，一派熱火朝天的景象。大冶鐵礦、馬鞍山煤礦沉寂多年後又開始熱鬧起來。附近的百姓都知道，新來的張制台在這裏採礦挖煤了。這時，鐵政局督辦蔡錫勇又將閻敬銘早已看好的徐建寅引進湖北。

徐建寅的父親徐壽，是近代中國一位著名的科學家、工程師。早在咸豐十年，曾國藩在創辦中國第一個洋務工廠——安慶內軍械所時，徐壽就與因翻譯《幾何原理》而出名的數學家華衡芳應聘來到安慶。在這裏，徐壽造出中國第一枚開花炮彈，研製中國第一艘蒸汽輪船。後來徐壽又和華衡芳一起來到上海江南機器局，創辦中國第一個翻譯機構——江南譯書局，翻譯一批化學物理等西洋書籍，並培養了一羣中國最早的洋務人才。徐建寅為徐壽的次子，從小受到嚴格的家庭教育和良好西學薰陶，勤奮好學，中西會通。他在江南機器局、福州船政局、天津機器局做過事，又作為使館參贊駐德國一年多。其學識和能力均不在乃父之下，現剛四十出頭，正是年富力強的大好時光。他和蔡錫勇一樣，雖出沒於達官貴人之間，卻不受官場污染，潛心於自己的學問技藝，故與蔡錫勇成為好朋友。湖北正需要徐建寅這樣的洋務人才，徐建寅也正需要湖北這樣的洋務舞台。張之洞久仰徐壽大名，對徐建寅十分禮遇，當即委任他為湖北鐵政局會辦，並請他負責大冶鐵礦的勘查、開工等事宜。湖北鐵政局原有蔡錫勇、陳念礽等一批洋務骨幹，現在又得了徐建寅，力量大為加強。但鐵政局及其下屬的鐵廠、礦區有着大量非技術性的事情，為銀錢管理、文案、後勤等等都需要得力的人去辦，更迫切需要一個總管這方面的人才。

趙茂昌看出鐵廠將是一個奇貨可居之處，他請求張之洞派他去鐵廠。張之洞說：「你是督署的總文案，你不能去鐵廠辦那些事，那些事好比當年胡文忠公打仗的後路總糧台，得有一個閻丹初式的人去做。你幫我物色一下，找個能幹又可靠的人出來，你今後可以代表我或是代表督署去鐵廠稽查，好比朝廷派出的欽差大臣一樣。」

趙茂昌聽了這話，打消做鐵廠糧台總理的念頭。他尋思着今後以張之洞的私人代表身份更好，既不負實際責任，又可以坐得大利，物色一個人來代替，倒的確比自己出任更好。

有趙茂昌這種眼光的人，在湖北官場中不少，尤其在候補官這一羣體中更多。當時湖北有候補道、府、縣及佐雜近八百人，他們的頂子都是用錢買來的，十之八九也是想用以此賺取更多的錢。但這個生意也不好做，賺大錢的固然有，偷雞不着蝕把米的也常見。現在武昌來了個張制台，這個張制台要辦鐵廠、辦槍炮廠，要開煤礦、開鐵礦，他一紙奏摺，就招來二百萬両銀子，而且據說這銀子今後還要源源不斷地從戶部國庫、從洋人銀行裏引來，白花花的銀子將會像海水一樣的流入湖北，流入武昌城。張制台興辦這麼多的洋務衙門，給死板老套的官場平添成百上千個自古未有的職位。這職位一天到晚跟銀子打交道，順手將幾百兩銀子放進腰包，簡直如游泳時張嘴吸口水樣的順當容易。今日拿印把關，明日便可暴富！據說張制台辦洋務造出的鐵塊、鋼材將可以跟洋人比美，各省都會來購買，洋人也將來訂貨，日後黃金白銀會堆得山一樣的高。所有在洋務衙門裏做事的人都可以按官職大小每年分紅，多的可達數萬，再少也比一個縣令的俸祿要多。

張制台真個是財神菩薩呀！這些個以發財為唯一追求又無實際職守羈絆的候補官員們，除極少數腦子尚未開竅者外，個個都想削尖腦袋向新辦的湖北鐵政局裏鑽。

現任的道府知縣與候補官相反，因為官運正好，既有銀子，又有前途，幾乎沒有人想進洋務局所。張制台辦的洋務，看似熱熱鬧鬧，但成敗尚不可預料，絕對犯不着為了一個會辦、協辦、總辦等野碼頭官來換朝廷欽賜的烏紗帽。

不過，這些大人老爺們有着眾多的七姑八姨內侄外甥。他們沒有官職，他們比一般百姓更想發財——因為他們有一個可依賴的權勢。這中間的不少人也有這個慧眼，知道進了洋務局所便是與洋人沾上了邊，既可以發財，又可以攀上高枝。於是紛紛託自己做官的親人前去聯繫。於是，候補官場與裙帶官場相匯合，一時間，湖廣總督衙門、湖北鐵政局以及漢陽鐵廠、大冶鐵礦、馬鞍山煤礦籌辦處的門檻都幾乎踏破。親自來的，託人關照的，各個衙門的大人老爺打發人來遞條子的，絡繹不絕。洋務還沒辦起來，到這裏來求發洋財的、混飯吃的就如蒼蠅逐臭般地蜂擁而至。

鐵政局的督辦蔡錫勇、會辦徐建寅、協辦陳念礽等人都是科學技術人員，既不善於應付，也厭煩於人事，便把這件事統統推給總督衙門。張之洞讓總文案趙茂昌接待這些人員，但發下一句話，所有進入洋務局所的候補官員以及所有股處部門負責人都得由他一人定奪，任何人不得擅自作主。張之洞力圖嚴把這道關口，杜絕無能而貪墨之徒混進他所主辦的洋務局所。

張之洞這個決定雖然使一部分人望而卻步，但更多人並沒因此而膽怯，他們在尋思對策，以便順利通過張之洞這道關口。他們不約而同地看中了督署文案處，特別是看中了總文案趙茂昌。張之洞高高在上，不能隨便接近，趙茂昌卻容易交往。張之洞日理萬機，政務紛雜，不可能對所有欲進洋務局廠的人透徹了解，他只能通過趙茂昌的介紹。趙茂昌這一關才是真正的關口。就這樣，趙茂昌的家幾乎成了集市。他精於此道，方方面面都應付得圓熟。

在湖北省四十餘名候補道中有一個名叫栗殿先的人，籍隸江蘇丹陽，父親在丹陽城裏開着一個絲綢舖，家道殷實。栗殿先二十多歲中了秀才，以後十年間三次應舉均不第。其父花四萬兩銀子為他捐了一個道員，五年前分發湖北。栗殿先科場上雖不順，為人卻八面玲瓏，做事精明能幹。仗着這個本事，五年來他在湖北候補官道中算是最為走紅了。他先後辦過三次長江堤防工。這是湖北省內最大最肥的優差。栗殿先辦堤工，看起來堤修得結實美觀，賬面上也做得乾乾淨淨，不露貪污挪用的痕跡，實際上三次堤工下來，他悄沒聲息地將三十萬銀子轉到了自己的腰包。他又知道財不能獨發的道理，從中拿出五萬兩發給身邊幾個貼近的下屬和分管一些重要部門的吏目，又從中拿出十萬兩銀子出來打點湖北省和武昌府、漢陽府的有關衙門，把事情做四面八方都順順溜溜。既辦了事，又撈到了銀子，還得了好口碑，真正是個官場中的奇才異能。

張之洞來到武昌不久，他就跟督署新班子中的不少人混熟了。丹陽與常州相隔不到百里，口音接近，趙茂昌與栗殿先一見投緣，談起家常來，又知道彼此原來是親戚。栗殿先的一個遠房姑媽嫁到常州，做了趙茂昌表兄的太太，栗殿先立即叫趙茂昌為表叔，趙茂昌也一口就應了。栗殿先極望能在督署中巴結上一個有實權的人物，趙茂昌也期盼在湖北官場中有一個可靠的心腹，兩人一拍即合。短短的一兩個月內，栗殿先不斷地給趙家送古董、稀奇洋鐘、洋呢、打銀票包封，近一萬両銀子的禮金來到趙茂昌的家中後，兩人的關係便親密得跟一個人似的了。

栗殿先一眼就看出鐵政局是個強過堤工十倍的好差事，心裏對此已經琢磨很久了。張之洞將為鐵政局物色一個主管後勤的協辦一事委託給趙茂昌時，趙茂昌也想到，栗殿先是一個最合適的人選。在一個酒酣耳熱的晚上，趙茂昌向栗殿先說出這個想法。栗殿先聽了心裏一陣狂喜：「表叔，如果您替侄兒謀了這個差使，侄兒這一輩子就是你的孝順親兒子。」

趙茂昌笑着說：「我有三個兒子，不缺你這一個。你今後只要不忘表叔，一個心眼跟着表叔就行了。」

栗殿先立即說：「表叔於侄兒恩同再造，今後辦甚麼事，表叔只要發個話，侄兒赴湯蹈火萬死不辭。」

「赴湯蹈火的話以後再說吧！先去弄一份扎實的履歷表來。」趙茂昌拿起一根牛骨牙簽，在牙縫中剔了幾下後說，「履歷表裏要把哪年進的學，哪幾科考舉人，都要寫得詳詳細細。張大人看中的是讀書人，你雖然沒有中舉，但場屋裏進出個幾次，也是一個讀書人了。」

「是的，是的。」候補道員恭敬地聽着總文案的指教，猶如現任道員聽制台的訓話一樣。

「履歷表還要詳詳細細地寫好到湖北來辦了哪些差，這些差辦得如何。張大人看中的是做實事的人，你辦的差事越多，他越看重。」

「是的，是的。」粟殿先連連點頭。

「還有，」趙茂昌又剔了兩下牙縫。「武昌城裏幾大衙門的爺們都要關照一下，不要拆你的台。張大人是個辦事實在的人，他會派人去查訪你履歷表上寫的真偽如何。」

粟殿先的額上冒出一絲熱汗，臉上堆滿感激的笑容：「表叔是真的疼侄兒，侄兒照辦。」略停一會，他又試探着說，「表叔，您看侄兒要不要向張制台表示表示一下。」

「不要！」趙茂昌放下牙簽，堅決地說，「張制台這人脾氣有點怪，您若去表示甚麼，這事立刻就吹了，說不定今後連別的差事你也撈不到。」

捐班道台背上沁出一陣冷汗，忙說：「表叔教導的是，教導的是。」

趙茂昌的眼睛盯着桌上的那支牙簽看了半天，慢慢地說：「你不要給張制台送禮，但你若給他送一件另外的東西的話，那這樁事成的把握就更大了。」

粟殿先眼一亮，趕緊問：「甚麼東西？」

趙茂昌慢悠悠地說：「張制台一向喜歡吟詩作賦，過去做史官學台時，每年都要寫個上百首詩。自出任山西巡撫來，政務太忙，沒有時間寫詩了，但每天夜裏睡覺前一定還要讀上幾首唐詩宋詞。」

「哦，我明白了。」栗殿先接話，「表叔是要侄兒送幾本宋刻元槧的唐詩宋詞。」

「不是。」趙茂昌打斷栗殿先。「宋刻元槧的唐詩宋詞就如珍寶古玩一般，你送給他，和送重禮不是一回事嗎？這東西送給那些明裏不要錢心裏要錢的人最好。但張制台不是這種人，你送他這個，他一樣會訓斥你。」

「那又是甚麼東西呢？」栗殿先摸了摸光溜溜的頭頂，一時想不出來了。

「張制台於唐宋詩人中最喜歡蘇東坡。他親口對我說過，凡所到之處，若該地有東坡的遺址舊跡或祠堂之類，他一定要去憑弔，感受蘇東坡的靈氣。你若是能寫一部關於蘇東坡的書送給張制台，那他一定很高興，會認為你是一個很有才學的人，立刻就會重用你。」

這可是給自認為天下無難辦之事的候補道台，出了一個大難題。漫說他過去的讀書生涯，只不過是在四書文應制詩裏打轉身而已，何曾讀過幾部真正的學問之書？李杜韓歐蘇辛等人，也不過聞其名而已，並沒有認真去讀過。要他去寫一部關於蘇東坡的書，這不是叫描紅郎去保和殿裏考書法嗎？退一萬步說，即使能寫，寫一部蘇東坡的書，又談何容易，沒有兩年三載的時間能寫得出嗎？兩三年後鐵政局協辦的位置不早被人佔去了嗎？栗殿先愁眉苦臉地說出自己的難處。

趙茂昌冷笑道：「虧你是個會辦事的能人，腦袋瓜子怎麼這樣不開竅！」

「請表叔點撥侄兒！」知道督署裏這個真正的能人心裏已有高招，栗殿先忙恭敬地請求。

「哪裏要你自己去寫！武漢三鎮裏的書呆子多的是，你也不用到處找，就到經心書院裏去就行了。那裏有的是喜歡蘇東坡的人。你先找一個出題的人，出它十個題目，然後再找十個人來，每人按題作文，不要一個月一部書就出來了。這些書呆子大多清貧，你只要出高價，他們自然會樂意連文帶名一並賣給你的。」

「好極了！」候補道台不得不佩服督署總文案的過人聰明，他起身謝道，「侄兒永世記得表叔的恩德。」

一個月後，一部題作《解讀東坡》的大書，由趙茂昌親身送到張之洞的面前。張之洞翻開這部裝裱精美、字跡端秀的書，一口氣連讀了兩篇文章，心裏十分舒暢。張之洞喜歡東坡，已到了偏愛的程度。在外放晉撫之前，他也曾有過為東坡寫一部書的念頭，但因他太熱衷於時務的緣故，不能長時期潛心靜研，書當然無法寫成。做了督撫，一天忙忙亂亂的，連一首詩都難以吟了，更何況著書立說？

「寫這部書的栗殿先，好像是個捐班道員。」

「是的，是的。」趙茂昌忙說，「他來過督署兩次，只是沒有機會見到您。」

「一個捐班能有這等學問，也真的不錯。」張之洞感歎着。「你跟他熟嗎？這人在湖北辦過些甚麼差？」

「卑職與他打過幾次交道。他來湖北五年了，辦過十多件差事，在公安一帶辦過三年河工。」趙茂昌說着，從袖袋裏取出一個手本來，遞了上去，「這是栗殿先的履歷本，請大人看看。」

張之洞慢慢地翻開栗殿先的履歷：祖父擬貢、父親秀才，本人年紀三十七歲，二十二歲中的秀才，先後參加過己卯、壬午、乙酉三科鄉試，皆不售，三十二歲以捐班分發湖北。張之洞在心裏說，此人讀書人家出身，十年間進過三次鄉闈，聖賢之書想必爛熟於胸，不第是命運不濟，比起那些連貢院大門都沒進過的捐班來，要強得多，怪不得他能寫得出研究蘇東坡的書來。他繼續看着：辦過放賑、施藥、築堤等事。還管過稅卡、稽查過私鹽、暗訪過命案等等，張之洞合上履歷卡，對趙茂昌說：「這倒是個會讀書也會做事的人。」

趙茂昌說：「卑職見過湖北候補道府，少說也有三四十名，這個栗殿先，可說是最出類拔萃的。依卑職看，不但湖北候補官員中無人可及他，就是現任的道府中也少有人比得上。大人叫卑職注意為鐵政局物色一個協辦，卑職留心觀察，這個栗殿先是個最適合的人了。」

張之洞說：「明天上午，你帶他來讓我見見。」

晚上，當趙茂昌把張之洞要接見的事告訴栗殿先時，他歡喜之餘，又不無擔憂：「表叔，你是知道的，這部蘇東坡的書是請人捉刀的，萬一張制台要跟我深談蘇東坡，那不會露馬腳了嗎？」

趙茂昌笑了笑說：「你看看，到底是偷來的鑼鼓打不得的，着急了吧！這就要看你臨場表演的本事了。現在是有這個運，就不知你有這個命沒有。」

栗殿先急得頭上冒汗，央求：「表叔得幫侄兒一把。」

趙茂昌說：「這是當面見真相的時候，怎麼能幫你？莫非叫張制台不見你了？」

「不是這個意思。」栗殿先情急智生。「侄兒把這部書也讀熟了，若張制台問起蘇東坡一般的事，侄兒也答得點出，怕的是他提出甚麼古怪的問題來。侄兒求表叔幫一個忙。表叔事先準備好一件別的事情等着。到時張制台問的事侄兒答不出來了，便用雙手正一正衣領，這是個暗號。表叔見了這個暗號，趕緊就用準備的事來岔開，最好就此讓張制台打發侄兒走。表叔幫侄兒這個忙，好比救侄兒一命。」

趙茂昌哈哈大笑：「虧你也想得出這個點子來，真是個乖角兒，就不知到時能不能哄得過。哄得過是你的命大，哄不過就自認倒楣了。」

第二天，栗殿先準時來到督署。他在小客廳裏足足恭候一個小時後，才被趙茂昌引進張之洞的簽押房。坐下後，湖廣總督將候補道員仔細打量了一眼，面孔雖說不上端正，兩隻眼睛卻聰明靈動。張之洞指着案桌上的《解讀東坡》一書，略帶笑容地問：「這部書是你寫的？」

「是卑職寫的。來到湖北之前，卑職一心讀書，故有時間可以寫文章。」栗殿先雖有點心虛，但回答的口氣還是肯定的。

張之洞又問：「古今詩人多得很，你為何獨獨寫蘇東坡？」

栗殿先答：「卑職家從祖父到父親一直到卑職本人都喜歡蘇東坡。卑職七八歲時，就能背他的『大江東去』，到了十二三歲，就對他的前後《赤壁賦》愛不釋手。長大後更知蘇東坡不僅詩、詞、文章寫得好，而且字、畫也很好，更為超過別人的是，蘇東坡一生歷經坎坷而始終曠達樂觀，真正的了不起。故卑職從二十歲起，便下決心要好好為蘇東坡寫一部書，花了十年時間才完成。聽說大人也喜歡蘇東坡，故託趙老爺呈送一部給大人，懇請大人點拔賜教。」

栗殿先對蘇東坡的喜歡原由與張之洞完全一致，這幾句話將他與候補道員的距離拉近了許多。早在廣州的時候，張之洞便因功高位尊而逐漸改變了過去與僚屬平等相待的態度，常常是一副居高臨下的神態，說起話也滿是教訓、斥責的口氣，尤其對候補官場的那些人更是如此。來到湖北之後，這種毛病更加劇了，以致於兩湖官員們見到他都有點戰戰兢兢的，而眼下，因為這部《解讀東坡》，他不再把栗殿先當手下的候補官員看待，而是把他當做一個有學問又愛好相同的文友了。

「『大江東去』和《赤壁賦》都寫得好，但本部堂更喜歡他閒適的心態。他有一首小詞，通過眼中所見的常景，用農伕村婦都能聽得懂的口語，說出人生的大道理。這可是真胸襟真本事。栗道，這首詞你背得出嗎？」

不料，交談還沒開始，便給問住了。栗殿先急得渾身發熱，想給坐在一旁的趙茂昌來個暗號，又想這麼早便結束了會談，絕不會給張之洞留下一個深刻的印象。如此，辛辛苦苦的謀劃不就白費了嗎？暫且敷衍敷衍下。「蘇東坡這方面的詩詞很多，容卑職過細地想想。」

「不要想了，我背給你聽。」張之洞撫着鬍鬚，興致盎然地背道：

山下蘭芽短浸溪，
松間沙路淨無泥。
蕭蕭暮雨子規啼。
誰道人生無再少？
門前流水尚能西。
休將白髮唱黃雞。

張之洞真是個可人！栗殿先禁不住在心裏呼叫起來。湖廣總督的這番搖頭擺腦的吟誦，不僅解了候補道員的困境，而且讓他充分領略了一個真正的蘇軾崇拜者，陶醉於蘇詞藝術境界後那種文人的真性情：不存自我，化去尊卑。

「大人記性超人，卑職不勝佩服！」栗殿先連連稱頌，恨不得鼓掌歡呼。

張之洞撫鬚的手放下，說：「蘇軾為甚麼自號東坡，後人有多種說法。栗道，你主哪一說？」

栗殿先僅知唯一的一個說法，還是他估計到張之洞會考問這個題目，昨夜臨時將捉刀人從經心書院請來詢問的。他為自己的先見之明暗自得意，遂侃侃而談：「蘇軾自號東坡的緣由，後人考證有多種，卑職認為源自白居易的東坡詩較可靠。蘇軾敬重白居易，尤其喜愛白居易作的東坡詩，其中《步東坡》一詩他曾多次書寫贈人，《步東坡》寫道：朝上東坡步，夕上東坡步，東坡何所愛，愛此新成樹。在黃州時，他新建的房子落成。他在新房大廳四壁上畫滿大雪，署其名為東坡雪堂，以後便以東坡自號。」

張之洞點點頭說：「不錯，此說最有道理。他的名作如前後《赤壁賦》等都寫在黃州東坡雪堂。」

栗殿先畢竟是個老於世故的官吏，他知道若總等着張之洞的發問再回答，必然很容易露馬腳，不如反客為主，檢些自己知道的說給他聽，將他的思路引到自己所想好的線路上來，則可收取融洽談蘇的好氣氛。他努力追憶在與這部書的捉刀們聊天時所聽到的故事，終於讓他想起了一個，於是以一個蘇軾研究者的身份談着：「蘇東坡在東坡雪堂裏吟詩作文，勤奮讀書，為後世留下許多佳作，也留下不少佳話。」

「哦。」果然，張之洞對「佳話」來了興趣，「說給我聽聽。」

「有年冬天的晚上，雪堂外面下着大雪，颳着寒風，天氣非常寒冷，蘇東坡在雪堂書齋裏讀杜牧的《阿房宮賦》。東坡很喜歡這首賦，高聲朗誦了一遍又一遍，全然忘記已是半夜三更，也全然忘記外面的風雪。他自己不冷不要緊，卻苦了書房外兩名值夜的老兵。他不睡老兵也不能睡，倆個老兵又冷又睏，實在受不住了。一個老兵說，這文章寫得有甚麼好，值得這樣反反覆覆地讀，害得我們跟着受苦，何人寫的，真是造孽！另一個說，我聽了半夜，沒聽出甚麼味道來，只有一句說出我的心裏話，『使天下之人不敢言而敢怒』，這句話正合你我兩人的心思。當時東坡的小兒子蘇過正在旁邊的一間房裏用功，聽到了兩個老兵的對話，第二天告訴父親。蘇東坡笑道：『這漢子不枉跟了我這麼久，見識倒真還不錯。這句話不正是《阿房宮賦》的點睛之語嗎？他看得多準！可惜不會寫文章，若是會寫文章，不在我之下。』

張之洞笑着說：「近朱者赤，近墨者黑，跟東坡跟得久，耳濡目染，也成了半個文人。東坡三個兒子，個個文章出眾。特別是你剛才說的小兒子蘇過，不僅文章好，繪畫也得乃父之風。」

栗殿先突然又想起捉刀者說起的蘇過的一個故事來，忙接下說：「蘇過被人稱為小東坡。據說宣和年間，他遊京師時寓居景德寺僧房。正是盛暑時節，忽然有一天，有幾個人抬着一輛小轎來到景德寺，聲稱奉旨來請蘇小東坡。蘇過不敢抗拒，只好上轎。轎四周深色簾子遮住，轎頂敞開，上面有一把涼傘遮着太陽。兩個人抬着轎子快步如飛，蘇過坐在轎中，兩旁的景物一點也看不到，只覺耳邊風聲陣陣，人如在雲霧中飛騰。」

張之洞聽得入迷了，禁不住插嘴：「莫不是上界神仙來請他？」

坐在一旁的趙茂昌也笑了起來。

栗殿先繼續說：「大約走了十多里路，轎子停住。蘇過走出轎，面前是一條長長的走廊，一個內侍前來迎接；走過長廊後，來到一座小殿堂。一進殿堂，只見風流天子徽宗皇帝已坐在那裏等候他。徽宗身穿黃色袍子，頭戴青平冠，幾十個宮女環侍左右。蘇過不敢仰視，忙跪下叩頭，一會兒，便覺四周異香扑鼻，冷氣逼人。他側着眼睛看了看周圍，原來殿堂裏積冰如山，一陣陣香霧從冰山上噴出，真有點像是來到神仙境地。」

張之洞笑道：「這位道君皇帝也不是凡夫俗子，說不定他此刻正在哪座仙觀裏參拜祖師爺哩！」

「蘇過正在驚疑之際，皇上開口了：你是蘇軾的兒子，聽說善畫窠面，這裏有一堵新砌好的白壁，你給它畫一幅畫吧！蘇過起身，來到左側一堵粉牆邊，各種顏料早已調好。他思索一會兒，然後揮筆畫起來，一個時辰後，畫好了。但見滔滔海浪中有一座陡峭山峯，山峯上長滿青松翠柏，松柏中露出一座道觀，通向道觀的是一條羊腸小道。小道上有一個道士在拾級攀援，那道士背上背了一藥袋。徽宗皇帝看後稱讚不已，親自拿起筆來題了幾個瘦金體：嶗山道士採藥圖。蘇過為皇帝高超的領悟力所佩服。皇帝賜他美酒一壺。他喝了這壺酒後，渾身輕快有飄飄欲仙之感。內侍扶他上轎，一會兒又回到景德寺。蘇過彷彿覺得像做了一場美夢似的，仔細聞聞嘴脣，只見酒香猶在，知不是做夢，是真的。」

「這故事有趣！」張之洞顯然被這個傳說所吸引，停了一會說，「有一個有名的故事，說有人評蘇軾與柳永的詞的不同處。東坡的詞，當關西大漢執鐵綽板琶唱『大江東去浪淘盡千古風流人物』。柳永的詞，當十七八歲妙齡女郎執紅牙板，唱『楊柳岸曉風殘月』。這是說蘇詞豪放，柳詞婉約。其實蘇軾的詩詞有豪放一面。也有婉約一面，栗道對蘇軾鑽研頗深，你能否對本部堂說說，蘇軾的豪放風格繼承了前人哪些人的長處，對以後南宋的詞風有哪些影響，他的婉約之風又體現在哪些名作上？」

張大人對東坡的興趣真是太濃厚了！趙茂昌聽到張之洞提出這樣大的一個問題來，心中暗暗吃驚：

這樣的題目是可以再寫一部書來的，漫說栗殿先是個冒牌貨，即便那些對蘇軾真有研究的學究們，要答出這個問題來也不容易，看來備用之物該出手了。這時栗殿先早已將衣領正了兩次，正在焦急不堪之際，看到趙茂昌的臉轉過來了，忙向他投去求救的眼神。趙茂昌會心一笑，從左手袖裏掏出一迭紙來，走到張之洞的身邊說：「這是辜湯生昨夜裏交給我的一迭譯稿，並特別指出英國的《泰晤士報》已報導湖北將建世界第一大型鐵廠的消息，正在倫敦休假的俄國皇太子表示要在明年訪問中國，期間一定要來武昌拜訪鐵廠的創辦人。」

「哦，這樣重要的消息，你為何不早說！」張之洞一把接過辜鴻銘的譯稿，一邊看一邊說，「栗道，你先回去吧！關於豪放和婉約的事，我們下次再談。」

如同奉到特赦令似的，候補道員從囚室裏解脫出來。他趕緊起身，向張之洞深深地鞠了一躬，又特為向趙茂昌報以感謝的微笑，然後匆匆走出督署簽押房。

2 歸元寺狀告湖廣督署總文案

俄國皇太子明年將來武昌的消息，給張之洞帶來很大的興奮。鐵廠還在籌辦之時，便引起世界的矚目，建成投產後，必定更會引起世界的震動。一定要搶在俄皇太子來華前建好，讓他看看由湖廣總督張之洞創辦的鐵廠是如何的氣派壯觀，藉這位大國太子的口去傳播四方，既揚我中華國威，又揚我張之洞的大名。他給鐵政局的督辦蔡錫勇下達命令：一定按世界最高的規格建漢陽鐵廠，廠的佔地面積要最寬，煉鐵爐要最大，煙囪要最高，配套設備要最齊全，機器要最新，一切從最好要求，不要小氣，不要省儉。二要加快進度，明年秋天要把大致規模弄出來，要讓俄皇太子有東西可看。至於銀錢，由他來籌措，不必分心。為了讓蔡錫勇、徐建寅等人一心一意投入建設，鐵政局裏銀錢調配開支、文案擬辦收發、人事安排協調以及差事調撥委派等等，將專門由一批人員來辦理，另設一個鐵政局協辦總理這一大攤子事，此協辦正是獻《解讀東坡》而捷足先登的候補道栗殿先。

栗殿先不愧是個能幹人。他上任沒幾天，便將蔡錫勇為之頭痛的大小事務一手包攬了過去，並為蔡錫勇、徐建寅及另一協辦陳念礽等人加派僕人、轎馬、車伕、廚師，將他們的日常飲食起居料理得妥妥帖帖，又在龜山廠址的最南端劃出一塊地，擬給他們每人建一幢小洋樓，為的是方便今後的辦事。栗殿先這些舉措，很快便得到蔡錫勇等人的讚賞，他們在張之洞面前稱讚新來的栗協辦能幹會辦事。張之洞為自己的慧眼識才而高興。

不久，栗殿先向張之洞呈遞一份漢陽鐵廠機構設置構想。他有意將由徐建寅、陳念礽所管轄的技術部門空缺，而將他所管轄的部門則構想得甚是周到。這些部門，分為五股：收支股、稽核股、物料股、商務股、衞生股。每股下設四至五個處，如收支股裏有五處：籌銀處、外國銀行處、發放處、賬房處、復核處。每處設主審辦一人，副審辦二人，處員若干，下轄二至三室，每室則設室頭一人，室員若干人。如此則諸事分門別類，職守清楚，股處各司其職，各負其責，整個鐵廠的後勤管理則綱舉目張，井然有序。

張之洞見了這道稟帖，欣然贊同，吩咐栗殿先照此辦理，只是強調股處兩級的負責人員，必須呈報詳細履歷單，由他審核，其委任狀由他簽署，並蓋上湖廣總督的紫花大印，以示鄭重並抬高任職者的地位。

栗殿先捧着張之洞這道命令，大肆施展他的用人行政之長才。他的候補官場的朋友們，拜把結義的兄弟們，各種場合結識的哥兒們，遠的近的轉彎抹角的親戚們，他依照親疏厚薄，特點長處，予以不同的安排。他將那些能夠造得出一張像樣履歷表的人安排在股處兩級的主副審辦上，交給張之洞去審查。張之洞查看那一迭迭手本，似覺個個都清清白白的，從出身品級經歷到所辦的差使，看不出栗殿先在挑選人員和安排職位上有甚麼不當或徇私之處，幾乎一律照准。至於那些拿不到台面上的，則安置在股處室裏做辦事員。這些人張之洞概不過問，栗殿先連一點手腳都不必做。趙茂昌也在其中安插了一大批私人，栗殿先自是一切照辦。張之洞也會自己做主安排一些他認為可靠能幹的人，栗殿先當然不敢違抗，一一遵命。但過一段時期，他若發現此人對他不利，便會不露聲色地將此人調動一下，或支出辦差，或明升暗降，總之，被整的人心中明白，又都說不出口。沒有多久，粟殿先控制的後勤幾個股處便被辦成大大小小的衙門，各級官府慣常的衙門作風：敷衍、推諉、拖欠、散漫、不負責任以及講排場、鋪張奢華等等都在股處中滋生蔓延開來。屬於技術部門的機器股、化鐵股、製鋼股、化驗股，也紛紛效尤。這些股的主辦人員也一個個包攬私人，拉幫結派，一個原本只需要十幾個人的鐵廠辦公部門，很快便高達三百多人，許多人佔着一個位子，只拿薪水不幹事，更多的則是一樁事每個股處都沾邊，既都要行使自己的職權，又都不承擔自己的責任。

中國官場一切根深蒂固的惡習痼疾，不上半年功夫便深深地纏住了這個新生的漢陽鐵廠，蔡錫勇、徐建寅、陳念礽等人對此種局面深為頭痛，但又毫無一點辦法。

不過，鐵廠的興建工程仍在按計劃進行。河堤早已建好，廠址也早已填平，煉鋼廠、軋鋼廠、鋼條廠、電機廠、翻砂廠、修理廠等主要工廠也在次第興建。從英、美等國購買的各種機器遠渡重洋，從吳淞口進入長江，然後溯江而上，源源不斷地運到漢陽門碼頭，搬運到龜山腳下。大冶鐵礦、馬鞍山煤礦在徐建寅的指揮下，也在加速建設中。張之洞隔三四天便要親自來一趟鐵廠工地，看着工地上一片忙忙碌碌的景象，聽着蔡錫勇談着各種問題，眼見龜山腳上這塊土地上正在日新月異，蓬勃發展，他心裏高興。尤其是聽粟殿先報喜不報憂的稟報，他更是得意。現在，他要騰出手來辦一件所到之處必辦不可的大事——創辦學堂，促進學政。

位於武昌營坊口都司湖畔的經心書院，是同治八年張之洞任湖北學政時創辦的，二十多年來，這所學堂為湖北培養上百名舉人進士，但近年來，卻有日漸衰敗之象。大前年都司湖漲水，浸坍了一部分齋舍，至今也沒修繕，幾個有名望的先生去別省任教，於是到經心書院來讀書的學子也減少了。張之洞來到這裏視察，見自己當年傾注極大心血辦起的這所書院，被弄成如此模樣，猶如眼見自己長大的兒子沒有成器似的，心裏十分難受。檢查原因，一是這些年學台無能，巡撫不重視，撥下的經費不足；二是書院的山長不是一個熱心教育的人，他更大的興趣是混跡官場，時常出沒於官府舉辦的各種活動中，而不是傳授學問作育人材的人師之頭領，因而招致一些正派教習的不滿，終至棄他而去。

張之洞決定整頓經心書院。他辭退那位熱心社交而不熱心教學的山長，將所賞識的梁鼎芬從廣東端溪書院請來出任經心書院的新山長。梁鼎芬這幾年在廣東辦端溪書院，積累了不少辦學經驗，又受風氣影響，頭腦裏增添許多新式學堂的觀念，他在察看了經心書院後，向張之洞提出一個宏大的計劃。

「香帥，這都司湖水光瀲灩，四周草木蔥蘢，是個辦書院的極好地點，依學生的直感，此地今後可出大人物。」

張之洞笑道：「這地方本是我親自選定的，可惜這二十年來書院沒辦好。現在由你來接辦，希望能應你剛才的話，在你做山長的時候，書院出一兩個大人物。」

梁鼎芬聽了這話，渾身熱血沸騰起來，說：「香帥如此看重學生，學生一定要鞠躬盡瘁，把書院辦好，不負香帥的期望。」

「好，書院的山長就應該都有這種想法。多出幾個舉人進士，自然是辦書院的目標，但真正的還是要作育能辦事的人才。許多舉人進士其實只是書呆子，四書五經背得很熟，八股文也做得好，但處事卻不行，官也做不好。辦事為政，還得有真才實學才行。你今後長書院要多在這些方面下功夫，尤其注重發現和培養那些有卓異才幹的人。今後書院若出一兩個曾文正公、胡文忠公那樣扭轉乾坤的大人物，你這個山長也就不朽了。」

張之洞的這番期待更激發梁鼎芬的熱情，他在心裏將原先的計劃又作了一番擴充：「香帥，學生想將經心書院作一番大的改造，辦成一所全國最大最新的書院。」

張之洞辦事一向喜以天下第一作為自己的目標，梁鼎芬也能有這個心思，這是他所最為欣賞的。他微笑着問：「全國最大最新的書院，這個想法很好，我支持你，你有些甚麼舉措呢？」

「學生想首先得把這個書院的規模擴大，至少擴大一倍，其次得把教學門類增多。經心書院目前只有經學、史學、理學、辭章學四門，學生想這四個門類的基礎上再增經濟學和西學兩個門類。在西學裏開設算術、天文、地理、測量、化學、礦冶等科目。」

「這個想法好，」張之洞打斷梁鼎芬的話，「鐵廠、槍炮廠辦起後，很需要西洋人才，今後這方面的人才要大量培養。你去聘兩個常年西學教習，鐵政局的洋匠們也可以兼兼課。」

「有香帥的支持，學生的膽子更壯了。第三個想法是要用高薪聘請全國最有名的各科教習。」

「書院辦得好不好，關鍵的一點就得看有沒有好教習。你用重金聘名宿，我同意。」

得到這句話，梁鼎芬的底氣更足了，「香帥同意，學生便可放心去做。眼下最大的問題就是銀子。學生思忖着，最要緊的是修繕舊房，新建齋舍，最少得要七八萬両銀子才能動得手。學生想請香帥撥下這筆銀子。」

張之洞摸着鬍鬚思考片刻說：「七八萬兩銀子一時撥不出，先給你三萬，你拿去用着，我慢慢再調撥。」

「有三萬銀子，也可以先動手了。」

梁鼎芬滿意地起身告辭。

一個月後，他興衝衝地告訴張之洞一件事，武昌茶葉商會會長表示該會願意為經心書院捐款二十萬兩銀子，沒有別的要求，只是希望書院每年能為茶商子弟留十個名額。

茶商的要求並非無根據。早在二三十年前的戰爭時期，朝廷就用「增廣名額」的辦法來獎勵捐助軍餉。每個省的鄉試中式名額是有定數的，不能增多。軍餉緊絀時，這也成了朝廷一條生財之道：全省多捐一百萬兩銀子，則擴大鄉試文武名額各一人，多捐二百萬兩，則擴大文武名額各兩名，並成為定例，永久不變。這其實和捐款買頂子是同一回事：用名器來換銀子。

中國官方歷來奉行重本抑末的方針。本即農，末即商，重視農桑，壓抑商賈。對商人有很多限制，有的朝代甚至規定商人只能穿甚麼顏色的衣服，戴甚麼式樣的帽子，使得商人在公眾場合抬不起頭來。雖然這種帶有羞辱色彩的政策實行並不久，但對商家子弟入學做官則歷代都限制得很嚴格。清末，由於西風傳入，這種現象大有改觀，然在傳統守舊人的眼裏，商賈總與奸詐連在一起，商家子弟進書院也多有阻力。武昌茶葉商會希望用二十萬兩銀子來換取十個弟子名額，正是基於這樣的背景。

張之洞說：「武昌茶商願意拿二十萬兩銀子來資助書院，這是很好的事，十個名額不多。」

停了一會，又說：「我想，此事還可以做得更好點。讓武昌茶商會與湖南茶商會聯繫一下，他們也可以照這個樣子，捐二十萬兩銀子，也給湖南每年十個名額。還有，今後每年湖北、湖南兩省各捐一萬五千兩銀子，作為書院膏火費和貧寒子弟的資助費。如此，還可以再增廣十名，兩省各五名，一共三十名茶商子弟。另外，為表示對商界的支持，書院每年還特為增收十名為國家出大力的兩湖商家子弟。」

梁鼎芬高興地說：「兩湖商人真要把香帥當活佛供奉了。」

張之洞也為自己這突來的靈感高興起來。他激動地站起身來，一邊快速踱步一邊說：「節庵，我看把這事還辦完美點。我身為兩湖總督，理當為兩湖百姓謀利益。這書院既已為兩湖茶商招收子弟，不如乾脆從湖北一省的局限中走出來，向兩湖全體百姓敞開大門。建好後的經心書院，每年向湖北、湖南兩省擇優錄取一百名士子。」

梁鼎芬不由得擊起掌來：「妙極了，這才真的是兩湖總督的決策，這樣看來，齋舍還得擴大一倍。」

張之洞興致大增：「一不做，二不休，索性將這所書院取名兩湖書院。」

「好，這名字氣魄大。」身為山長，梁鼎芬當然希望自己所執掌的書院規模越大地位越高越好。只是經心書院呢？他問：「經心書院不要了嗎？」

二十多年來，張之洞先後親自創辦親自命名的書院，除湖北的經心書院外，還有四川的尊經書院，山西的令德堂，廣東的廣雅書院。無論做學台還是做督撫，所任之處，他皆以建書院厚文風為本份。他對書院的關愛，甚至勝過自己的親生兒女。決不能讓經心書院消亡！「我們再找一塊地方，把經心書院搬個家。經心書院的所有師生都搬過去，都司湖這塊地方就全部交給你，由你辦一所全新的兩湖書院。」

新舊銜接，無疑有許多煩惱事。這一決定，頓將這些煩惱一掃而光，如同一個開國皇帝重整江山，所有的陳規陋法將可徹底掃除；如同一個開荒農伕新闢田園，所有的溝渠界限都可重新佈置。梁鼎芬對未來的兩湖書院懷抱着美好的憧憬。

都司湖畔的兩湖書院，與隔江相望的龜山腳下的漢陽鐵廠，都在熱火朝天施工着。眼看着自己胸中的宏圖正在變為眼中的現實，張之洞幾乎每天都在亢奮中。他壓根兒也沒有想到，就在這時，一場大參劾的風暴正平地而起，猛烈向他襲來，直將他頭頂上的大紅珊瑚頂子吹得搖搖晃晃，差不多就要滾下跌碎了。

這場大參案，近因是因為湖南的茶商捐款事，遠因卻是十年前的山西清理庫款案。與湖北茶葉商會會長不同，湖南的茶商會長趙恆均是個守舊而吝嗇的人。這個靠販賣南嶽雲霧茶起家的衡山人，出身於一個貧困的農家，沒有讀過書，靠漂學而識幾個字。憑着精明和過人的節儉，他的財富年復一年地遞增，終於成了湖南的第一大茶商。他每年的銷售量和利潤將近全湖南茶商的五分之一。因為此，他被推舉為湖南茶葉商會的會長。湖北茶葉商會為捐款事給湖南茶葉商會發了一封公函，趙恆均看了這封公函後，心裏很不舒服。湖南要捐二十萬創辦費，以後每年還要捐一萬五千膏火費，按他的估全湘五分之一的財產比例，要一次拿出四萬兩，以後每年都要拿出三千両。這好比割去他肚皮上一塊大肉、放掉他胸膛裏半碗血！

他無論如何都不情願。況且他從自身的體驗中領悟到，發財致富與讀書做文章並沒有甚麼聯繫。多少滿腹詩書的酸腐們一輩子窮困潦倒，連妻子兒女都養不活。他一天學堂都沒進，卻金玉滿堂，妻妾成羣，做生意靠的是盤算精明，把握行情，外加運氣。這些本事，哪本聖賢書能教給你？聖賢們説甚麼正其謀而不言其功，守其義而不言其利，若信了這話，豈不老本貼光，家當敗盡！

他的大兒、二兒都只讀過三年書，在略通文理、會寫字記賬之後，便跟着他進入生意場，走江湖，闖碼頭，十歲小兒子雖然還在私塾讀書，但他也決沒有讓小兒子進書院苦讀經史的想法。

趙恆均本想拒絕湖北茶葉商會的邀請，但此事其他茶商也知道了，大部分人都認為是好事。武漢三鎮是大都市，讓子弟去那裏上正正規規的大書院，求之不得，尤其是這還意味着茶商的地位大大提高，捐這個款值。沒有多久，一筆銀子便湊上來了。幾個猶豫不決的茶商見眾人踴躍，也將自己的那一份銀子拿了出來。這樣一來，便逼得作為會長的趙恆均只得忍痛割肉出血。二十萬兩銀子是送到武昌去了，但趙恆均好長時間心裏一直不舒服。

這時，他收到粵海道容富的請柬：小兒定於下月初八成婚，請大駕光臨，使容門增輝。

趙恆均接到這份請柬犯愁了好幾天。容富請他吃喜酒，不過是個幌子，敲他點銀子，才是真正的目的。不獨容富，這也是當時官場的普遍風氣。娶媳、嫁女、生子、壽誕、喪親這些大事，自不待說，此外，只要能沾上邊的，如進學得功名、擢升、調遷、三朝彌月、娶小死姨太太等也決不放過，早早地發下請帖。尤其是那些有求於他們而又有錢財的，如商人，則更是盯緊的目標。找出花名冊來，按名單發帖，不會漏掉一人，即使遠在外省，也不能倖免。一場酒席下來，一筆橫財就進了屋，依官位高低所握實權的大小，進益不等：少則幾百兩，多則上萬兩。

趙恆均實在不願赴這個喜宴，一則破財，二來耗時費神，但他不能不去。他每年兩三萬擔茶葉通過粵海關道的手裏出關漂海，容富的手稍微卡一下，他就得多付七八千兩銀子的關稅。所以每年過年的時候，他都要親自到廣州向容富拜年，然後再打上一兩千兩銀票的紅包。容富高興地接下了，他才鬆一口氣：今年茶葉過關將不會遇到多大的麻煩。倘若容富臉露不悅，他就要思考着，還要尋個甚麼藉口補一張。容府討媳婦，這是多大的喜事，能不去嗎？捨不得出血也得出呀！他拿出一張千両大票來用一個紅紙袋裝着，想一想，覺得一千両少了，於是咬了咬牙，又拿出二百両的一張中票添上，然後叫小兒子在紅紙包上寫上一句恭賀的話。喜期十天前，趙恆均帶着紅包南下五羊城。

初八那天，容府張燈結彩喜氣洋洋，高車駟馬，盈門盈巷，酒席足足擺了八十桌。趙恆均在容府的客人裏只能算是下等裏的上檔。席次安排在六十幾號，和他共席的是來自廣西、江西、福建的幾個和他實力差不多的商賈。幾杯酒喝下去，商賈們都吐起苦水：江西的瓷商歎瓷器賣不出去，福建的桂元商歎年景不好，桂元果小汁澀，賣不起價。趙恆均也向他們訴苦，不僅訴生意場上的苦，而且藉這個機會，把這段時期壓在胸口的悶氣盡情地渲洩。他添油加醋，信口開河，把湖北茶葉商會的信改為張之洞督署的公文，又藉此指斥這是張之洞的個人勒索，並想象漢陽鐵廠、槍炮廠的興建款裏一定有不少類似的勒索款。說到情緒激動時，加上烈酒的衝擊，他索性破口大罵張之洞做湖督以來的大肆興作，名為富民強國，實為害民禍國。趙恆均藉酒使氣的這番話，那幾個商賈們聽聽也就算了，並不太當一回事，不料內中另有一個人卻在認真地聽着，並一一記在心裏，此人是新娘子的娘家僕人。而這新娘子的娘家不是別人，正是張之洞做晉撫時所參劾的原山西藩司葆庚。

十年前，葆庚因貪污賑災款被革職查辦，鎖拿進京，本被判發配新疆。家裏為他上下打點銀子，結果保釋出獄就醫。再過一年，發配一事便無聲無息地消失了。他怕在京師招人議論，便買通在盛京守皇陵的睿親王後裔，寧願去盛京守護太祖太宗，藉以贖罪。守陵是個極寂寞極冷清的苦差使，一般人都不願意做。葆庚的請求很快得到同意。到盛京後不出半年，便做了小頭目。三年過後，居然頭上換了一頂水晶石四品頂戴。葆庚並不甘心一直過這種半流放式的生活。也是他的機遇好，那時海軍捐款正在熱潮中，他向海軍衙門捐了五萬銀子，又找人替他到醇王府裏活動，居然堂堂正正地升了個太常卿。太常寺是掌管朝廷祭禮的衙門，權力雖不及六部，地位卻也也崇隆，班列九卿，算得上朝廷的大官了。經過六七年的臥薪嘗膽，當年的貪官葆庚又官復原品。然而對張之洞的仇恨，他卻一直沒忘記過。只是張之洞正受太后、醇王的寵愛，官運隆盛，他奈何不得罷了。

容富也是正白旗人，十多年前兩家就訂了娃娃親。葆庚出事後，容家沒有斷這門親事，葆庚心存感激，趁着請假養病的時候，便親自送女兒南下完婚，以此答謝親家的情誼。

陪同南下的僕人佟五在山西時就跟着他，深知主人恨張之洞入骨。當天晚上，佟五便將在酒席上聽到的話一五一十地告訴了主人。

別人罵張之洞，就好比是在代他出氣，葆庚心裏快意無比。趙恆均此舉給葆庚一個很大的啟示：張之洞做湖督不久，便有人恨他罵他，他在廣東做了五年粵督，恨他罵他的必定更多。好不容易來一次廣東，何不藉此機會廣為搜集張之洞在廣東的秕政，向朝廷告一狀，能參劾更好，即使不能參劾，也煞一煞他的威風，出一口多年來積壓胸中的怨氣。

他先把趙恆均請進容府，要他詳細說一說為兩湖書院捐款的事。

見容富的親家堂堂太常寺卿對他優禮有加，布衣趙恆均受寵若驚，在得到葆庚不說出他的名字的保證後，湖南茶商會長將酒席上的話，當着葆庚的面細說了一遍，又無中生有地捏造湖北增收鹽稅、洋藥稅，以供張之洞辦廠辦礦，沽名釣譽。待趙恆昌告辭後，葆庚將他的話全部用筆記錄在案。

趙恆均提供的情況使葆庚進一步增加了信心。他於是在親家府裏住下來，專心致志尋找張之洞粵督五年間的種種謬誤。功夫不負有心人，通過兩個月的努力，前山西藩司終於替他的仇人找來不少罪名。葆庚將它分為幾大類：

一倨傲荒政。司道大員拜會，都需排期等候，待到來時，有等一兩個時辰不見，有的甚至白等一天。至於候補州縣，幾乎一概不見。平時起居無常，號令無時，羣僚皆苦病之。

二任人無方。有喜愛者一人兼職十數，有不喜者則終歲不獲一面，而其所賞識者大多輕浮好利之徒。

三勒索揮霍。凡家有厚資者，必定藉機勒索，逼他們自認捐獻，或自認罰款，多者甚至有上二十萬的。所收之款名曰辦公事，實則揮霍浪費。粵省殷實之家多有不滿者。

令葆庚欣喜的是，除張之洞外，他的兩個親信王之春和趙茂昌的許多劣績，也在掌握之中。若說張之洞本人的這些罪名有的尚屬莫須有的話，王之春在糧道期間安裝電話線時的七八萬兩銀子的賬目不清，及趙茂昌在辦理闈賭時的貪污行徑，則是多有人反映，且證據確實。而這兩個人，張之洞對他們依畀甚重，調任湖督時，又將他們隨調武昌。張之洞對王之春、趙茂昌即便夠不上狼狽為奸的話，至少也有失察之責。葆庚懷揣這一迭重要材料，興衝衝地告別女兒和親家，回到北京。

這時，王定安也恰好住在做小京官的兒子家，得知昔日的老上司從南方回來後，便去看他。

王定安不是判了十年監禁嗎，怎麼可以隨意走動？原來，王定安只坐了一年的班房，便通過曾國荃的關節保釋出獄。曾老九保他出來的目的，是要他寫一部湘軍史乘。先一年，王闓運受曾紀澤之託，幾度寒暑、數易其稿的《湘軍志》雕版付印。因為王闓運意在立信史，故對湘軍許多重要將領多有微辭，又對曾國荃焚燒天王府的作法頗為不滿，因而對老九的戰功只輕描淡寫，並未着意渲染。

儘管文人們對《湘軍志》評價甚高，但以曾老九為首的一批湘軍將領卻大為不滿，甚至罵它是謗書。書生王闓運如何是位高權重的武人們的對手，最後，《湘軍志》落得個焚書燬板的下場。

為了消除《湘軍志》的影響，曾國荃保王定安出獄，另寫一部為湘軍將領，特別是為他本人評功擺好、歌功頌德的《湘軍記》。王定安感激曾國荃為他消去監禁之災，遂把一生的才學全部抖落出來。他也顧不上史德與史識，完全按老九的要求，歷時三年，精心炮製一部二十二萬字的大作。曾國荃看後非常高興，親自為之作了一篇序言，稱讚王字安「少負異才，不諧於俗，由州縣歷監司，所至樹立卓卓」，公開為王定安平反昭雪，恢復名譽。又說他「齮齕於時，偃蹇湖山，行見以著述老，人多惜之。既然鼎丞不窮。夫名位煊赫一時，而文章則千載事也。韓愈氏所謂不以所得易所失者，其斯之謂乎！」既為他的罷官坐牢抱不平，又吹捧他的《湘軍記》可千載不朽。

前人文章之不可全信，此又為典型一例。然王定安則多虧了這部《湘軍記》，又早獲自由，又得到一筆優厚的潤筆，又仗它招搖欺世，在東湖老家的日子過得很悠閒。光緒十六年，曾老九在兩江總督任上辭世，他專程去江寧痛哭了一場，而後便徹底丟掉東山再起的念頭。這次因為兒子給他添了一個小孫子，滿心歡喜，特為從湖北趕來祝賀，也藉此看看昔日的朋友，特別是葆庚。

暢敍多年來的別情後，葆庚將在廣州的特大收穫告訴了王定安。

「好，我們要好好地合計合計，做一篇大文章，將張之洞弄臭。」

十年後的前冀寧道也絕沒忘記舊事，對張之洞的仇恨將伴隨着他的一生。

「鼎翁，」葆庚將他從廣州帶回來的全套材料交給王定安。「你足智多謀，你仔細看看，琢磨琢磨，看如何辦最好，需要花的錢，由我出。」

「行。」王定安摸着愈加尖瘦的乾下巴思索着說，「皇上親政兩三年了。聽說皇上遇事不大情願聽太后的，要自己做主。皇上特別相信翁同龢。張之洞過去仗着太后和醇王的寵信，才敢於那樣跋扈囂張，現在醇王已死，西太后歸政，我們得摸摸皇上和翁同龢的態度，若皇上和翁同龢不像太后和醇王那樣，那我們就好辦了。」

「還是你計慮得深遠。」葆庚點點頭說，「朝廷內部的事由我來打聽。」

葆庚於是很留心這方面的動態，但所獲不大。幾天後，大理寺卿徐致祥邀請他去聽戲，不料，作客徐府時卻很輕易地得到他所要的消息。

徐致祥和葆庚同為九卿，彼此很熟，他們有一個共同的愛好，即聽戲聽曲子。若聽說哪個戲園有唱得好的戲子，他們就會請來家唱幾曲堂會，屆時會將一班同好邀來一起聽。兩人常常互相邀請，聽完後照例設飯局，邊喝酒邊論戲，大家都覺得這半天過得很快活。

這天，葆庚在徐府聽的是新從安徽來到京城，在大柵欄三慶班唱老生的程繼宗，據說是程長庚大哥的後人。程繼宗唱了幾個老生名段，如《草船借箭》《空城計》《捉放曹》等，這幾段老生戲唱得蒼勁低回，韻味十足，大家不時擊掌叫好。吃了晚飯諸票友各自告辭回家時，徐致祥又特為將葆庚留下來聊天。

「葆翁，我給你說一樁有趣的奇事。近日大理寺收到一份狀子，告的是湖廣總督衙門的文案趙茂昌，這倒不奇，奇的是告狀的人乃漢陽歸元寺的和尚。大理寺的官吏都說，和尚告官員，而且直接告到大理寺，這真是罕見的怪事。」

這不僅是奇事，簡直是喜從天降，正要找張之洞的把柄，這把柄不就送上來了嗎？他壓住心頭的狂喜，笑道：「噫，真正是少見的趣事。這和尚是歸元寺的方丈嗎，他告趙茂昌甚麼狀？」

「不是方丈，是監院。」

佛寺名曰世外淨土，其實和俗世官場一樣的等級森嚴。凡初具規模的佛寺都有嚴格管理制度，寺裏地位最高的僧人為方丈，方丈之下為監院，監院負責管理寺內一切事務，猶如總管。接下來依次為負責接待的知客僧，負責糾察的僧值，負責僧客的維那，負責繕事的典座，負責客房的寮元，負責方丈室事務的衣缽和負責文書的書記。自監院之下至書記，號稱八大執事，各司其職，上下分明。

「這監院名叫清寂。」徐致祥興味極濃地說下去，「清寂在狀子上說，湖廣總督衙門總文案趙茂昌奉總督之命，購買歸元寺寺產辦鐵廠。趙茂昌與歸元寺方丈、知客僧、維那互相勾結，從中牟取暴利。趙茂昌接受了方丈的賄賂三千兩銀子，而方丈、知客僧、維那又從賣得二萬三千兩銀子裏分別私吞一千兩、六百兩和四百兩，方丈、知客僧和維那拿了這筆黑心銀子在寺外買私宅、養女人，敗壞寺規。歸元寺眾僧憤恨不已，請大理寺作主，嚴懲這批不法之徒。」

葆庚拍手大笑：「有趣有趣，和尚買私宅養女人，歸元寺是海內名刹，出了這等事，真是大新聞。老兄，這個清寂不僅告了官員，也連和尚一起告了。」

徐致祥也笑道：「大理寺原本不受這種狀子，但同僚們都興致很高地接收了。一是和尚告官及和尚內訌都頗為有味，二來為那個監院着想，事情牽涉到湖廣總督衙門，湖北還有哪個衙門敢受理這個訴訟？他來上告大理寺，也是不得已。」

葆庚試探着問：「和老，這牽涉到湖廣總督衙門的事，你就不怕惹麻煩嗎，張之洞那人仗着關外大捷的功勞，現在是眼睛長在頭頂上，老虎屁股摸不得！」

「我跟張之洞同在翰林院多年，我怕甚麼？他張之洞的底細我還不清楚嗎？哼。」徐致祥從鼻子裏冒出的這一聲「哼」，十足地表露他的心態。「張之洞這些年太得意了，我得在他的頭上敲幾下。」

徐致祥的確與張之洞在翰苑共事多年，與張佩綸、張之洞等人一樣，他也是個喜歡上疏言事的人。但他缺乏張佩綸的精闢和張之洞的穩重，易於衝動，好出風頭，常常事情尚未全部弄清便急着上摺，生怕人家搶了頭功似的。故而他上疏雖多，影響大的卻極少，當時以李鴻藻為首領的京師清流黨也不怎麼看重他。同為言官，眼看張之洞名滿天下，而自己卻聲名遠不及，但心裏總免不了有點酸酸的。這種酸妒感隨着張之洞的仕途大順而愈加濃烈。

更重要的是，他與張之洞在洋務一事上所持觀點大相徑庭。光緒十年，在中國要不要修建鐵路的大爭論中，徐致祥連上了兩道措辭激烈的反對奏疏，被斥為荒謬，予以降三級處分。事隔四年，關於鐵路的討論再次展開，張之洞力主修建，並提出先建腹省幹線的主張，徐致祥仍持反對論。

徐致祥在朝廷高層中並不乏支持者。去年，他的處分被撤銷後，立即擢升大理寺卿。他因此並不把時下正走紅的張之洞放在眼裏。歸元寺這樁事，無論於公於私，都令他快意無比。

徐致祥的態度很令葆庚欣慰。他思忖着：糾彈張之洞的事若由此人出面，則是很合適的，只是還得再摸摸他的底。

「張之洞是國家重臣，此事要謹慎點才是。」

徐致祥說：「這我懂。有人說，這兩年曾國荃、彭玉麟也相繼辭去，老一輩的中外大臣，只剩下李鴻章、劉坤一，一個坐直隸，一個坐兩江，這天下第三位總督便是坐湖廣的張之洞。他是後起之秀，要不了幾年，領海內疆吏之首的便是此人了。敲他的頭，我當然會謹慎。實話對你說吧，葆翁，若沒有可靠的支持，我也不會輕舉妄動。」

「此人是誰？」葆庚的肥大圓頭湊了過去。

「翁同龢。」

「噢！」葆庚的小眼睛睜得圓圓的。他知道眼下國家的大權，名為握在二十一歲的皇上手裏，實際上是皇上的師傅翁同龢在操縱着。他沒想到，張之洞在朝中竟有這樣的對頭。看來，張之洞的風光日子不會太久了。

「為歸元寺和尚告狀一事，我專門去翁府拜謁過翁師傅。他沒有絲毫遲疑地對我說，這個狀子大理寺要受理。莫說趙茂昌只是湖廣總督衙門的總文案，就是湖廣總督本人又怎樣？貪污受賄，天理不容，即便普通百姓告狀也得受理，何況出家人？若不是有十足的把握，料想他們也不至於走到這一步。你去辦吧，有甚麼難處只管找我好了。」

這真是踏破鐵鞋無覓處，得來全不費功夫。張之洞呀，張之洞，你也會有今天！葆庚暗暗在心裏得意着。

「和老，翁師傅支持，其實就是皇上的支持，再也沒有別的顧慮了。」葆庚小聲說，「你有這個決心，兄弟我當助你一把。」

「葆翁如何助我？」

「張之洞這個人其實不可怕。他色厲內荏，外強中幹，看起來好像是個能幹的有操守的總督，其實大謬不然。我這次從廣州回來，親自聽到有關他在兩廣任上的不少荒謬。至於那個趙茂昌，更是一個壞透的小人，兩廣人恨之入骨。還有原廣東臬司王之春，也是個貪財厚斂之輩。張之洞對他們都信任有加，大肆包庇，前年又將他們調到湖廣。」

「好，這些你都有證據嗎？」徐致祥巴不得有人能給他多提供些關於張之洞過失的證據。

「有。明天請和老放駕到敝寓去坐一坐，我把從廣州帶來的東西給你看。我還有一個朋友，是當年曾文正公和九帥的文膽，此人極有謀略，又工於文章，我叫他來跟您一起琢磨琢磨。」

第二天，徐致祥應約來到葆府，王定安早已在此恭候，葆庚為他們二人彼此作了介紹。然後便一邊看廣東方面的揭發，一邊討論着如何辦理。最後，徐致祥決定暫時把歸元寺的狀子放一放，擒賊先擒王，先給張之洞上一道嚴厲的參劾。樹倒猢猻散，只要張之洞被彈劾，趙茂昌的事也便迎刃而解了。當晚，徐致祥再次來到翁同龢家，把張之洞在兩廣失政的事向翁作了詳細稟報，翁同龢毫無保留地予以支持。

幾天後，由王定安起草經徐致祥修改潤色，並由他具銜的參摺，由外奏事處送到內奏事處，由內奏事處呈遞到年輕的光緒皇帝手中。

3 為早誕皇子，翁同龢向光緒帝獻蛤鹿冷香丸

光緒皇帝今年雖只有二十一歲，登基卻有十七年了，已超過咸豐、同治兩朝的年月。他的老祖宗曾有過在位六十一年、六十年的紀錄。傳説堯、舜在位百年以上，但那只是傳説而已，並沒有確鑿的證據。真正有記載的在位時間最長的皇帝，就是光緒的這兩位祖宗，不僅在位時間長，而且治國有方，康乾盛世比起歷史上任何一個太平盛世來説毫不遜色，這是愛新覺羅氏的驕傲。四歲登基的載湉，若活到七十歲的中壽，光緒的年號便可寫到六十六年，無疑將刷新祖宗的紀錄。但他的親近王公大臣及隨侍左右的太監宮女們，面對着皇上單瘦的身材、蒼白的面容，尤其是他終日鬱鬱不樂的神態，大多對此不抱樂觀態度。

身材單瘦，面容蒼白，都好理解。他的祖父道光帝、父親醇王都是身子骨單瘦的人，故而這「單瘦」是遺傳。他從小生長在深宮，未經風雨少見陽光，蒼白也是正常，唯有這鬱鬱不樂從何而來？身為九五之尊，擁有四海之地，怎麼可能還有憂鬱？原來，光緒的憂鬱，源於慈禧。是慈禧作主，將他由一個普通的王子抬到真龍天子的座位上，然而又是這個慈禧，將這個真龍天子嚴格地控制在自己的手中，不容許他有任何身心的自由。

慈禧是個性情剛硬權力慾望強的女人，擔心自己一手扶植起來的皇帝，在長大親政後不聽她的話，於是在小皇帝入宮的第一天起，她就不以慈母而以嚴父的面孔出現在小皇帝的眼前。慈禧相信經過十幾年的嚴厲訓斥、苛刻管教，小皇帝便會習慣成自然地怕她服從她。其實，慈禧沒去想，她的這一套教育方式的結果是會因人而異的。若遇到一個性格倔強、好鬥好勝的人，這種方式所收到的效果或許將適得其反：被教者長大後將會對教育者充滿反叛，甚至是仇恨的心理。若是一個性格懦弱膽小怕事的人，則將效果顯著。不幸的是，堂堂大清帝國的天子恰恰便是後者，已親政兩三年的光緒皇帝，仍舊像先前一樣地對太后畢恭畢敬，不敢違背絲毫。

慈禧歸政後秋冬住養心殿，春夏住頤和園。住養心殿時，光緒每天晨昏定省，跪拜如儀。住園子時，光緒一個月去一次叩見請安。遇有重大事情，則隨時請示。慈禧對此很滿意，而光緒心裏並不很情願。光緒性格雖懦弱，卻並不蠢，從小熟讀史冊，見前朝前代哪個帝王不是君臨一切，生殺予奪，自己也是一個皇帝，卻要受一個老婦人的擺佈，他如何能心甘？表面上的恭順與內心的不情願，這個巨大的反差，造成了他一天到晚的鬱鬱寡歡。

這只是其一，令光緒心情鬱鬱的還有另外一件大事。

三年前，光緒大婚，這不僅是光緒本人的大事，也是朝廷的大事。年滿十三歲至十八歲的滿蒙大臣家的女孩子都在挑選之列。經過層層審看之後，帶進宮直接讓光緒見面的有十多個。他獨獨看中了江西巡撫德馨的女兒，想立她為后。他的生母醇王福晉尊重他的選擇，但他的嗣母即慈禧卻不同意。其實，別人挑選，光緒面審，這些都是形式而已，慈禧早已為光緒準備了皇后。這皇后就是她的姪女——晚一輩的葉赫那拉氏。在慈禧的眼裏，皇后，與其說是光緒的正妻，不如說是後宮的女主，最高外戚羣的誕育者。她怎麼會讓這個天字第一號的好處落到別人的家裏！但光緒不愛小那拉氏，他心裏很不舒服。一個普通的男子都有選擇妻子的權利，他身為一國之主，卻沒有這種權利。他不能否定慈禧的決定，只是提出退一步的要求：讓德馨女兒為妃。而慈禧深恐德馨之女進宮後會奪去光緒對她姪女的愛，竟連這個要求也不同意。光緒無奈，只好立侍郎長敍的兩個女兒為瑾妃、珍妃。德馨女兒被迫拒之於宮門外。

但小那拉氏其實也是一個很不幸的女人：作為妻子，她一生沒有得到過丈夫的喜愛，甚至連做母親的權利也沒有得到。作為皇后，後宮事無巨細都在她的姑母掌握之中，她無權過問，更談不上處置裁決。二十年後，作為太后，她更是與巨大的恥辱連在一起。就是她，抱着六歲的末代皇帝溥儀，悲痛欲絕地將遜位詔書交給袁世凱。大清王朝立國二百六十餘年，終於在她的手裏給斷送了。

她是一個亡國的太后，是愛新覺羅家族的千古罪人！

光緒帝的這種憂傷，只有一個人最清楚最憐恤，此人不是他的父親醇王，而是他的師傅翁同龢。人世間男子漢的榮耀，翁同龢給佔盡了。他生於宰相府，長於書香中，狀元及第，仕途順達，千人羡慕，萬人崇仰。同治皇帝十歲時，他便奉兩宮之命，授讀弘德殿，直至同治帝親政。光緒登基的第二年，他便奉旨在毓慶宮行走，授讀五歲小皇帝。翁同龢學問好，詩文書法尤佳，又勤勉盡職，慈禧很是看重。授讀的當年他便由內閣學士升戶部右侍郎，第四年又升都察院左都御史。光緒五年授刑部尚書，又改調戶部尚書，不久又入軍機處。恭王下台，軍機處全班被撤時，其他人都罷黜，他卻被指派為上書房授讀，兩年後又補戶部尚書，官復原職。

然而，作為一個男人，翁同龢有一個絕大的遺憾：無兒無女。晚清名臣中胡林翼也無兒無女，但胡雖無兒女，年輕時的風流香豔卻夠他一輩子回味。翁同龢自小循規蹈矩，無半點狹邪遊之劣跡，從同時代人罵他「天閹」中可知，他是先天性的缺乏男性功能。可憐一個風光無限的狀元帝師，夜半更深之時，他內心的痛苦有多麼巨大！他的這種痛苦有誰能替他排解？世人都崇拜權力，渴望做權力頂尖上的人物，當我們從「人」的角度來平視光緒帝、後及其師傅這些尖頂上的人物後，便發現他們也有許多的苦惱和遺憾。這多多少少可以讓那些權力崇拜者的頭腦清醒些。

正因為缺乏生兒育女的能力，他對五歲起便在自己身邊受教長大的光緒皇帝便充滿了更為深厚的愛心。他常常會不由自主地將小皇帝當作自己的兒子，他的師傅情中不知不覺地滲入慈父愛。身處於父母難見、嗣母冷酷環境中的光緒帝，也自然而然地把師傅當成了最為親愛最可信任的人。儘管聰明的光緒帝知道宮中顧忌甚多，心中的苦惱鬱積太盛的時候，他也會向師傅敍説。翁同龢深知皇上苦惱的根源，但他決不能點破，只能轉彎抹角地加以寬慰，以「孝順」這個大道理來啟沃皇上，讓他化去怨尤的心理基礎，以效法祖宗、做英明有為天子等祖訓來增強他的心志，引導皇上跳出兒女私情小框框，把思緒轉移到宏大目標上來。光緒皇帝愛戴師傅，相信師傅，也依戀師傅，親政以來，他事無大小都要跟師傅商量着辦理。

徐致祥這份參劾張之洞的摺子已放在書桌上兩個時辰了，光緒從頭到尾一字不漏地看過一遍。他很是讚賞徐致祥的這種凜凜風骨：敢於維護聖道，捍衛朝綱，抨擊不法，主持正義。親政不久的年輕皇帝還不知世事的複雜和他手下臣工的表裏不一，他很容易被摺子上的那些冠冕堂皇的文字所迷惑，認為凡能作豪言壯語的人，必定是豪傑；凡能替朝廷説話的，必定是忠臣；凡能攻擊貪污揭發違法的人，必定是奉公守法的清官。所以他對徐致祥很有好感。但他也很為難。儘管他對許多臣工尚不太了解，對張之洞卻是清楚的。除開早年的清流和在山西肅貪禁煙不説，因為那時他還小不管事，然則打贏諒山一仗，就足以讓他欽敬。那時光緒已是十四歲的少年了，在師傅翁同龢的薰陶下，很有一番保衛祖宗江山抵禦外敵入侵的雄心壯志。張之洞作為兩廣制軍，打敗了法國人，將道光爺以來四十年間受洋人欺侮之仇給報了，少年光緒何能不興奮？何能不對張之洞記憶深刻？再説張之洞學洋人的長技，辦洋務，光緒也是贊成的。他年輕，少成見，對於一切新鮮的事物都有興趣。造槍炮輪船，架電線修鐵路，洋人靠這些富強了，我們為何不能學？在光緒的眼裏，張之洞是個挺會辦事的能幹人。把他參了，豈不是對國家不利？

他吩咐身邊的小太監去請翁師傅。翁師傅一時來不了，他無心看別的摺子，又把徐致祥的參摺拿過來，揀其中重要的部分再看了起來：

湖廣總督張之洞，博學多聞，熟習經史，屢司文柄，衡鑒稱當。昔年與之同任館職，深佩其學問博雅，儕輩亦相推重。該督當時與已革翰林院侍講學士張佩綸並稱畿南魁傑。

光緒點點頭，心裏想：徐致祥並不否定張之洞的一切，過去是同寅，關係不錯，這次參他，看來不是出自私怨。

不料年前，薦擢巡撫，晉授兼圻，寄以嶺南重地，而該督驕泰之心由茲熾矣。

光緒自思，官高功大，漸萌驕泰，前朝這種人多啦！翁師傅常教導說，滿招損，謙受益，看來張之洞忘記了這條古訓。

下面徐致祥的從懶見僚屬、任人輕率、敲索富家幾個方面敘說了張之洞的不是。又說王之春僉壬，掊克聚斂，報復恩仇，夤緣要結。另趙茂昌是細人，官場上多有諂媚趙以鑽營差缺。張之洞倚此二人為心腹。這些，光緒都記得清楚不再看下去。

跳過這些，再看看張之洞到湖廣後是如何荒謬的：

該督創由京師蘆溝橋至湖北漢口之説，其原奏頗足動聽，迨奉旨移督湖廣，責其辦理，該督奉命即爽然若失。明知其事必不成，而故挾此聳動朝廷，排郤眾議，以示立異。鐵路不行，則又改為煉鐵之議。以文過避咎，乞留巨款。今日開鐵礦，明日開煤礦，此處耗五萬，彼處耗十萬，浪擲正供，迄無成效，又復百計彌縫，多方擋求，一如督粵時故智。

光緒皺了皺眉頭，此一大段文字，其實並無貪污勒索實據，只是說不該辦鐵廠、耗資過多而已。這也能作罪責嗎？

最後一段文字，若就文論文，文采和氣勢都很好。光緒五歲發蒙，八歲開筆，翁師傅耐心指導他如何起承轉合，如何設辭修飾。但光緒生就的缺乏才情，無論怎樣誘導，文章總是寫得乾巴枯燥，沒有味道。但他知道「言而無文，行之不遠」，故又對能寫好文章的人很是佩服。徐致祥的整個摺子雖然文字平平，然而這結尾一段卻寫得甚好，他拿起摺子，禁不住高聲唸起來：

臣統觀該督生平，謀國似忠，任事似勇，秉性似剛，運籌似遠，實則志大而言誇，力小而任重，色厲而內荏，有初而鮮終。徒博虛名，無裨實際，殆如晉之殷浩。而其堅僻自是，措置紛更，有如宋之王安石。方今中外諸臣章奏之工，議論之妙，無有過於張之洞者。作事之乖，設心之巧，亦無有過於張之洞者。此人外不宜於封疆，內不宜於政地，惟衡文校藝，談經徵典，是其所長。昨歲該督祝李鴻章壽文有云，度德量力，地小不足以回旋。夫以兩湖幅員之廣，畢力經營，猶恐不足，而嫌其地小，夷然不屑為耶？該督之狂妄，於此可見一斑。

「皇上，您在朗誦誰的好文章？」

光緒正讀得起勁，翁同龢已走進毓慶宮小書房。光緒親政後，為表示對師傅的感謝，特為准許翁同龢在平時免去跪拜禮節，還是如同過去授讀時一樣：向皇上鞠個躬就行了。當下，翁同龢走進來，一邊鞠躬，一邊笑瞇瞇地對着皇上說話。「皇上萬幾之暇，尚能不廢吟誦，老臣欣慰至極！」

「師傅請坐。」

翁同龢在光緒對面坐了下來，立即便有小太監托來一個十分精緻的黃地白龍上蓋下托小茶碗。光緒將手中的摺子遞給翁同龢：「這是剛送上來的一道參摺，朕見他文章不錯，便不覺失聲唸了起來。」

「參摺？」翁同龢接過摺子。「誰參誰？」

「大理寺卿徐致祥參劾湖廣總督張之洞。」

翁同龢將摺子展開來，從袖口袋裏掏出一副西洋進口老花鏡戴上，急速地看了起來。徐致祥的參摺說上就上了。他到底參劾張之洞一些甚麼呢？

「就是為了它而將師傅請過來。」待翁同龢看完摺子後，光緒說，「師傅看這事宜如何處置為好？」

翁同龢放下摺子，取下老花鏡，嘴脣緊閉，而容端肅。光緒盯着師傅這副神態，突然之間，似乎發覺師傅已經衰老了。師傅今年才六十三歲，頭髮鬍鬚便全部白完了，胖胖的面孔上長滿大塊大塊的老年斑，身體臃腫，步履龍鍾，一切神態都彷彿古稀之年的老人。光緒知他無子，心裏想：莫非是為此事而憂愁成這個樣子？一絲憐憫之情油然而生。本想和他聊聊家常，勸慰勸慰，但光緒平日知道師傅端莊嚴肅，輕易不言瑣事，更何況今日請他過來是商討參摺的大事，更不宜以別事分心，只得在心裏歎了一口氣，打消這個念頭。

思索好長一會子，翁同龢終於開口：「老臣為皇上有徐致祥這樣的骨鯁之臣而賀喜。」

猶如先前聽師傅授讀一樣，光緒瞪着兩隻雖神采不足卻也清純可愛的眼睛，凝視着師傅，聽着他那夾雜點江南口音的北京話。師傅說話總是不疾不徐，和藹清晰，光緒很喜歡聽。

「張之洞歷任史官學政，外放巡撫，擢升總督，朝廷對他的恩眷之隆，依畀之盛，可謂少有人能及。外放這些年來，張之洞雖實心做過不少好事，卻也辦了不少有損朝廷威儀的荒唐事。」

翁同龢打開茶蓋，一股清香沁出水面，他淺淺地呷了一口，繼續說下去：「老臣常聽人說起張之洞的閒話，如在山西時率性提拔官員，擅自派兵丁下鄉以拔罌粟為名搔擾百姓。尤其在粵督任上擅開闈姓賭，以官府名義將朝廷掄才大典與市井無賴的賭博聯在一起。辱沒朝廷，斯文掃地，再無過於此事。一個總督居然可以為了幾個錢，做出這等事來，實不可思議。那時我就想上摺彈劾，只是因為越南戰事未了，為大局着想，只得隱忍下來。」

所謂「為大局着想」是翁同龢臨時想起的託辭。其實，翁同龢之所以沒有上摺參劾，是因為顧及着慈禧太后。他知道這些年張之洞的飛黃騰達，無非是因為慈禧恩寵器重的緣故。從晉撫擢升粵督，完全是慈禧對張之洞的格外重用。慈禧正要用他捍衛國門，你卻去參劾他，老太太能高興嗎？一旦犯了老太太的虎威，你能有舒心日下豪鞁？何況那時他剛從軍機處被攆出來，正冷着哩！其次他也顧及着醇王，他知道醇王一直是支持張之洞的。第三他也顧及着張之萬。張之萬四朝老臣，眼下正受着寵信，協辦大學士兼工部尚書，又新進了軍機處，成為名副其實的宰相，得罪了這個老頭子，也不是件好事。就這樣，書生出身的翁同龢雖對張之洞褻瀆斯文甚為仇恨，卻隱忍不敢發。

現在太后歸政住頤和園，醇王也已去世兩年多，張之萬老邁多病很少過問軍機處的事，更重要的是自己一手授讀的皇上已親政幾年了，一句話，今非昔比了。翁同龢認為，應該通過皇上的名義更多地推行自己的主張，實現從早年起就樹立的一匡天下的宏偉抱負。

「近年來張之洞仗着戰功，驕慢倨傲之心日益嚴重。他在廣東的那些所作所為和到湖北這兩年來大肆興作，好大喜功，老臣多次聽到來自兩廣兩湖人士的議論，老臣心裏也有看法。徐致祥不畏權勢，不惑於假相，敢於上這等參摺，確為難能可貴。老臣以為，徐致祥此舉應予支持，此摺不能留中而讓它悄沒聲息地淹了。」

光緒點點頭，明白了師傅的意思，這與他的想法也大體相符。但他還是有所顧慮：「師傅，張之洞為國家立過大功，又是太后信任的重臣，摺子若不留中，又該如何處置為宜呢？」

這兩三年間，凡遇軍事外交及大臣升黜調遷這些大事，光緒都要事先跟師傅在毓慶宮密商，這既是他對師傅的極端信任和尊重，也是藉此進一步學習為政之道。在這一方面，光緒遠勝他的堂兄同治。同治皇帝載淳酷肖其母，在上書房讀書期間便不安於書卷，時常偷偷外出冶遊，親政後更是擺出一副天子架勢，不但李鴻藻、翁同龢這些師傅的話不再對他起作用，甚至連自己生母慈禧的話他也陽奉陰違。親政不久，轟動全國的就地處決安得海的聖旨就是由他親手頒發的。載淳十九歲上死去，帝王事業還剛剛起步。倘若天假他幾十年，或許可以成就一番可圈可點的帝業，也或許會是個剛愎自用、將天下蒼生當作手中玩物的暴君。與秉賦剛烈的同治相比，性格懦弱的光緒這種謙遜穩重的態度很令翁同龢滿意。他常常會將自己的兩個皇帝學生作些比較，儘管光緒有不及同治之處，但整體來說要好得多，翁同龢對光緒寄與着極大的希望。因此，每探討一件事時，他都會有意識地對之作詳盡的剖析，以便使年輕的皇帝，通過對一樁樁具體事情的分析，逐漸掌握處理軍國大事的技巧，提高辦事的能力，早日成熟起來，做一個有大作為的英明天子。

眼下，這道參劾又是一個極有代表性的例子，翁同龢清了清有點老化的喉嚨，耐心地對着光緒說：「皇上處事的穩重態度，老臣心裏很是欣慰。皇上居九五之尊，一言可以興邦，一言可以亡國，所以深沉穩重，自古以來便是人君的第一等好品質。皇上正在朝這個方向努力，老臣歡喜無極。」

這一番話，是兩朝帝師翁同龢在上書房幾十個春秋裏常常說的話。這就是循循善誘，啟沃帝心。

「皇上深沉穩重，固然是第一等品質，但不等於該辦的事不辦。皇上仁厚慈愛，這是大清之福，也是天下臣民之福，此乃為人君之基礎。然為人君者更需有高於臣民的仁慈，方能成就大業。高於百姓之仁慈，謂之大仁大慈，它不以一人一事為考慮，而是懷抱社稷，着眼長久。古人云『計利當計天下利，成名宜成萬世名』者，此之謂也。」

翁同龢深知自己的學生秉賦懦弱，又備受壓抑，遂先從這裏入手，因人施教。

「世事紛亂，人心難測，自古人君，當威臨天下，以嚴厲治國。張之洞受兩朝特達之恩，蒙太后破格簡拔，更應勤於王事，為督撫表率。但他不知檢束，日趨驕慢，荒怠政事，寵信小人，皇上對張之洞非加以抑制不可。」

翁同龢端起光緒賞賜的極品龍井，抿了一口，頓覺神志清朗，於是侃侃說下去：「此時藉徐致祥的參摺，抑一抑張之洞，老臣以為有三點好處。一可以張皇上君威。皇上親政以來，還沒有處分過二品以上的大員，一些宵小之徒便誤以為皇上一味寬容。此次嚴懲張之洞，可以昭示天下臣工：祖宗之法不可輕慢，朝廷之政不可荒怠，皇上天威不可冒犯。讓大小臣工知道，皇上將秉列祖列宗之志，勵精圖治，中興大清。」

這番話光緒聽了很是舒心。自小起，師傅便叫他以列祖列宗為榜樣，洗刷幾十年來的朝綱疲沓之風氣，但他不知從何處着手，現在尋到了其中的一條：嚴懲大員以示威厲。

本來，翁同龢可以順着這個意思說下去，說出下面的話來：親政之前，朝廷大權在太后手裏，內外臣工並未將皇上看得很重，現在正宜趁機昭示天下，大權已從太后轉到皇上手裏來了，過去受太后恩寵者應趕快改換過來，投到皇上的門下，才有將來的錦繡前途。但這些話他不能說。恪守以孝治天下的儒家信徒翁同龢，深知不宜這樣開導皇上，以令皇上生出不孝之心，做出不孝之事，何況太后對他本人及他翁氏家族一向也是恩德深重的。二來他也不敢這樣說，太后最忌諱有人在她和皇上之間說甚麼。當年同治是她的親生兒子，她尚且時時提防，有好幾個臣子就以「離間骨肉」的罪名遭到重懲。何況光緒並不是她的親生，她豈不防範更嚴？出入宮中幾十年的翁同龢，十分清楚宮闈內部的爭權奪勢，遠比外間來得神秘而殘酷。說不定這毓慶宮裏就置有太后的耳目，萬一有甚麼風聲傳到她耳中，那還得了！翁同龢說到這裏，立即轉彎：

「這第二，可以挽救張之洞。張之洞有學問才幹，也會做事，朝廷不願意看到他自己毀了自己。皇上趁早敲敲他發熱的腦袋，讓他改邪歸正，今後還可以為朝廷辦事。第三，皇上此舉，也是對徐致祥的鼓舞。扶持正氣，遏制邪道，歷來為人君者的本職。獎勵甚麼，懲處甚麼，這是引導社會風尚的最好方法。參劾張之洞這樣的人，皇上都支持，還有誰不能參劾？史官言官們必定會額手稱頌，高歌皇上聖明，今後他們上疏糾謬就更有興致了。」

「翁師傅，是不是叫御史台派幾個御史微服到兩廣和武昌去私訪，查實徐致祥摺子裏說的事？或是朕派兩個欽差到南邊去，以示朝廷對此事的重視？抑或乾脆讓內閣擬一道旨，叫張之洞來京陛見，要他向朕當面說清這些事？」

「皇上天縱睿智，一時間便有了三種處理方法，而且都在可行之列，老臣心裏真是高興呀！」

翁同龢這句話不全是客套，他是從心裏希望光緒有能力，有才幹，因為這中間有他的不可抹殺的一份功勞在內。「只是，還可以有別的更為安帖的辦法，容老臣細細地想一想。」翁同龢凝神望着那隻精緻的景德鎮官窯中的神品茶碗，思索片刻說，「御史微服私訪好是好，但時下御史台沒有幾個腳踏實地的人，大多為輕率躁動、沽名釣譽之輩，老臣一時真的還想不出可以派出京師辦這等大事的人。欽差當然也可派，但影響太大，除非大的命案、盜案或謀逆之案，一般通常不派，為的是免去眾口囂騰、人言嘖嘖，不成事反而壞了事。讓張之洞進京陛見也可，但湖廣重鎮，兩三個月裏沒有總督在位也不合適。譚繼洵庸懦，做鄂撫都已吃力，署理湖督更是難以勝任。老臣想，此事可密諭兩廣總督李瀚章和兩江總督劉坤一。命李瀚章就地查清張之洞在廣州的事，劉坤一派員去武昌查出張之洞在湖廣的事。李瀚章和劉坤一都是文宗爺簡拔的老臣，忠於朝廷，赤心任事，他們兩人是張之洞的前輩，即便此事今後讓張之洞知道了，他也不可能對他們怎樣。」

六十三歲的狀元師傅對着二十一歲的皇帝學生，在傳授為政之道時，使用了他慣常的表裏不一的方式——在正正堂堂的言辭背後隱藏着他的真實意圖：藉鍾馗打鬼。翁同龢很想就徐致祥參劾之際將張之洞整下去，但又不能留下痕跡，此事需藉別人的手來打倒張之洞。他知道，張之洞在朝廷重臣中有好些個對頭，第一個便是李鴻章，這是過去張做清流時所結下的宿怨；儘管李母八十壽辰時張有壽文，今年李本人晉七十張也有壽文，但這只是虛與委蛇，不是真心。李瀚章作為李鴻章的親哥哥，一向對自己的二弟馬首是瞻，二弟的對頭也是他的對頭，用他來對付張，豈不是絕好的借刀殺人？光緒七年，張之洞上疏參劾過劉坤一，彼此之間一定結下了怨仇。現在用劉坤一來查張之洞在湖北的表現，豈不是又借了一把殺張的刀子？

翁同龢深以自己老辣的為政手腕而得意，但他既不將自己的真實意圖挑明，也對自己這種口是心非表裏不一的作法沒有絲毫的內疚，他認為這樣做都是對的，都無可指謫。

對於皇上，必須用聖賢之道、周孔之禮，用堂堂正正光明磊落的論說，引導他走堯舜文武的正路，至於那些只可做不可說、只可權不可經的策術手腕，即屬於權謀的那一套，他這個做師傅的絕對不能說，只能讓他從歷代史冊中去揣摸，從實際政務中去領悟，能達到哪種地步，這就全靠他的天份和悟性了。

光緒接受師傅的建議，模仿咸豐、慈禧處理奏摺的辦法，用指甲在摺尾處着力掐了兩下，綿軟的摺子上留下了兩道深深的痕跡：這是重要的，即刻要辦的摺子，過會兒內奏事處的太監來收拾文書時，會對此類奏摺特別請示如何辦理。

「翁師傅，今天請您過來，就為這事，現在您可以再去忙別的事了。」

說罷，像往常一樣地站起身來，親自送師傅出書房門。翁同龢對皇上這種不忘師恩、優禮有加的表現，發自內心地感激。他趕忙起身告辭。見皇上面容憔悴，他突然想起了一件大事。

「皇上，您一天到晚太累了，要多休息保重。這不只是為了您一人，而是為了祖宗傳下來的基業，為天下億萬臣民。」

翁同龢情動於中，不由得語聲哽咽起來。

光緒頗為感動，拉着師傅的手說：「朕會知道愛惜身體的，師傅放心，倒是師傅年歲大了，要多多保重。」

正是初秋天氣，光緒已穿上薄薄的絲棉夾襖，手卻還是冷的。

「皇上，夜晚讀書不要太晚，要早點安歇。對皇后、嬪妃要多施恩澤，皇上不僅得為太祖太宗延續子孫，還得為穆宗皇帝接繼香火，擔子重着哩！」

同治十三年十二月初五日，慈禧在立載湉為皇帝的懿旨中就講明載湉承繼文宗顯皇帝大統，並為穆宗毅皇帝繼嗣。光緒未來的皇子將兼祧同治和光緒，故而多多益善。可是光緒大婚三年多了，身邊有一后二妃四嬪七個女人，卻未見一個女人懷有身孕，包括慈禧在內所有王公親貴，都在關注着這樁大事。二十二歲，不算太年輕，當年順治、康熙都是十四五歲時便誕育皇子了。大婚三年，不算太短，后妃七人，不算太少，至今沒有阿哥、公主，看來是皇上本人身體欠佳。從小看着皇上長大對皇上懷有一種父子之情的翁同龢，更比旁人多一層焦慮。他從自己青壯年時期常服用的十幾味藥中，請高明郎中精選五味釀成一味藥丸，名曰蛤鹿冷香丸，將蛤蚧、牡蠣、蠑螈、海馬、鹿鞭碾成粉末，以杏花村百年陳釀調和。此藥曾送給十個婚後多年不育的男子吃過，其中有七人的太太已懷孕，證明這種藥有奇效。翁同龢以極為嚴肅的神態，極為真摯的語調將此事告訴光緒，最後以不容分辯的口氣說：「老臣明天就親自帶二十顆蛤鹿冷香丸來，皇上早晚各服兩顆，一個月後可見效果。堅持服三個月，后妃們必定會早懷龍子。」

望着翁同龢雙眼中流露出的慈父般關愛，光緒渾身上下盪漾着熱流。他點點頭，以示同意。

4 看到袁昶的密信後，張之洞頭暈目眩虛汗直冒

半個月後，設在江寧的兩江總督衙門收到內閣寄來的密諭：「着即派人去武昌密查上奏。」另附徐致祥的參摺抄件。兩江總督劉坤一閱後，對這件棘手之事頗覺為難。

六十二歲的劉坤一，也算得一代人才。咸豐五年，正當曾國藩統率的湘軍，藉攻克武漢三鎮之軍威揮師東下的時候，二十五歲的新寧廩生劉坤一率領百十個團練投奔劉長佑。貢生出身的劉長佑早兩年已招募了一支人馬，跟着江忠源鬧得挺熱火。他比劉坤一年長十二歲，卻是劉坤一的族侄，見到這位年輕的族叔英氣勃勃，滿心歡喜。劉坤一不以叔輩自居，卻以後進之禮師事劉長佑。劉坤一悟性極高，幾仗打下來，便把兩軍對壘這些事都弄熟了。那時，曾國藩、左宗棠等人目光盯着長江下游太平天國都城，對湖南廣西一帶無暇顧及，劉氏叔侄抓住這個空檔，在湘桂之間連打幾個大勝仗，很快便壯大了自己的力量。咸豐十年，湘軍創始人曾國藩還在以一個兵部侍郎的空銜客懸虛寄的時候，劉長佑便做了廣西巡撫，兩年後三十二歲的劉坤一也做了廣西藩司，再過三年代替族侄做了廣西巡撫，成為當時最年輕的封疆大吏。而這時，劉長佑早已做了三年的總督。

劉氏叔侄不聲不響地經營後方，沒有幾年便相繼登上督撫高位，人們不得不佩服這兩個新寧秀才在

打仗、做官這兩碼事上都要高出時人一籌！

光緒元年劉坤一做了兩廣總督，光緒五年調任兩江。劉坤一是個聰明絕頂的人，因為連年征戰，身上留下多處刀槍創傷和疾病，治事稍多，便感倦怠，於是不管是做巡撫還是做總督，他都只管大事不問小事。小事讓別人去做，他自己騰出大量的時間用來吃喝玩樂。聲色犬馬之事他樣樣喜歡，甚至對鴉片煙，他也極有興趣。但是他的頭腦清醒，軍國大事一點都不含糊，袍澤們說他是大事不糊塗的呂端，他亦欣然受之。

就因為此，光緒七年，張之洞參了他一本，說他「暮氣深重，政務倦怠」，兩江重地，不可貽誤，請派兵部侍郎彭玉麟為江督，以便劉坤一安心養病。朝廷居然接受了張之洞的建議，將劉坤一內召，就此免去了他的兩江總督之職，由彭玉麟署理。劉坤一以後便一直以籌防軍務為名空懸着。就這樣一過十年，待曾國荃在光緒十六年秋天去世時，他才再次出任江督。重回江寧的劉坤一吸取先前的教訓，各方面都檢束多了。鴉片煙也戒了，明顯荒唐的事也不做了，一個中興功臣能這樣也就不錯了，他因而獲得輿論稱讚。

劉坤一當然惱恨張之洞。不是張之洞的參劾，他如何會丟失十年江督？不過，靠軍功起家的劉坤一，在心靈上與張之洞有一個相通之處，那就是面對洋人的欺負，都持不妥協不示弱的態度。尤其令劉坤一感慨的是，張之洞居然在粵督任上，部署中國軍隊在越南大敗法人，為中國軍人長了臉面，為大清帝國贏來聲威，對於這點，深明大義的劉坤一欽佩不已。這種惺惺相惜之情，大為衝淡了他對張之洞的惱恨。

握着內閣寄來的上諭，劉坤一陷於兩難。細細地揣摸旨意，似為傾向徐致祥一邊，若不照辦則違旨；若遵旨派人去武昌認真密查，則張之洞的湖督難保。身任督撫十多年的劉坤一知道，真要細查，哪一個督撫都經受不起，隨隨便便即可找出幾個足夠彈劾的失誤來。真的把張之洞劾掉了，對朝廷也並非是好事。

他將平日信得過的江寧藩司瑞章找來商量。全國幾大總督，除直隸、四川兩總督身兼軍民兩政外，其他總督都重在軍政，故無藩司一職，惟獨兩江總督下面設了一個江寧藩司，掌管江寧府的錢糧收入。這或許是因為有一個專為朝廷服務的江寧織造局在江寧府的緣故。這個皇家製衣店每年虧空極大，需要有一筆銀錢來彌補。如此看來，江寧藩庫應是朝廷設在地方上的一個小金庫。

瑞章是個滿人，由宗人府外放江寧。他一向注重朝廷內部滿蒙親貴的動向，雖在江寧，卻與京師聯繫不斷。瑞章同劉坤一一樣，也認為這是一件很棘手的事情。思索良久，他突然想起一個人來。

「峴帥。」劉坤一字峴莊，故而大家都尊稱他為峴帥。「前些日子新任安徽徽寧池太廣道的袁昶，是由京師外放來的。他在京師做戶部員外郎，兼總理各國事務衙門章京，是個通達時務的人，對朝廷近來情勢一定很清楚，何不悄悄地請他到江寧來商量商量。」

「此人你先前認識嗎？」劉坤一問。

「認識，我們有過多年的交往。」

「可靠嗎？」

「這是一個實誠君子，十分靠得住。」

「那你就派一個人到徽州去接他來吧！」

徽寧池太廣道管轄着安徽省長江以南的徽州、寧國、池州、太平四個府和廣德州，俗稱皖南道，是安徽一個轄地廣闊地位重要的分巡道。當年慈禧的父親惠徵就死在皖南道任上。故同治、光緒兩朝，皖南道為朝廷所關注。皖南道員通常是被認為將要走紅發跡的官員。正因為如此，四十六的員外郎兼章京袁昶從北京來到徽州時，心情極好。他知道這是朝廷對他的重視，預示他今後的仕途會順利寬廣。

袁昶這幾天恰好在省垣安慶辦事，江寧藩司府的來人很快在懷寧客棧找到他。聽說是劉峴帥有要事相商，便立即乘快船離安慶赴江寧。安慶至江寧行的是下水，第二天午後便到了下關碼頭。袁昶在來人的陪同下，先進藩司府會見瑞章，二人寒暄一陣後，便分別坐上大轎，一前一後地來到位於城內東南角的總督衙門。在全國所有督撫衙門中，江寧城的兩江總督衙門最為壯闊。這是因為此處曾經做過十餘年的太平天國天王府。洪秀全動用數千萬両聖庫銀子，為他這個天父次子在人世間修造了一座最為豪華宏麗的宮殿，後來雖然被曾國荃的吉字營為毀滅打劫金銀的證據而焚燒，但基礎和部分燒不壞的建築還是存在。節儉總督曾國藩沒有在江寧住幾天，便來了手筆闊綽的總督李鴻章。李鴻章將被火焚的房屋全部恢復，做起了舒舒服服的無其名而有其實的金陵王。以後的歷任江督便沾了李鴻章的餘蔭。劉坤一也是個大手大腳的人，光緒十六年重主江寧後他又將江督衙門徹底翻修一遍。如今的督署，更是氣魄宏偉，金碧輝煌。

袁昶是第一次來到兩江總督衙門，他邊走邊看邊想：除開紫禁城，這怕是海內最大的一座建築羣了，恭王住的和珅舊宅也不及呀！

劉坤一性情豪爽簡易，雖是首次接見袁昶，也沒有穿官服，而是一襲寬大的便服。他對正要行大禮的皖南道揮揮手說：「不必拘禮，請坐吧！」

待袁昶坐下後，他笑着問：「袁觀察是幾時到的皖南？」

「回大帥的話，職道是上個月中旬到的徽州，原擬下個月專程來江寧拜謁大帥，不知大帥有事要召見，職道失禮了。」袁昶拘束而恭謹地回答。

「不，不。」劉坤一又揮了揮手。「我是臨時請你到江寧來一下，並不是因為你的職份內的事。」

不是我的職份內的事，那是甚麼事？袁昶在心裏緊張地思索着。對這位從戰火中廝拚出來的制台，書生出身的袁昶是久仰其名，又懷着三分敬畏之心的。

「袁觀察是哪裏人，甚麼時候進的京？」

劉坤一並不急着談正務，卻跟這位矮矮胖胖的下屬聊起天來。

「職道是浙江桐廬人。光緒二年中進士後即分發戶部做主事，職道魯鈍，直到光緒十二年才升為戶部員外郎，十四年兼總署章京。」

袁昶三十歲中進士，做了十六年的京官，還只是一個四品銜中級官員，遷升的確不快，比起這位僅只用十年時間便從一個廩生做到一省巡撫的上司來說，責備自己「魯鈍」並不為過。其實袁昶並不魯鈍，他只是為人做事太過於實在拘泥，不善於看風使舵罷了。這種性格不僅妨礙了他的遷升，更不幸的是八年後，在義和團大動亂中他因此忤逆慈禧而被丟了腦袋。

劉坤一笑着說：「皖南道是個要缺，你好好做幾年，前途大着呢！」

袁昶忙說：「以後還要多多靠大帥的栽培。」

瑞章一旁插說：「峴帥是個活菩薩，在他手下做官，只要盡心盡力，遷升快得很。」

瑞章這話一石兩鳥：既吹捧了劉坤一，又暗示袁昶，要好好為劉坤一效力。

袁昶明白瑞章的意思，趕緊接話：「職道初任地方官，沒有閱歷，職道一定會遵瑞大人所說盡心盡力去做，倘若有不周到之處，還望大帥寬諒。」

「好，好！」劉坤一漫聲應道。「瑞方伯說，他在京師時便與你相識，說你是個實誠君子，又對京師各方情勢熟悉，所以特為請你來一趟江寧，有一件事情要聽聽你的意見。」

袁昶下意識地緊張了一下，剛來兩江，便有甚麼大事要聽找我的意見，莫不是發生在京師裏的事？

劉坤一對瑞章說：「你對袁觀察說說吧！」

「是這麼回事。」瑞章乾咳了一聲後說，「內閣給峴帥寄來大理寺卿徐致祥的一份參摺，並轉達上諭，要大帥派人去密查。因為你剛從京師來，又在戶部和總署做過事，對京師及各省的情況都熟悉，故峴帥叫你來一起商量商量，這事要怎樣辦才最合適，你先看看徐致祥的參摺吧！」說着，從旁邊的茶几上拿起一迭摺好的紙遞給袁昶。袁昶接過，展開來看。

袁昶剛看了一句開頭的話，便立時眼瞪大起來，心突突地狂跳了兩下。原來，劉坤一和瑞章都不知道，袁昶是張之洞的門生！

同治六年，張之洞以翰林院編修的身份充任浙江鄉試副主考，這是他日後漫長的學官生涯的第一站。浙江是人文薈萃之地，歷代才子不少，張之洞以能典試浙江為榮。三場緊張的考試結束後，各房考官開始忙碌的閱卷事宜。送到房官手裏的試卷經歷了三個過程，即先由彌封處糊名，再由謄錄所用硃筆重抄一遍，最後由對讀所校讀。房官閱讀的硃卷雖不是士子的親筆，但與士子的墨卷完全無異，只是沒有了名字。這一系列複雜過程的採取，全都是為了一個目的：防止房官閱卷時徇私。

這天，張之洞去各房檢查房官的閱卷，見各房官都極為認真，他很滿意。來到第十三房時，房官請他坐下，拿出一份試卷對他說：這份卷子上錯了一個字，但文章寫得極好，卷子推薦還是不推薦？張之洞說，我看看。他坐在房官身旁將試卷認認真真地看了兩遍，思索良久後說，從錯這個字來說，卷子不宜推薦出房，但從文章來看，此子才識俱佳，實為難得。十年寒窗，三更燈火，熬進貢院不容易，錯字出於疏忽，而文章能到達這一步卻難，我看還是推薦出房。有副主考作主，房官大膽將這份試卷推了上去。在最後審定時，張之洞又向正主考張光祿陳述了這個看法，張光祿亦同意。就這樣，這份卷子被列為前茅，到張榜填名時才知道出自桐廬袁昶之手。袁昶向房師謝恩時，房師把這個過程講給了門生聽。袁昶對張之洞感激不已，在他面前重重叩了三個響頭。

當下，袁昶匆匆將徐致祥的抄件和上諭看完一遍後，第一個想法是，應盡可能地幫恩師一把！

他定了定神，對劉坤一說：「不知峴帥要向職道垂詢甚麼？」

劉坤一說：「我和瑞方伯都住在江寧，對京師的事情較為隔膜，想問問你，徐致祥這個人，你熟悉嗎？」

「職道認識。因為同是江南人，說起話來，彼此都覺得有親切感。」

「這人怎樣？是個謹慎的人，還是那種喜歡風聞奏事的人。」劉坤一盯着袁昶問。

袁昶心裏想：這是個關鍵的問題，徐致祥的性情如何，顯然關係着這份參摺的份量輕重。他從容地說：「徐致祥是個老前輩，職道雖然對他談不上很熟很了解，但在京師時，也常聽到人說起他。都說他是屬於那種易於衝動的人，俗話說見風就是雨，這位老先生頗有點這樣的性格。故而他的摺子雖多，先前太后聽政時，並不把他的摺子看得很重。」

劉坤一沒有在意，瑞章卻聽出「先前太后聽政時」這句話的話外之音了。他揣摩：看來這事是皇上的決定，太后並不知道。

「另外還有一點。峴帥和瑞方伯都知道，徐致祥是堅決不同意修鐵路的，在這件事上他竭力反對張之洞。他的反對修鐵路的摺子，不知峴帥和瑞方伯讀過沒有。他說修鐵路一壞風水，二驚嚇祖宗，明白人讀後都竊笑不止。正因為明擺着的太荒謬，故朝廷降了他三級。」

這幾句話對劉坤一很起作用。戎馬十餘年的劉坤一，在戰爭中親身領略洋人槍炮的威力，他是力主向洋人學習製造術的人。劉坤一心想：看來這個徐致祥是個不明事理又辦事輕率的人。這道參摺在他的眼裏已大為跌價了。

瑞章問：「袁觀察，你離京那會子，太后是住在園子裏還是住在宮裏？」

袁昶答：「太后每年三月中旬到九月中旬住園子，其餘時間住宮裏。我是六月下旬離開京師的，那時太后還住在園子裏。現在是八月，要到下個月才回宮。」

瑞章又問：「聽說皇上每個月都到園子去一次，向太后請安。是這樣嗎？」

「是這樣的。」袁昶說，「除請安外，皇上也將這個月來的國家大事向太后稟報，太后也會很有興致聽。據說問或也會說點自己的看法，皇上都會照辦。皇上天性純孝，親政以來，沒有聽說在處理軍國大事與太后有不協之處。」

劉坤一說：「皇上為天下臣民做了一個好榜樣。」略停一會，又問，「湖北藩司王之春這個人，袁觀察知道嗎？」

袁昶答：「此人我沒見過。在總署辦事時，倒是常聽同僚們說起過他。大多數人說他熱心洋務，器局開朗，有辦事才幹。也有人說他精明苛刻了點，易於得罪人。」

「趙茂昌呢？」瑞章問。

「不知道。」袁昶搖搖頭。「一個總文案官職太低，京師官場怎麼會說起他？」

袁昶說的是實話。

要問的大致都問了。劉坤一起身說：「袁觀察，謝謝你了，老夫還有點事要辦，先走了。你和瑞方伯在這兒聊聊天，晚上，老夫陪你在署裏吃頓便飯。」

袁昶忙起身打躬說：「謝峴帥。」

「袁觀察。我們今天談的是一樁秘事，你回安徽後，不要對別人說起。」待劉坤一出門後，瑞章特別向袁昶叮囑一句。

「職道明白。」

吃完飯回到瑞章為他安排的客棧後，袁昶心裏一直不能安寧。他沒有想到，張之洞這樣熱心辦實事的人，居然會有人攻訐，而且上諭的意思竟然偏向攻訐者，他為當年的副主考感到委屈。他覺得應當把此事告訴張之洞，使他有所準備，又想起瑞章的鄭重囑咐，左右為難。在床上輾轉大半夜後，感恩報恩之情終於佔了上風。他點燃蠟燭，給張之洞寫了一封長長的信，轉述上諭及徐摺的要點，請恩師早劃對策。

第二天，他離開江寧回安徽。到了安慶後，吩咐在懷寧客棧等候他的僕人趕忙去武昌，把這封裝在蓋有皖南道官印信封裏的密信，親自送到湖廣總督張之洞的手裏。

四天後，這封密信到了張之洞的手中。安徽皖南道怎麼會有這種信給他，他深為奇怪，拆開信讀完後，才知是二十多年前的門生袁昶寫的。同治六年到光緒二年整整九年時間裏，袁昶困於會試，自覺乏善可陳，所以也沒有寫信給張之洞，師生之間斷了聯繫。光緒二年，袁昶中進士分發戶部，恰好張之洞結束四川學政回到北京，二人又恢復了聯繫。戶部事多，袁昶又是務實的人，一天到晚忙忙碌碌，故在京師期間二人過從並不甚密。光緒七年張之洞外放山西後，幾乎又中斷了聯繫。不料袁昶近日已外放皖南道！讀完信後張之洞的第一個感覺是：袁昶是個講義道的學生，二十多年前的那段惠而不費的恩情居然死死地記在心裏。私洩這等機密之事，萬一被朝廷知道了，輕則斷送前程，重則下詔獄。在只講利害不講情義的今天，能有這種古道熱腸，真是罕見。典試浙江能得這樣的門生，也算是平生一幸事了。張之洞提筆給門生寫了一封短短的謝函封好，將袁的僕人喚進來，將信連同桑治平剛從鄂西帶回的一包黑木耳一起交給他，叫他帶給主人。然後又拿出四両銀子出來打發。袁家的僕人千恩萬謝地告辭走了。

張之洞坐在牛皮太師椅上久久地凝視着袁昶的這封密信，胸中的怒火在一陣陣灼熱地燃燒。它炙烤着他的心，令他憤怒，令他委屈，也令他痛苦！

他沒有想到，這份參摺竟然出自徐致祥的手！他們在翰苑共事多年，經常在一起談國家大事，談經史詩文。這個江南老才子儘管比張之洞大幾歲，卻對張之洞格外殷情稱讚，時常出格恭維他可比古之張良、謝安，有治國安邦大才，可惜屈於翰林院。不料就是這個人，今天居然說他只可衡文，不可從政！身為大理寺卿，怎麼可以不要任何實據，只憑幾句傳聞之辭，便給別人定下這等嚴重的罪名！這不是深文周納嗎？這不是存心要把人往死裏整嗎？

外放這十一二年來，自己為山西、兩廣和湖廣做了許多好事，在越南戰爭上為國家贏得聲望。對於這些，徐致祥他可以閉眼不視，隻字不提，卻把一些謠傳當作寶貝，無端羅織罪名。徐致祥究竟要達到甚麼目的呢？張之洞真恨不得將他揪到面前來當面質問，狠狠地搧他兩個耳光！

世上人本是良莠不齊，徐致祥要這樣無事生非，也拿他沒法。令張之洞最為委屈的是，朝廷怎麼竟然也會看重他這篇可恥的謗文！又是發上諭，要劉坤一密查，又是發抄件，讓兩江的官員們去閱看，這不明明認為徐致祥的參摺有合理之處嗎？徐致祥荒謬不明事理，朝廷難道還不知我張之洞？皇上還不明白我對國家社稷的一片赤誠之心？這等破爛的摺子，不擲回斥責、留中淹掉便夠意思了，居然要劉坤一來武昌密訪，皇上和朝廷對我張之洞怎麼如此不相信？

這樣想來想去，一陣揪心之痛令張之洞頭暈目眩，手心直冒虛汗，終於癱倒在太師椅上。一會兒，大根進來斟茶，見四叔雙目緊閉，臉色蒼白，嚇得叫道：「四叔，四叔！」喊了幾聲後，張之洞睜開了眼睛。

「四叔，您不舒服？」大根捧起張之洞的左手，在他虎口處略微用勁壓了一下。「好過點嗎？」

張之洞輕輕地點點頭，有氣無力地說：「你背我回後院去躺躺！」

見大根背着丈夫來到後院，佩玉大吃一驚，忙放下手中的活計，快步走過來，連聲問：「怎麼啦，怎麼啦？」

大根答：「四叔有點不舒服。」

佩玉摸了摸張之洞的額頭：「哪裏不舒服？」

「胸口悶。」張之洞輕聲答。臉色已比剛才好些了。佩玉鋪好被子，又和大根一道將張之洞的外衣褲脫去，讓他好好地躺着。「要不要請醫生來瞧瞧？」佩玉問。

「不用。」張之洞輕輕地搖搖頭，對大根說，「你不要對別人說我病了，免得大家都來探視，耽誤了辦公。有事找我的，叫他明天再來。你出去吧，我一個人安靜躺躺。」

大根出去了。佩玉則守候在床邊，看着張之洞微微地閉上了眼睛。她心裏想：早上吃飯時還好好的，到押簽房辦公還不到一個時辰，怎麼會突然病得這麼厲害？她深情地盯着睡中的丈夫，猛然覺得來武昌這兩三年，他比過去更顯蒼老了。還只有五十五六歲的人，鬚髮差不多全白了，面孔削瘦，襯托出那顆比常人略大的鼻子更顯碩大。她知道，這都是因為辦鐵廠的緣故。丈夫為鐵廠耗費的心血太多了。來到武昌之後，洋務成了他的最大的事情。佩玉記得有天晚上，丈夫因戶部同意撥下二百萬両銀子而特別興奮。他對她談起自己的洋務理想：先辦鐵廠，把鐵廠辦成全世界第一流的廠子，讓洋人看了驚歎。然後再辦槍炮廠，辦紡紗廠，辦織布局。還要辦發電廠，讓老百姓的家裏都點上像總署衙門一樣的電燈！提起電燈，佩玉就會想起兒子滿月的那一夜，兩廣總督衙門裏突然亮起了百十個電燈泡，像天上的星星落到人間似的，房間裏每個角落都亮堂堂的，一顆針掉到地上都找得到。要是讓每戶老百姓家裏也有一顆這樣的夜明珠，該多好呵！她握着丈夫的手說：「您做的是大好事。真的到了那一天，百姓要怎樣感激您哩！」佩玉看到，一向很少笑的丈夫臉上綻開孩子似的燦爛笑容。

一眨眼功夫，佩玉過門來便是八個春秋了，準兒已經十六歲，大姑娘了。在她的悉心指導下，準兒的琴早已彈得很出色了。她常常誇準兒青出於藍而勝於藍，比她強得多。準兒卻說，只有形似而神不似，韻味還沒有把握住，再說，鳳凰還沒下來聽我的琴哩，還差得遠。準兒一直把鳳凰聽琴當作自己的最高目標，這使張之洞和佩玉聽了又好笑又欣慰。張之洞對女兒說，要想鳳凰從天上下來聽你的琴，可不是件容易的事。鳳凰極少，彈琴的人極多，它只能去聽彈得最好的人的琴，繼續努力下去，活到老，彈到老，到了成老太婆時，鳳凰就會飛來聽你的琴了。說得大家都笑起來。佩玉自生了仁侃後，又生了個兒子仁實。張之洞忙，家裏的事全然沒有精力顧及，佩玉除開料理丈夫的飲食起居外，還要關注着讀書的二公子仁梃和待家閨中的準兒，以及自己生的兩個稚子，一天到晚也夠累了。

前些日子，張之洞對佩玉說，桑治平的夫人柴氏這兩年臥病在床，擔心自己哪天會先走一步，牽掛着女兒的婚事。佩玉說，桑家的燕兒是個好孩子，也有十七八歲了，有好婆家的話是該找一個的。張之洞說，我心裏倒有一個，你看合適不合適？佩玉問是誰。張之洞說，你看仁梃怎麼樣？佩玉撫掌笑道，平日裏沒想到，你這一說，倒真是挺合適的一對。由學生轉為女婿，桑先生第一個高興。張之洞也笑道，這是你說的，還不知燕兒母女怎麼想的。佩玉說，我打保票，燕兒母女一定喜歡。張之洞說，準兒也有十六七歲了，也到該出閣的年齡了，你為她想過這事嗎？佩玉說，我在心裏早看好了一個人。張之洞問，誰呀？佩玉説，洋務科的陳念礽。我看是個可成大器的男子漢，你看怎麼樣？張之洞喜道，你的眼光真不錯，論人品才幹，念礽自是幕友中最出色的人才，只是年齡要比準兒大十來歲。佩玉説，只要準兒自己願意，大一點沒有關係。佩玉準備找一個機會，好好跟準兒談談，不想丈夫突然病了，看來這事得往後推推。

下午，佩玉還是將常來督署看病的漢口名醫孫大夫請過江，給張之洞瞧瞧。孫大夫過細診了半天脈，沒發現甚麼大毛病，便開了三劑舒心順氣的藥，先吃吃看。連服兩劑藥，又沉睡三四個時辰的好覺，第二天早晨，張之洞感覺好多了。他要大根請桑治平、楊鋭、梁鼎芬三個人到督署後院來。

5 當王之春亮出鹽政賬目單時，準備大幹一場的李瀚章立刻軟了下來

桑治平很快就到了。他走進後院的客廳，一眼看到張之洞滿臉病容，驚道：「怎麼啦，病了？」

張之洞苦笑道：「我昨天在床上躺了一天，胸口被棉絮堵了似的，手腳無力，昨晚服兩劑孫大夫開的藥，今天好多了。」

桑治平：「好好的，怎麼病了，甚麼病？」

張之洞小聲說：「其實我沒有生病，是讓人給氣病的。」

桑治平覺得奇怪：「誰還有這個本事，氣得總督大人生病？」

「你先看看這封信。」張之洞將袁昶的信遞給桑治平，說，「過會兒節庵和叔嶠兩人來，你就別說我昨天氣病的事。他們兩人是學生輩，不要讓他們笑我太沒膽量。」

桑治平接過袁昶的信，笑道：「人無氣不立。該氣憤的事還定要氣，氣得病倒也是正常的，不能說沒有膽量。」

張之洞說：「年輕人面前還是不要說，給我點面子。」

桑治平不做聲了，全神貫注地看起皖南道的密信來。難怪令素日氣壯如牛的制台病倒，這是一份多

麼令人憎惡的參摺啊！朝廷中怎麼竟有這等容不得別人能幹的小人？皇上的這道上諭也荒唐得可以。

桑治平如此在腦子裏嘀嘀咕咕的時候，梁鼎芬和楊銳一前一後走進了客廳。待他們坐下後，張之洞說：「太常寺卿徐致祥告了我一狀，皇上要兩江的劉坤一來密查我。」

梁、楊二人聽了這幾句話，都驚愕不已。

「你們看完桑先生手裏的信，自然就清楚了，請你們過來，是想聽聽你們的看法。」

桑治平把信遞過來，梁鼎芬接過，楊銳湊過臉去，迫不及待地和兩湖書院的山長一道看起來。

「豈有此理！」三十五歲的楊銳依然年輕氣盛，信還未全部讀完便禁不住叫了起來。

三十一歲的梁鼎芬比楊銳性格沉穩些，他扶了扶鼻樑上的黑框近視眼，說：「袁昶這個人，我在京師見過一面，那時他在戶部做員外郎，卻不知道原來是香帥的門生，是及門的還是私淑？」

張之洞淡淡地答：「他是我同治六年典試浙江時中的舉。」

「哦。」三個人幾乎同時說了一聲。

桑治平說：「此人難得！」

楊銳仍是氣憤地說：「江寧派人來密查，就讓他來好了，我們人正不怕影斜，腳正不怕鞋歪。」

梁鼎芬思索好一會兒說：「香帥一心為國，盡人皆知，徐致祥上這樣的參摺簡直是喪心病狂。王藩台也是一個少有的大才，罵他聚斂，也沒有道理。不過，我在廣雅時，也曾聽人說過，王藩台精明過份了點，難免招人怨謗。趙總文案也有人說閒話，說他與包闈賭的彭老闆金錢上有點牽扯。所以，依晚生之見，不能輕視徐致祥這份摺子。」

張之洞不喜歡梁鼎芬說的話，沉下臉說：「不要聽信謠傳，王之春、趙茂昌我了解，沒有甚麼事。」

梁鼎芬一怔，本想再說下去，趕緊打住了。

張之洞轉臉問一直沒有開口的桑治平：「你說說，這事該如何對付？」

桑治平思忖片刻後說：「我倒是贊同節庵的說法，不要太輕看了徐致祥的這道參摺。徐致祥誠然是個嫉賢妒能的小人，但他住京師，說的卻是廣東和湖北的事，我想一定是有人在中間挑唆，慫恿徐致祥出面。這是一。其次，徐致祥的這份參摺能得到皇上如此重視，一定是有人在背後支持，支持他的人非同小可。」

張之洞眼睛盯着桑治平，臉繃得緊緊的，沒有吱聲。楊銳、梁鼎芬也都全神貫注地聽桑治平的分析。

「這挑唆的人和支持的人，我們今後慢慢地去查訪，眼下最主要的事是尋求對策。我倒以為，劉坤一那邊會好說話。他既然找袁昶商議，而袁昶又冒險給我們通風報信，估計袁昶在劉坤一面前會盡力將此事衝淡。劉峴帥為人不拘細節，不是那種陰險害人的人，料定他不會太過不去。倒是有另一個人要引起我們的特別注意。」

「另一個人？」張之洞輕輕地重複這句話。腦子裏在迅速地尋找這個人。楊銳也在努力地思索着。梁鼎芬腦子裏突然浮出一個人來，莫非是指他？但事關重大，剛才又受了訓斥，他不敢貿然講出口。

「徐致祥的摺子說的大多是廣東的事情，上諭既然叫劉坤一來武昌密訪，依我看，必定會叫兩廣總督李瀚章在廣州就地查訪。李瀚章這個人倒是要認真對待的。」

梁鼎芬心中一喜：果然讓我猜中了！

張之洞點點頭說：「仲子兄分析得很有道理，徐致祥的抄件也同樣會往廣州寄一份。李瀚章雖與我無直接嫌隙，但李鴻章與我多年政見不和，作哥哥的定然向着弟弟，倘若無端生出些是非來，也是件麻煩的事。」

桑治平忙接下這個話頭：「正是這個話。蘇東坡的名言：橫看成嶺側成峯，遠近高低各不同。同是一座廬山，從左邊看或是從右邊看，從上面看或是從下面看，就不相同。世界上幾乎所有的事都是這樣的，從不同的角度就會看出不同的結果來。比如說廣東開禁闈賭那件事，理解的會說是為籌軍餉而迫不得已，不理解的會說是拿國家掄才大典來賭博不體面，倘若遇到要存心為難你的，他便會說，這是褻瀆聖賢，有辱斯文。所以，對一件事情的敍述，敍述者本人的心思如何關係大着哩！」

張之洞體會出桑治平話中的含義。看來廣東那邊是一定收到類似江寧的寄諭。粵省更不容忽視，如何對付清流黨的箭靶子的老兄呢？桑治平看着張之洞，嘴角邊動了兩下卻沒有發出聲來。他明白，這位當年古北口的隱士可能有甚麼秘密話要說，礙於楊銳、梁鼎芬二人在場，不便開口。正在這時，趙茂昌推門進來，對張之洞說：「大人，鐵政局會辦徐建寅先生來信說，馬鞍山煤礦有不少老百姓挖小煤窯，對煤礦干擾很大。他請大人將此事與譚撫台商議，叫巡撫衙門向江夏縣打招呼，要江夏縣頒發一道禁令，禁止附近百姓擅自挖煤。」

張之洞藉這個機會對楊銳說：「叔嶠，你回文案室去，先給徐會辦代我回一封函，說這事馬上就和譚撫台商議，一定要制止亂挖小煤窯。」

楊銳答應着即刻起身。張之洞又對梁鼎芬說：「節庵就也先回書院去吧，你好好想想，明後天再到我這裏來談一談。」

待眾人都離開後院小客廳後，張之洞問桑治平：「他們都走了，你要說甚麼就說吧！」

桑治平笑道：「你怎麼知道，我有話要背着他們說？」

張之洞笑道：「我察言觀色，知道你有只能對我一人說的好主意。」

「剛才節庵說的，有關王之春和趙茂昌的閒話，不瞞你說，在廣東時，我也聽說過。當然，王之春是個能幹人，大的方面還是可信賴的，不過，若是廣東有人跟他過不去，不檢點的事兩三件堆在一起，也就很礙眼了。」

「你是說，王之春和趙茂昌都經不起訪查？」張之洞剛剛放鬆的臉又繃了起來。

「是的。」桑治平面色嚴峻地點點頭。

「怎麼辦呢？若有諭旨下來，李瀚章肯定會去辦的，他和劉峴帥不同。」張之洞心裏憂慮起來。

「有辦法。」一個想法在桑治平的腦子裏形成了。「我們來它個針鋒相對。」

「怎麼個對法？」

「這件事交給王之春去辦。」桑治平指着袁昶的密信說，「這裏也提到他王爵堂，不妨讓他看看。他看後保證坐不安了，心裏急得很。」

「讓王爵堂去上疏為自己辯護嗎？」張之洞的腦裏充滿了懷疑。

「不是的，本人辯有甚麼用！」桑治平壓低了聲音，「這件事，你完全不出面，由我來跟王爵堂說，叫他背地裏查一下子李瀚章督鄂時的老賬。同治七年到光緒八年，李瀚章在武昌做了十五年的鄂督，難道他十五年間就一清如水，沒有一點事？那年我在子青中堂那裏，親耳聽他說過湖北的鹽政弊端大，官方走私是公開的秘密。湖北官方走私食鹽，若沒有李瀚章的同意是絕對行不通的。我看就叫王爵堂專門細查那十五年的鹽政，就會查出大的問題。那時叫他悄悄地到廣東去一次，當面去見李瀚章，把這事告訴他。說是你派他來的，問他此事如何了結。」

張之洞高興地一拍大腿，霍地站起來：「仲子兄，這是個好主意！世人說李家積累的財產，可與乾隆朝的和珅相比。李瀚章任鄂督十五年，還真不知道他括去了多少民脂民膏。再說這事讓王爵堂去辦也合適。只是，要他保密，不能讓譚敬甫知道了。」

「這我知道。譚敬甫那人是擔當不了一點事情的。」桑治平稍停一會又說，「你想過沒有，此事若是太后當政的話，會不會出現？」

張之洞思索片刻說：「至少太后不會叫人來武昌密查，會直接問我本人。」

「皇上對你並無成見，看來是有人在影響着皇上。」

「你說的是翁同龢？」

「很有可能。」桑治平凝神說，「那年開禁闈賭的事，他就從中作梗。自從他執掌戶部來，處處為難，鐵廠的銀子他有意壓下大半年才批，這些年他對你的作為干擾不少。我估計這事極有可能又是他在作怪。」

「若是翁同龢存心跟我作對，我也真拿他沒辦法。」張之洞面色憂鬱地歎了一口氣，「自古權臣在內，無立功於外者。這種事不幸讓我碰上了。」

「也不必這樣悲觀。」桑治平勸慰道，「從前曾滌生在外帶兵，皇上、太后身邊掣肘他的人還少嗎？他雖然也常有這種歎息，畢竟還是立功於外了。」

張之洞說：「曾滌生的家書家訓，我讀過多遍，他那種履薄臨深、戰戰兢兢的悲苦心緒躍然紙上。只求不得罪東家好來好散，一個中興第一名臣居然抱這種心態，令人憐憫。曾滌生晚年習黃老之術，一味委曲求全，這點我做不到。我修身不到家，性子又急躁，怕難得像他那樣。」

「曾滌生那樣壓抑自己，我看也不可取。盡人事而聽天命，不要管那麼多，能做到哪一步就是哪一步，問心無愧就行了。」

張之洞說：「我正是你說的這種態度。我努力去做，他權臣要干擾就讓他干擾，我也不去巴結他，祈求他。大不了做不成事，我就去讀書作文吟詩詞。赤條條來，赤條條去，隨心任性地在人世間走一遭，這才是大丈夫！」

「壯哉！」桑治平不由得由衷讚歎，「不過話又說回來，巴結祈求大可不必，但如果能遏制權臣，不讓他得逞，那就更好了。我看此事還得想辦法讓太后知道，由太后來制止，才確保無事。否則，儘管劉峴莊和李筱荃都不說壞話，翁同龢若存心要整的話，還是會想出別的主意來的。」

「怎麼讓太后知道呢？醇王爺也不在了。」說到醇王，張之洞心裏好一陣難受。幾多難事，都是靠的他才辦成了，真正是恩重如山啊！可惜，他去世時連祭靈的機會都沒有。「也不能去找子青老哥。他年邁體弱，不好讓他為此事跑園子去見太后。」

「是呀，怎麼樣才能把這個事情傳到太后的耳朵裏，讓她出面說兩句話就好。」桑治平自言自語地，他一時也想不出一個好辦法來。

兩個人都托着腮幫子想着。忽然，桑治平的腦子閃過一道光亮：「上個月，曾有一道為太后治病向各省求良醫妙方的上諭，當時你跟我商量過，我勸你不要去理它。為太后獻醫本是一件冒風險的事，治好了，賜你幾百両銀子，這幾百両銀子對你無用；治不好，或者萬一出差錯，那就吃不了兜着走了。」

張之洞說：「是的，我和你的看法一樣。你現在重提此事，是不是想利用薦醫的機會給太后送口信。」

「對，我是這樣想的。」桑治平望着張之洞說，「你有合適的好郎中嗎？」

「好郎中是有。」張之洞想起了一個人。「不過，即使是我極力推薦的好郎中，要能得到太醫院的通過面見太后也是很難的事。再說，他就是見到了太后，又怎麼能跟太后說起這事呢？退一萬步，他能說，太后願聽，他拿甚麼做憑證呢？總不能把袁昶的信拿給太后看吧！」

是的，張之洞說得有道理，面見太后不易，裏面時也只能瞧病不能言及國事。看來，這條路不通！桑治平在心裏思索着，還有別的路可走嗎？

讓徐致祥的參摺見邸報！桑治平突然間想起了這個辦法。太后一定會看邸報的，看了邸報就會知道這件事，但這也有不相宜處。因為一旦上邸報，也就通報全國各省了，張香濤會同意丟這個臉嗎？況且引起大家議論，影響之辭就會變為真事，反為不美！

還有甚麼別的辦法可想，別的路子可走呢？一向主意較多的桑治平陷於思路困頓之中。張之洞也在努力搜尋着舊日京師的僚屬友朋們，希望能找到一個可遞口信的人。一個個的人名出來，又一個個地被否定。驀然間，桑治平想起一個人來。

「如果能讓李蓮英把這個消息轉告給太后，那也是一個很好的途徑。」

張之洞搖搖頭說：「這條途徑也不好。莫說我不願意通過他傳達此事，即使願意，李蓮英這個人，你又如何能去接近他？我在京師十多年，與來沒有這條道上的朋友。」

張之洞的斷然拒絕，使得桑治平在失望之中又不乏對張之洞的敬意：畢竟不愧是清流出身，不願降格去阿附太監總管，比起別的督撫來，人品上還是要高一等。但這事該怎麼辦呢？

張之洞說：「你先去和王爵堂談對付李筱荃的事。太后那裏，眼下看來沒有合適的人，只有等待機會了。」

真是天助張之洞。過兩天，一個絕好的機會降臨他的頭上。這天上午，他接到來自西安的信：他的姐夫陝西巡撫鹿傳霖，定於下月初七日啟程前往京師陛見皇上。

張之洞看了這封信後，欣喜異常。將事情的原委告訴姐夫，請他在陛見皇上後再去頤和園向太后請安，就這個機會面奏太后，這比別的任何一條路子都來得可靠而便捷。苦苦思索幾天後的一個難題，終於由一個偶然的機遇給妥善解決了。這個事情給張之洞一個很大的啟發：外放十年了，京師官場日漸隔膜。長此下去，外官是做不好的，必須有一個非常信任的人處在朝廷要害部門，才能探知朝廷中一些不為外人所知的內幕。由誰來做這個事呢？仁權久居北京，對朝廷內外情勢有些了解，但他不宜做這種事。一則因為他是自己的兒子，易於招人注意，二來他為人拘束，這種事也辦不好。正思忖間，楊銳推門進來，悄聲地對張之洞說：「我這幾天幫助王藩台清查李筱荃鄂署任上的鹽政，查出了不少事，至少有三百萬両銀子去向不明，估計都流入他的腰包了。過兩天再核實清楚後，我將陪王藩台去一趟廣州，向李筱荃攤牌。有這一招，諒他不敢在徐致祥這件事上與我們為難。」

張之洞微笑地點了點頭，猛然想，就讓楊銳去充當這個角色，他一定可以勝任。

「叔嶠，你不要陪王藩台去廣州了，我交給一個新的任務，你去京師，並且今後就長住在那裏，不回來了。」

「這是怎麼回事？」楊銳瞪大眼睛望着張之洞。他覺得老師的這個決定太突兀也太費解了：長住京師做甚麼？

「坐下吧，我慢慢地對你說。」望着楊銳那雖早已而立卻仍充滿青春朝氣的神態，張之洞將請鹿傳霖面見太后的想法告訴了自己的得意弟子，然後神情嚴肅地對楊銳說，「我有一個很重要的計劃，即安置一兩個完全可靠的人在京城做事，以便更多地得到一些朝廷內部的消息，隨時與我保持着聯繫。你是最合適的人，我請你去擔當這個角色。」

見楊銳依然滿臉驚疑，張之洞怡然笑道：「叔嶠，你不要緊張，也不要有甚麼不安。我蒙同治、光緒兩朝聖恩，又是太后特別超擢的總督，我對朝廷，對太后皇上忠心耿耿，別無二志。我讓你去京師呆着，決不是要你做甚麼間諜之類的勾當，也不會叫你做違背朝廷律令的事，只是希望有一個我十分放心的人在京師多了解一些情況。這次若不是劉峴莊恰巧叫袁昶去商議，我們至今還蒙在鼓裏。若有一個手眼寬闊的人在朝廷，也就不至於這般被動了。」

楊銳明白了老師的意思，他為難地說：「大前年，我聽恩師之勸，回四川鄉試，好容易中了個舉人，卻又沒有考上進士。我眼下無官無職，在京師冠蓋中簡直微不足道，我能為您做甚麼呢？」

張之洞說：「這些我都想到了。你去京師後在仁權那裏住下來，然後去拜訪子青老相國。我有一封書信交你帶給他，他會安排你進內閣，做一個中書舍人。中書舍人官位雖不高，但位置重要，你在那裏可以接觸上至大學士、各省督撫將軍，下至京師各衙門的小官吏，可以獲得許多別人輕易得不到的東西。你把中書舍人做好，到時，我會想辦法通過別人的手來提拔你。」

聽了這話，楊銳心裏很激動。楊銳一邊在湖廣督署幕府裏做文案，一邊也在努力準備會試。前年他沒考上，楊深秀卻以晉陽書院山長的身份中了進士，分發吏部。這使楊銳既羨慕又自責，並暗地發誓，下科一定要考上。一旦進內閣做中書舍人，身在京師官場，參加會試有許多有利條件。若沒中式，以一舉人而有此地位，也是極好的待遇。中書舍人既有進士出身，也不乏舉人出身的，並不妨礙遷升。這實在是求之不得的好去處。只是楊銳對自己肩負的重擔仍有顧慮：「恩師，進內閣做中書舍人，這是學生夢寐以求的位置，只是學生資質魯鈍，能力有限，深恐有誤恩師的重託。」

張之洞安慰說：「我一生教過許多學生，也閱歷不少官場士林中人，一個我所熟悉的人，他有多大的才幹，能做多大的事，我心裏是有數的。你若實在不是這塊料子，我也不會讓你去。你不相信自己，你要相信我，放心去吧。鹿撫台本月初七從西安出發，他的隨從多，走得慢，你一個人，單騎匹馬無牽無掛走得快，估計他到彰德府時，會在二十八九。今天初十，你用半個月的時間，爭取在二十七八日左右趕到彰德府，與他會合。若萬一在彰德府錯過了，你就繼續往前趕在順德府、正定府一帶與他會合也行。退一萬步，就是在保定府與他見面也行，只要趕在進京城前見到他就行了。」

楊銳說：「這點請恩師放心，我明天收拾下，後天出發，二十五六日我一定會趕到彰德府，在那裏等鹿撫台的車騎。」

十二日，楊銳帶着張之洞的信離開武昌北上。十五日，王之春也帶着兩個隨從，離開武昌南下。李瀚章到廣州任兩廣總督時，王之春還在廣東做藩司，彼此很熟悉。王之春到廣州的第二天，便輕易走進督署大門，得到李瀚章的接見。

李瀚章今年六十九歲，但並不太見老，他的五官臉型都與二弟頗為相像，個頭卻矮了兩三寸。李瀚章書讀得並不好，功名只是一個拔貢。他的父親李文安是曾國藩的同年，二弟又是曾國藩的唯一入室弟子，因為有這些背景，他獲得了曾國藩的信任。曾國藩創辦湘軍伊始，正是用人之際。曾氏用人，最看重血緣、師生、同鄉這些關係。曾國藩親自向朝廷請求，將他分發湖南。咸豐四年李瀚章來到湖南署理永州縣令，曾國藩要他在東征局辦糧餉。李瀚章辦事勤勉，為湘軍東征部隊供應糧餉出力甚大，得到曾國藩的器重，很快便升為江西贛南道，再遷廣東督糧道。李瀚章官運極好，一路亨通，由道員升按察使，再升布政使。同治四年，入仕十一年的李瀚章便擢升為湖南巡撫，到了同治七年便升為湖廣總督。從那以後直到光緒八年，李瀚章在湖督任上前後呆了十五年。其間有四次暫時離開武昌任職別地，而代替他總督兩湖的則是他的二弟李鴻章。那時，二李的母親還健在。十五年之間，她穩居武昌督署不必離開，因為無論是前任還是繼任，都是她的兒子。李老太太享受的這種殊榮，普天下父母找不出第二個。在那種母以子貴的時代，一個女人做到這種份上，也可謂風光至極，無以復加了。

論功名，李瀚章連個乙科都未中，論軍功，他連戰場上都沒上過，但他則在短短的十三四年裏，完成了從七品小縣令到從一品大總督的仕途。在承平年代，這是很多進士翰林一輩子都做不到的事，在那個戰爭年代，也是沒有軍功的文人所終生望塵莫及的。但李瀚章做到了。曾國藩的提攜，李鴻章的赫赫功勳，固然都是他飛黃騰達的重要原因，而李瀚章本人的能耐也是決不可忽視的。

李瀚章的能耐，只是四個字：精心做官。他一輩子的心思都不在如何做事上，而是用在如何做官上。官場的那一套已被他琢磨得精熟爛透，運作得爐火純青。他的一生幾乎無任何驕人的德政可言，然而一生卻順利亨通，節節高升，差不多沒有遇到任何挫折坎坷。說他是官場中的福人也可，說他是官場中的庸人也可，他的的確確是中國封建官場中的出色代表。

十天前，李瀚章就接到了與劉坤一幾乎完全一樣的內閣來函：一道上諭、一份徐致祥參摺的抄件。上諭中的話略微不同的是「就地查訪」，而不是「去武昌密查」。

出於對清流的厭惡和對張之洞的嫉妒，李瀚章接到這份內閣來函後暗自歡喜。他立刻派人去奉旨查辦。有幾個受過張之洞訓斥的道府官員聞訊後，主動來督署控訴張之洞對他們的無禮，更有不少多次鄉試未中的老秀才提起開禁闈賭來便義憤填膺，痛罵張之洞是此事的罪魁禍首。查訪的結果對王之春也不利。他在彭玉麟手下做湘軍營務總管時期，以及做雷瓊道時期，都有人懷疑他在賬目上不清白。還有人揭發他在清泉老家置良田五百畝，在衡州府裏有店鋪七八家，他的這些家財來路都經不得過細盤查。至於趙茂昌，則有住澳門的王姓闈賭老闆揭發他私受二萬兩銀子，又有新會商人梁某揭發他敲詐其家祖傳的琥珀念珠一串，價值八千兩銀子。李瀚章準備將這些寫成扎扎實實的奏摺，將張之洞狠狠地治一下，出出他們兄弟多年來壓在胸口的一腔悶氣。

當王之春在他的面前，出示一份同治七年至光緒八年湖北鹽務往來賬目細表時，他的那一股與不法之徒抗爭的凜然正氣立即消失殆盡。在湖廣總督張之洞的眼中，他自己正是一個不折不扣的不法之徒。擦乾額頭上的虛汗，定定心後，李瀚章也將上諭、徐致祥的參摺以及他奉旨查辦的實錄，全部拿出來交給王之春。王之春不能不從心裏佩服張之洞、桑治平的高明。他面不改色地對李瀚章說，這都是小人的誣陷。並感歎，替朝廷辦事太不容易，寬則玩忽職守，重則招至怨恨，張大人和他本人都深知這一苦處，故在查鹽務賬目發現這些疑點時，並不急着上報戶部，而是特為來廣州諮詢李大人。李瀚章表示，深謝張大人的好意，天下官場一個道理，小人也是處處都有。於是，兩人心照不宣，彼此的裂縫都相互彌補了。最後，李瀚章說，奉旨查辦，沒有查出一點事來也不好交差，且趙茂昌的劣績證據確鑿，不便推卸。王之春也同意拋出趙茂昌，接受這個丟卒保車的決定。

一個月後，兩江總督劉坤一、兩廣總督李瀚章先後給朝廷作了稟報，兩個摺子幾乎由一個模子裏出來的：張之洞為官勤謹，王之春辦事有方，徐致祥所說皆影響不實之辭，經訪查均無實據。督署總文案趙茂昌不洽輿情，物議頗多，受賄情事嚴重，應予革職查辦。

與此同時，鹿傳霖也到了北京。陛見之後，受慈禧太后召見於頤和園。慈禧知道鹿傳霖與張之洞的郎舅關係，談話之間不免問到張之洞。趁着這個時候，鹿傳霖將徐致祥奏參之事向慈禧作了稟報。慈禧笑了笑對鹿傳霖說，言官多喜風聞奏事，張之洞做過多年言官，應該懂得，不必放在心裏。過些日子，光緒進園子請安，慈禧隨意對他說了一句聽說徐致祥參劾張之洞，此事不要看得太重。光緒聽了一怔，他沒有想到深居頤和園的太后居然已知道此事，而且態度很明確地偏在張之洞一方。他回宮後告訴翁同龢。翁同龢本想藉這個機會狠狠地煞一煞張之洞鋒芒畢露的驕矜自得之氣，看到劉坤一、李瀚章的奏報，特別是探知太后的意思後，便只得打消這個念頭，吩咐內閣擬一道上諭下發：武昌湖廣總督衙門總文案趙茂昌，違法瀆職，現已查明敲詐受賄，即行革職永不敘用。

被史家稱為「徐致祥大參案」的這一事件，就這樣虎頭蛇尾地收了場。這是張之洞仕宦生涯中一場有驚無險的風波，更是近代中國官場史上一個極具典型意味的案例。

第五章 外賓訪鄂

1 馬鞍山鄉民把洋礦師打得傷筋斷骨

受賄勒索這種事，張之洞一向十分痛恨，趙茂昌的這些不法行為，倘若在平時由他來辦理，撤職固然不可免，很可能還要籍沒家產，投入監獄。但想到趙茂昌此次被劾，是因為他張之洞的緣故，且這些事也沒有一一去查實，故對趙茂昌心存憫惻。雖遵旨革了趙茂昌的職務，但又專門為趙置了一桌餞行酒，叮囑趙回原籍後務必息影鄉居，等兩三年後再來。趙茂昌感激總督的這番好意，表示今生將死心塌地為張之洞奔走效力。

張之洞是個情緒易受波動的人。徐致祥大參案，弄得他幾乎半年不得安神，最為委屈憤慨的時候，他甚至想掛冠而去。張之洞的這種心緒，大大影響了龜山腳下鐵廠的興建速度。只是因為有蔡錫勇、陳念礽這些鐵政局的督辦、會辦們在頂着，包括煤礦、鐵礦在內的整個鐵廠興建工程才沒有停工。但有不少必須盡快辦的事因此而拖延，造成工程近五十萬兩銀子的損失。這筆巨大的損失該由誰來負責呢？能由徐致祥負嗎？維護朝綱，糾彈瀆職，是大理寺卿的本職，徐致祥沒有責任。是光緒皇帝和翁同龢的責任嗎？查訪實情，整肅吏風，是在上者的治國正務。光緒和翁同龢也沒有責任。是張之洞的責任嗎？墨守成規者最不易出差錯，勇闖新路者總難免要遭挫折，幾成人世定規。一心為國的人反遭攻訐，庸碌無為者仕途順暢，這叫人如何想得通！他張之洞不是聖人，情緒波動似難深責，他又能承擔多少責任呢？

半年後，張之洞才從陰影中慢慢走出來，重又投身於以鐵廠為主的洋務事業中去。

不料，沒有多久，馬鞍山煤礦一場礦局與鄉民的鬥毆案，又將張之洞推入了是非漩渦。

馬鞍山南距武昌城八十里，屬於江夏縣地面。江夏縣沒有縣城，縣衙門就設在武昌府城裏。馬鞍山乃禿嶺，樹木不多，野獸也不多，自古以來便是一座無主的荒山。二十多年前，李鴻章做湖廣總督時，曾聘請三位英國礦師在湖北境內踏勘礦務。英國礦師在馬鞍山的仙女嶺腳下發現了煤礦，並組織人員開採。半年後，李鴻章離開武昌，他的哥哥李瀚章入主湖廣衙門。李瀚章對洋務不感興趣，英國礦師因此離開馬鞍山，剛剛開始的湖北採煤業半途而廢。英國礦師臨走前，指着井邊剩下的幾座煤堆，對前來看熱鬧的鄉民說，你們把這東西拿回家去，它可以當木柴用。

這堆東西，散狀的像黑黑的泥砂，塊狀的又像燒焦的鍋巴，它能當木柴用？能煮飯炒菜、燒水取暖嗎？鄉民們半信半疑地挑回家去，按照洋人教的辦法去做，果然爐子裏生出熊熊的火燄來。這黑傢伙真好，它既有木柴的功能，又比木柴經燒，且沒有煙，也好搬運貯藏。在事實面前，鄉民們信了洋人的話，都來搬取，井邊的煤堆很快便被挑盡燒光。於是有聰明膽大的，便自己下到煤井裏去挖，居然也拉到了煤。煤拉多了，除自己用外，還可以賣給別人，住在仙女嶺附近的十幾家農戶便這樣最早地發了一點洋財。消息傳出去，引來不少前來淘黑金的人。馬鞍山的山前山後，嶺腳坡腰，便佈滿了用鋤頭鐵鍬打井挖煤的莊稼漢。原本被視為一無可取的寂寞荒山，頓時變成可以發家致富的熱鬧寶庫。到後來，那些本錢大能力強的人便將煤井越開越大，越開越多。本錢少能力弱的，便來投靠他們。前幾年，馬鞍山一帶便形成周、張、沈三大集團。三家分割地盤，各自發展，儼然成了馬鞍山的主人似的。江夏縣衙門見馬鞍山挖煤有利可圖，便在此地設了一個税卡，一百斤煤炭收十文錢。三個老闆本不情願，但一想到既向官府納了税，也便取得了官府的認可，今後則可以名正言順地佔據這塊地盤，子子孫孫傳下去，於是接受了官府的徵收。江夏是個窮縣，有了煤税這筆收入後，這幾年從縣令到衙吏，個個都從中得到厚薄不等的好處，故而都希望馬鞍山這個現狀能長久維持下去。不料張之洞要辦漢陽鐵廠，城門失火殃及池魚，馬鞍山的好夢被攪了。

徐建寅帶領的包括兩個洋匠在內的一批人馬來到馬鞍山，映入他眼簾的是一大羣忙碌而雜亂的挖煤運煤的鄉民，從小在嚴格的科學技術氛圍中長大的徐會辦，不由得雙眉緊皺。他內心為這個場面而痛苦：這哪是在採煤，這是在掠奪大自然，是破壞生態環境，是犯罪的行為！必須立即制止這種紛亂的狀態。這不僅是為了日後的礦務局，作為一個科學家，徐建寅更本能的反應是：要保護大自然賜給人類的充裕財富，讓它更好地為人類服務，更長久地為人類造福。

徐建寅代表煤礦局，與周、張、沈三家商量，要他們立即停止一切採煤行為，以便對馬鞍山作全面的探測、評估和機器採挖井點的選定。周、張、沈三家的代表不作絲毫考慮便斷然拒絕。徐建寅見直接找挖煤者行不通，便去找江夏縣衙門。縣令呂文魁明知道理上説不過煤礦局，但馬鞍山煤窯是縣衙門的一個金庫，他實在不願意就這樣被奪去。呂縣令採取了中國官場上一個慣用而有效的措施：拖延不辦。他嘴上應付着答應調解，實際上沒有任何行動。馬鞍山無序採煤照常進行，縣衙門的税卡也照常收税。兩三個月過去了，一點動靜都沒有。這段時間裏，煤礦局只得在仙女嶺以外山嶺上勘查，但勘查的結果是蘊藏量不大，從煤層的走向分析，大量的煤埋在仙女嶺地下。徐建寅無法，只得具函稟報張之洞，請總督出面。因為牽涉到江夏縣的民事糾紛，按理當由省巡撫衙門出面敦促武昌府衙門去處理，於是張之洞叫文案所擬文諮湖北省巡撫衙門。

趙茂昌被撤後，總文案便由梁鼎芬兼任。他將書院事委託給總教習，自己長住衙門。湖北巡撫譚繼洵接到由梁鼎芬起草的諮文，匆匆看了一眼後，便將它置於往來函件櫃裏。諮文在櫃子裏冷冷地躺了半個月後，譚撫台才將它重新拿出來，又看了一遍。

之所以一擱便是半個月，主要還不是撫台公事多的緣故，而是因為他對張之洞的這一套主張和作為不感興趣，內心深處抱着一股牴觸情緒。他一不相信洋人的那一套能在中國扎根結果，二不相信張之洞這種勞民傷財的事能辦得長久，但張之洞是總督，又得到朝廷的支持，譚撫台奈他不何。藩司王之春、臬司陳寶琛也都附合着張之洞，於是譚繼洵在三大憲台中便顯得較為孤立。不過，府縣中卻不乏支持他的人，他因此相信自己的看法不是錯誤的。

譚繼洵雖不公開反對張之洞，也不得罪王之春和陳寶琛，但他一再叮囑他的兩個助手：張制台所辦的事，並不是職份內應辦的事，也不是我們湖北應辦的事，他要辦，我們不阻擋，但我們要守定一個原則，即湖北不能為他的事拿銀子。當然，湖北應當上交的銀子若戶部公文明言轉給他，我們還是照給，只是湖北不能再為他籌銀。張之洞也不苛求譚繼洵，只要他不阻擋王之春將戶部明文規定的銀子轉過來就行了。兩三年來，因為有王之春、陳寶琛從中斡旋，張之洞與譚繼洵雖然主張不合，卻也相安無事。

畢竟是總督衙門來的公函，畢竟是他巡撫應辦的公事，譚繼洵打發巡捕將武昌知府召進衙門裏來商議。武昌府的衙門也設在武昌城裏，位於巡撫衙門三里遠的西南角，與三里外東南角的江夏衙門一起，和巡撫衙門組成了一個等邊三角形。

儘管把江夏縣令召來談話更為直接，但不是特殊情況，巡撫不直接找知縣談。江夏歸武昌府管，巡撫跟武昌知府談，武昌知府再去和江夏知縣談，這是官場的規矩，不能亂了套。

舉人出身的知府涂炳昌也是個六十出頭的老頭子，此人三次會試不中，以大挑身份放的知縣，做了二十多年的知縣、同知，終於在鬚髮皆白的時候熬到一個四品銜的知府。他十分珍惜這頂閃着寶藍色光澤頂子的大蓋帽，生怕它哪一天無意間被風吹了下來。涂炳昌沒有才幹，也不想做出甚麼政績，如果不是做官，不管在哪一個行當裏混飯吃，他都絕對是一個平庸得毫不起眼的小角色。他做官只有一個訣竅，那就是畢恭畢敬地聽上司的話，不折不扣地奉行上司的旨意，至於上司的話是對還是不對，他從不去考慮。

涂知府坐着藍呢大轎來到巡撫衙門，巡捕馬上引導他進了會客廳，一會兒譚繼洵就過來了。譚繼洵是個和氣的人，一向不對下屬擺架子。兩個老頭子彼此客氣一番後，涂知府挺直腰板問：「大人喚卑職過來有何事吩咐？」

譚繼洵將總督衙門的公函遞給涂炳昌說：「你先看看這個。」

馬鞍山煤窯的事，涂炳昌聽江夏知縣說起過，那是一件很小的事情，他聽過也就過去了。現在竟然與總督辦的鐵廠聯繫起來，那就成大事了，得格外慎重。對於牽涉上司的事情，不管事情本身如何，在涂知府看來都是大事要事，都得認真對待。他的「認真」，就是遵循上司的意旨去辦。

「大人，這樁事如何處理，您下個命令，卑職照辦就是了。」涂炳昌邊說邊雙手將公函遞回給譚繼洵。

譚繼洵接過公函，隨手將它放到書案上，右手指在瘦瘦的下巴上摸了好長一會，才慢慢說道：「這是件棘手的事情，呂縣令也有稟貼給我，說煤窯已由鄉民開採二十多年，養活了近三百戶人家，不讓開採，斷了他們的生計，情理上說不過去。張大人要辦鐵廠，鐵廠要燒煤，煤得由馬鞍山出。張大人的這個計劃，朝廷同意了，戶部還專門為此撥了銀子。如果不讓煤礦局來包攬，張大人那裏也不好交待。這事難着哩！」

「是的。大人說得對，這是件難事。」涂炳昌滿臉同情地望着瘦弱的上司。這情景，酷似兩個老婦人在聊家常：一個訴說家裏的煩惱事，另一個無力幫忙，只能時不時地說些同情話來安慰。

「涂太守呀，我們倆個都是過花甲的人了，說幾句老頭子的心裏話吧！」譚繼洵將摸下巴的手放下來，擱在大腿上，兩眼昏昏花花地望着武昌府的當家人。「其實呀，這世上有許多事或者不需做，或者不必做，或者不急着做，辛辛苦苦、忙忙碌碌地苦幹着，到頭來成者少，不成者多。即使成了怎麼樣？時過境遷，轉眼就變了味。還有呀許多事，也談不上甚麼成不成的，做和不做是一回事，多做和少做也是一回事。我們都是上了年紀的人了，過後一想，都是瞎忙一通。年輕人血氣盛，總以為拚命去做就一定好，殊不知世事大多不是這樣的。回過頭來看看走過的路，你說說是不是這個話？」

譚繼洵的這段感慨，道出了人生的部分真諦。除開那些過去成就輝煌現在仍然雄心勃勃的個別人外，大多數的老頭子都會程度不等地有此同感。涂炳昌本就是一個不幹事的平庸人，對這番話的認同更為深切更為真摯。他幾乎認為巡撫的話就是為他平庸的過去在作腳注，或者說更加證明了他其實就是一個有着大聰明的先知先覺。涂炳昌發自內心地說：「大人，您這是真正的參悟大道之言。人生百年，許多煩惱、許多痛苦其實都是自己找來的。古人早就說過，世上本無事，庸人自擾之。明明是無事生事的庸人，還硬要說自己是大有作為的英雄。」

譚繼洵又找到了一個知己，興致立時高漲：「涂太守，你說得好，如果是一個老百姓，倒還罷了，無事生事，累的苦的還只是自己一人，至多是連累妻兒親友；若是做了官，尤其是做了大官，乃至一國之主，跟着他受苦受累的就多了。比如說秦始皇吧，他好大喜功，好端端的日子不讓大家過，他要修甚麼長城，從東到西一萬多里，死的人不知幾十萬，後人說長城不是磚砌的，那是老百姓的白骨砌的。涂太守，你是個讀書明理的人，你想想，那長城真的能擋住甚麼入侵的敵人嗎？千軍萬馬要過來，幾塊磚頭能擋得住嗎，無非是要為他秦始皇留下一個政績罷了。」

「大人說得對，要說擋住關外敵人，長城那是一點用都沒有的。秦始皇之後，不是朝朝代代都有夷狄入侵華夏嗎？」涂炳昌趕緊順着撫台豎起的竿子往上溜。

「再說王安石吧，本是一個極幸運的人，天份高，仕途順利，操守也好，文章詩詞更是出色，好端端的做個太平宰相，豈不是讓天下後世景仰不已！卻偏無事生事，想出甚麼青苗均輸等等新法，最後弄得自己罷相謫居，被人視為奸蠹不說，還害得老百姓受盡折騰。回過頭來看看，王安石的甚麼新法，甚麼改制，又何必要去做？」

「是的，大人說得對極了。王安石若安分守己做官的話，憑他的聰明才幹，一定是歷史上少有的名宦。」涂知府又順竿爬着。

「哎，」譚繼洵歎了一口氣，「還是張養浩說得好：『興，百姓苦；亡，百姓苦。』說到底，還是老百姓在受苦哇！」

「是，是。」涂炳昌連連點頭。撫台大人這一番談古的話，已讓為官多年的知府老爺摸到了頭緒：原來談古的目的在於論今，他很可能是說張之洞辦鐵廠辦煤礦局是無事生事，其結果是苦了老百姓。

「不扯遠了。涂太守，今天把你請來，就是為的馬鞍山煤窯的事。我對你說句心裏話，張大人要在湖北辦洋務，我是不大贊成的。我說句不中聽的話：勞民傷財，最終無濟於事。這話雖不中聽，日後必會證明的。老百姓生活苦，尋點活路不容易，何必要和他們作對哩。但這話現在不能對張大人說，他正在興頭上，朝廷中又有人撐腰，這話他哪裏聽得進？我請你來，是要請你這知府來出個兩全之策，既不拂張大人的意，又不傷着江夏老百姓利益，你有甚麼好主意嗎？」

果然給猜中了，涂知府心裏暗喜，但是撫台出的顯然是個難題：有甚麼好的兩全之策，能兩邊都不得罪呢？出點子、想主意，對於這個年邁的武昌知府來說可不容易，做了二十多年官老爺的他，從來是很少自己出主意的。他搔了搔大蓋帽下稀疏的白髮，想了好長一會兒，也拿不出一個自個兒滿意的主意來，不能老這樣乾瞪眼瞧着，總得開口呀！

「大人，卑職想最好的辦法是讓煤礦局到另一個地方去採煤，馬鞍山這個地方維持老樣子不變，如此兩方都不得罪了。」

「這算甚麼主意！」譚繼洵不覺乾笑了一聲。「你以為兩方都不得罪，這不明擺着得罪了張大人嗎？」

「哦，不錯，得罪了張大人。這個主意不好。」涂炳昌的眼珠子轉了幾圈後說：「要麼這樣，把鄉民已挖的煤全由煤礦局買下，然後鄉民撤除，馬鞍山交給煤礦局來經營。」

「這可能也不行，煤窯老闆們會不同意；再說，拿錢的是老闆，幾百名鄉民從此以後丟了飯碗！」

撫台又一次否決後，涂知府的肚子裏便再也沒有點子了。「大人，卑職一時想不出好辦法，容卑職回去後再細細想想。」

「慢點。」涂炳昌的兩個點子都不理想，但給了譚繼洵以啟發，何不將他們捏合起來，一道來做這樁事呢？「涂太守，我倒有個想法。」

「大人，還是您的辦法多，您說出來，卑職照辦就是了。」他多麼希望撫台再不要兜圈子了，早點發話，他再把這話傳給江夏縣，讓呂縣令辦不就得了！

「我看是這樣，馬鞍山煤窯還是交給煤礦局，不過，現在的這個攤子得全由煤礦局管起來，沈、周、張三個老闆給煤礦局當小頭目，所有在煤窯上做事的鄉民通通都留下給煤礦局做事。至於具體事宜，由他們兩家去深談，我這個巡撫不管，你這個知府也不要管，就連江夏縣衙門也可不管，讓他們自己去辦。」

「好，大人這個辦法最高明。」譚繼洵的話剛落，涂知府就迫不及待地叫好。「煤礦局辦起來，總要人做事，讓現在的這批人去做，輕車熟路，再好不過了。即便人多點開支大點也不要緊，反正他們有的是戶部的銀子。娘的奶子人人有份，朝廷的銀子，大家都用得。」

「涂太守既然同意，這事就麻煩你去辦。」

「大人放心，卑職會辦得熨熨帖帖的。」

涂炳昌回到知府衙門裏，將這一套程序不走一絲樣的重新操持一遍。他派人召來江夏縣令呂文魁。呂縣令坐一輛黑呢轎子，穿一身乍看起來與知府沒有多大區別的官服，擺起全套排場來到知府衙門，涂知府把譚巡撫的話傳達了一遍。呂知縣聽後，心裏不大情願：若照巡撫的意思，馬鞍山煤窯鄉民的財路雖未斷，但縣衙門的財路卻斷了，只是這話他又不能說，因為這筆稅收他是瞞了上面的：知府不知，巡撫更不知。呂縣令說不出反對的理由，只得答應照辦。

呂縣令由於心裏不樂意，回到縣衙門後就有意把這事壓着，直到半個月後才把煤窯三家老闆召來衙門，傳達從知府口裏聽來的巡撫命令。誰知，三家老闆都不同意這個處理辦法，因為他們壓根兒就不想讓總督派來的煤礦局在馬鞍山落腳。他們是馬鞍山的山大王，要做土法挖窯的大老闆，不願做洋法採煤的小工頭。

呂文魁正要藉他們的不願合並而從中牟利，但他又不能慫恿他們公然抗拒巡撫的命令，於是說了句你們看着辦吧，便把他們打發出了衙門。

煤窯三家老闆從呂縣令的口中，揣摸出省府縣的態度並非是要他們讓出，他們有了底。仗着背後有硬後台撐腰，三家老闆決定遵循撫台的旨意，同意與煤礦局合夥，但把價碼抬高：三家老闆都做煤礦局的協辦，所有在煤窯上做過事的鄉民一個不能裁，全部進煤礦局，他們的最低收入不得少於二両銀子一個月。這個方案煤礦局顯然不能接受，那麼責任就在煤礦局一邊。談判不成，馬鞍山一切照舊。這正是他們所要達到的目的。

徐建寅原以為官府會全力支持煤礦局，不料三家煤窯老闆竟然神氣十足地前來談判，說是奉巡撫之令，合夥開發馬鞍山，並將他們的方案搶先公佈。

徐建寅面對着有恃無恐的三個煤窯老闆，氣得一句話都說不出來。

徐建寅得其父徐壽真傳，為人處世、治學辦事完全和父親一個樣。他相信科學技術才是致人類於幸福的唯一途徑，中國不如西洋，關鍵是在科技上不如，中國的出路，也唯有在發展科技上。因此他和父親一樣，不願當官，厭惡官場上的人事應酬和相互傾軋，只求在一個安穩單純的環境中從事科技操作或西洋圖書的翻譯。徐壽在安慶內軍械所和江南機器局翻譯館裏度過其一生的重要歲月，他的成就也就是在這種環境裏完成的。徐建寅從小跟隨父親在江南機器局的翻譯館讀書翻譯，後來在李鴻章辦的金陵機器局做事，雖有候補道的空名，但那是空銜，他實際沒有做過一天官。不入官場，徐建寅得以保住心靈的寧靜，但因此也不懂社會上的複雜人事關係。

在徐建寅看來，這是件很簡單的事：山是國家的山，煤礦是國家的煤礦，馬鞍山小煤窯的亂挖亂掘完全是一種無政府的行為。二十多年已非法獲利不少，不處罰已經是很寬容了，現在煤礦局代表國家來此作機械化挖掘，完全是行使國家應有的權利，鄉民的小煤窯，理應無條件地立即停止撤離。哪有甚麼合夥的道理？何況還要提出如此苛刻的條件，豈不是荒唐至極，無理取鬧！

徐建寅一口拒絕，談判破裂。徐建寅一面向總督衙門稟報，一面決定對仙女嶺下的煤層分佈情況作採樣調查。

這天午後，煤礦局的兩個英國礦師亨利、斯維克在與陳念礽一道從美國回國的梁普時的帶領下，背着機器、標杆、記錄板來到一個無人工作的小煤井旁，他們想利用這個廢棄的煤井來作採樣調查。三個人開始豎標杆、安機器，一邊作現場記錄。

金髮碧眼高鼻子的洋人，嘰哩哇拉的洋話以及閃閃發亮的洋玩意兒，立時招來了許多正在挑煤的鄉民的圍觀。這些遠離都市一輩子不出山溝的鄉民面對着這一風景，比看耍猴戲還要來勁、有趣。這時沈家煤窯的賬房鄭煙鬼過來，他突然發現這是一個很好利用的機會。

「你們看，就是這幾個傢伙要來霸佔仙女嶺，把我們趕走，他們若是得逞，兄弟們的飯碗就要敲了！」

「他媽的，他們若是敲砸了老子的飯碗，老子就敲碎他們的狗頭！」

說話的漢子姓魯，他上有多年臥病在床的八十老母，下有四個嗷嗷待哺的幼小兒女。魯家無一分田，全憑賣苦力度日，這幾年靠着煤窯一家人才能半飢半飽；若沒有煤窯，他就陷入絕境。煤窯對他來說簡直是性命攸關。

「洋人有甚麼資格在我們中國的山嶺上動土。哼，瞎了他們的狗眼！他們想把老子趕走，老子先要趕走他們！」說話的是個姓胡的年輕人，他也是全仗煤窯來養家糊口的人。

「你們知道他們是些甚麼人嗎？」鄭煙鬼胡亂編造，「這兩個洋人我在漢口見過，他們都是洋教堂裏的，專幹些挖小孩心肝、眼珠、姦淫女人的事，這會子又到我們這裏來裝神弄鬼騙人。」

這些鄉民雖沒有見過洋人，但是洋教堂欺侮中國人，誘騙中國人進教堂，女人進去被姦淫，小孩進去後則被挖掉心肝做藥丸，挖出眼睛化水銀，這些話他們倒是聽說過幾十年了。洋教堂在他們的心目中就是座魔鬼窟，洋教士就是吃人害人的魔鬼。現在居然就有這樣的兩個魔鬼在眼前，而他們又的確在做着傷害自己的事，鄉民的胸膛裏開始燃起仇恨的怒火。

「打死這兩個洋鬼子！」姓魯的突然發出一聲怒吼。

「還有那個漢奸，也不能放過！」姓胡的連忙響應。

說話間，姓魯的、姓胡的兩個人同時衝出人羣，向洋匠們奔去，鄭煙鬼忙對身邊的人說：「你們都上去幫忙呀，洋鬼子身上沒帶洋槍，不要怕！」

於是眾人都一窩蜂似地跟了上去，正在工作的礦師們嚇懵了，從鄉民憤怒的面孔和大聲的吼叫聲中，他們知道來者不善。

梁普時對兩個洋同事說：「他們是來打我們的。他們人多，我們打不過，只有快快跑回去！」

三個人背起探測器，拿着標杆跑步下山。在姓魯的和姓胡的率領下，十幾個鄉民跟着後面直追，一邊高叫：「打死這幾個狗日的！」

三個人一邊跑着，一邊回頭看，只見他們越來越近，接着便有小石頭從身邊呼呼飛過。突然，一塊石頭砸中了背機器的亨利的大腿，他隨即倒在地上。姓魯的衝上前來，便是一腳，踢在他的背上。亨利痛得在地上打滾，肩上的機器掉在地上，幾個鄉民用石頭將探測器砸得粉碎。姓魯的正要再用拳頭打亨利的頭時，亨利已從地上爬了起來，兩人立時扭成一團。梁普時見狀，便對斯維克說：「你趕快跑回去叫徐會辦派人來，我來救亨利！」

斯維克扔下記錄板，蹽起長腿，飛快地跑下山。梁普時剛回頭跑幾步，便被姓胡的追上了。姓胡的奪過他手中的標杆，「喀嚓」一聲就把它斷成兩截，然後揮舞起手中兩截斷標杆劈頭蓋臉地向梁普時打來。梁普時未及幫亨利的忙，自己早已被打得鼻青眼腫，滿臉是血。幸而斯維克跑得快，這時已跑到煤礦局駐地，見門邊兩個持洋槍的衛兵，便用極生硬的中國話高喊：「嗚槍，嗚槍！」

兩個衛兵順着斯維克跑來的方向看時，只見半山腰上一片混亂，便知道出事了。兩個衛兵立時撥出洋槍來，對空放了幾槍。

槍聲驚動徐建寅，忙帶着煤礦局的所有員工向鬧事的地方跑去。槍聲也嚇壞鬧事的鄉民，鄭煙鬼大叫一聲：「洋槍隊來了，兄弟們回去吧！」

鄉民們扔下亨利和梁普時，四處逃散了。

徐建寅率領眾人跑上來，見躺在地上的亨利和梁普時血肉模糊，傷勢沉重，痛心已極。兩人被抬回礦務局後，立即上了擔架，由徐建寅親自護送回漢口治療。第二天傍晚兩人被送進英國人在漢口辦的一所小醫院，由於搶救及時，亨利和梁普時雖傷筋斷骨，但無生命危險。

徐建寅這時才鬆了一口氣，過江來到總督衙門，向張之洞稟報這件事的前前後後。

張之洞聽完稟報後，氣得發抖，手掌在茶几上狠狠地擊了一下，罵道：「這些個目無王法的刁民，全部給我抓起來，嚴懲不貸！」

徐建寅說：「煤窯老闆口口聲聲說合夥辦礦，是巡撫的命令。若真的是巡撫下了這樣的命令，這命令本身就是錯的，助長了他們的威風。」

張之洞氣道：「把譚敬甫喊過來，我倒要問問他，說過這樣的混賬話沒有！」

徐建寅聽到這句話，嚇了一跳：不管譚繼洵這事辦得多麼不好，他到底是一省之主，怎麼可以叫他過來當面責問呢？倘若總督和巡撫爭吵起來，自己不就成了是非的挑起者嗎？徐建寅知道常有督撫不和的事，他生怕因此而造成武昌城內的督撫不和。徐建寅的顧慮不是多餘的，督撫不和的事，不但時常有，近幾十年來簡直成了普遍現象。造成這種現象的出現，首先要歸咎於朝廷。當初，這種制度的設立，便含有相互牽制的一層內容在內。總督正二品，巡撫從二品，品銜雖有差別，但巡撫並不是總督的僚屬，相見時行的是平禮。總督主管軍事，巡撫主管民政。但軍、政常會糾纏在一起，且共處一城，面對着同一省，於是糾葛就產生了。有清一代同城的督撫，如兩廣總督與廣東巡撫，雲貴總督與雲南巡撫，陝甘總督與甘肅巡撫，閩浙總督與福建巡撫及湖廣總督與湖北巡撫之間便常有麻煩事出現，不和諧的居多。到了太平天國時期，軍事壓倒一切，督、撫都管同一樁事，於是用兵省份的督、撫之間鬧意見的就更多。

當下徐建寅想到這裏，忙說：「大人請息怒，暫時不要譚撫台過來，我先去他那裏，向他稟報這件事，順便問問煤窯老闆所說是否屬實。」

張之洞想了想說：「也好，你去向他稟報也是應該的，不過，此事我得有個態度，鐵廠煤礦局畢竟是我在辦理。」說完，他抽出一張信箋來，提筆寫道：

敬甫中丞台鑒：

馬鞍山鄉民毆打煤礦局礦師，幾至出人命大案。據煤礦局會辦徐建寅言，煤窯老闆堅持要與煤礦局合夥經辦。馬鞍山乃國家山嶺，非某姓之私產，煤窯老闆在馬鞍山無任何辦礦權利，豈能合夥經辦？合辦云云，非癡人說夢，即無理取鬧。盼速查清此事，嚴令煤窯限日撤除，並懲辦肇事者。

張之洞將這封信遞給徐建寅說：「本想給譚撫台一個面子，讓他來辦理。不料此公糊塗，釀成大事。現在再不給他餘地了，就叫他這樣辦。」

徐建寅雖覺張之洞以一總督對巡撫寫措辭如此嚴厲的信，略有點過份，但一想到譚繼洵的無能，又覺得不過份了。他接過信，向張之洞投過敬佩的目光，心想：辦大事還得真要張制台這樣的氣魄才行！

2 思想不羈而又心緒愁苦的貴公子

看了張之洞的信，聽了徐建寅的稟報後，譚繼洵大吃一驚，心緒十分複雜。他既痛恨馬鞍山鄉民的野蠻無禮：毆打礦師，砸爛機器，無論如何都是說不過去的。又埋怨武昌知府和江夏縣令辦事不力：他們一定是沒有把他的意思原原本本地傳達，不知在哪一個環節上走了樣，才激起鄉民的憤恨。同時又對張之洞信函中的不客氣很是不快：論年齡，論科名都在你張之洞之上，你張之洞怎麼可以就憑着品銜高一級，對我說這等亢厲不恭的話呢？

送走徐建寅後，譚繼洵為着這件事惱恨至極，一個整夜沒有睡好覺，第二天上午便覺得有點頭重腳輕。他強打起精神，把武昌知府再次喚進巡撫衙門。譚繼洵陰沉着臉，以少有的峻厲口氣對涂炳昌說：「你看看張大人這封信吧！」

涂炳昌看完信後，才知馬鞍山鬧出大事，張之洞為此發了大火。他與譚撫台打了三年多交道，一向都是和顏悅色的，今日第一次見他這個模樣，知道撫台大人心裏也大為生氣了。他顫抖着雙手將信函還給撫台：「馬鞍山刁民竟然毆打礦師，卑職實在是不知道。江夏縣出了這等事，卑職有責。大人看此事如何處理，卑職一定照辦。」

「唉！」譚繼洵跺了跺腳，重重地歎了一口氣。「都怪你們無能，辜負了我的一番好意！」

「是，是，卑職無能，卑職無能！」涂知府檢討不迭。

「我原想把他們捏合在一起，雙方都得利，沒想到煤窯上的人竟然動起武來，打傷人，尤其是打傷洋人，這事就麻煩了。張制台信函上的話雖然難聽，道理上還是他的對。事情到了這般地步，再沒有合辦的餘地了。你去告訴呂文魁，叫他親到漢口去看望兩個被打傷的礦師。呂文魁切莫以為這是代人受過，拒絕去漢口。涂知府，你要他心裏放明白點，除開作為縣令責無旁貸這點不說外，要知道打傷的是英國洋人，倘若惹怒英國大使館，告到朝廷那裏就不得了啦。他呂文魁的縣令做不成是當然的，只怕你我也不得安寧。」

涂知府心裏猛然生出一股恐懼感來。這幾十年裏，與洋人衝突的事還少了嗎？本來是一件芝麻大的小事，一下子就鬧成大事。本來是洋人理虧，到頭來都是中國人的不是。朝廷不管三七二十一，先辦了自己的官員和百姓再說。洋人可是惹不起的呀，何況這事明擺着是馬鞍山的鄉民不對。涂知府忙說：「大人指教的是，卑職不但叫呂文魁去，而且卑職也陪同前往，一道去慰問受傷的洋礦師。」

「你就不要去了，事情出在江夏，江夏縣令去賠禮就行了。」譚繼洵繼續說，「還有，要呂文魁盡快通知馬鞍山煤窯撤除，再不要說別的話了，那塊地方只有全部交給煤礦局，才可以大事化小，小事化了。」

「是，是，卑職一切照辦！」

江夏縣令呂文魁本不願意過江去看望被毆打的煤礦局礦師，認為這是降了他堂堂縣太爺的格，但當涂炳昌指出此事將可能導致一個新的洋案後，呂文魁也害怕了，連忙答應。第二天親自過江到漢口，尋到那家英國人辦的醫院，看望亨利、梁普時，代表江夏縣衙門說了許多賠不是的話。又對守候一旁的徐建寅表示，三天之內一定將馬鞍山煤窯撤除，並查辦肇事者。

這時，江夏縣丞錢乃昌向總督衙門上了一封密函，將呂文魁收取馬鞍山煤窯稅銀作小金庫一事稟報張之洞。錢乃昌揭發呂文魁並非為了公義，純粹是出於平日相處不合的私怨。他知道馬鞍山的事一定使張之洞對呂文魁極為不滿，於是趁此機會落井下石，既洩了私憤，又討好總督，最好是促成張之洞罷掉呂文魁，由自己來坐正堂，那就更是求之不得了。

果然，張之洞接到這封密函後十分惱怒，立即派衙役去江夏縣傳令，命呂文魁明天一早來督署聽候訓話。

呂文魁接到命令後心裏很是惶恐。他知道，毆打洋匠一事能大能小。若以瀆職失責釀成地方洋案而論，只需一道奏本，頭上的七品頂戴便立時丟掉；若不上告朝廷，則一點事都沒有。而這告與不告，全操在總督張之洞一人手裏。現在沒有別的法子，只有求張制台寬恕這一條路了。第二天一早，呂縣令誠惶誠恐來到總督衙門。門房認識他，忙客氣地將他帶到候見廳，坐定後門房告辭。寬大的候見廳只坐着呂文魁一人，他的心像鼓錘似地上下急跳：張制台會說些甚麼呢？我又該如何回答呢？

不知不覺，枯坐了個把鐘頭，卻不見值班的衙役過來招喚，呂縣令有點急了。他眼睛盯着門口，希望能逮住一個人替他傳傳話。又過了半個鐘點，好容易看見一個衙役，立刻走上前去，對衙役說：「我是江夏縣呂縣令，奉張制台之命來衙門，已等一個半鐘頭了，煩你轉告一聲。」

那衙役雖不認識呂文魁，見他穿着正七品官服，知不是假冒，於是臉上堆着笑容說：「呂太爺您坐好，我這就去轉告。」

一會兒功夫，衙役出來了，說：「呂太爺，張制台現在正跟襄陽鎮的總兵說着話，請您等一等。」呂縣令心裏不快，卻不敢發作，只得重新坐下耐心地等着。這一坐又是一個多小時，仍不見任何動靜。可憐一個平時在江夏縣境內揚武耀威的縣太爺，一個人冷冷清清地在總督衙門候見廳枯坐了三個小時，沒有人搭理，也沒有一口水喝。正窩着一肚子火的時候，只見一個氣宇軒昂的武官在幾個戈什哈的簇擁下，熱熱鬧鬧地從候見廳門口走過。呂文魁心想，這武官大概就是襄陽鎮總兵了，看來，張制台與他的談話已結束，這下該輪到我了。他正了正衣冠，挺直腰板坐着，等待衙役前來導引。又過了一會，剛才那個衙役來了，手裏提着一個竹籃子。

「呂太爺，張制台已回後院吃午飯去了，您將就在這裏吃一點吧！」

像是得到提醒似的，一聽到「吃」字，呂文魁的肚子立馬便咕嚕嚕地響了起來，一股強烈的飢餓感衝口而出。竹籃打開，一大碗米飯，一小碟豆腐，一小碟蘿蔔，一小碗青菜湯。顯然，這不是款待客人的酒菜，而是衙門工役的便飯。呂縣令又是不快，但肚子餓得厲害，只得受了。悄悄地問衙役：「張制台吃完午飯後一般做甚麼？」

衙役答：「沒有定準。有時他會在後院散散步，有時他會躺下來睡一睡，有時他會見客，有時碗一丟就進簽押房辦公事。」

呂文魁心想，說不定張制台吃完午飯後就會召見。他匆匆吃了飯，也不敢到候見廳外走動，壓下性子又坐着等。

坐了許久，依然不見動靜。他弄不清此時張之洞在做甚麼，想想也可能午睡了，便乾脆背靠着牆壁閉目養起神來。眼睛雖閉緊，心神卻安寧不下，於是掏出小懷錶來，睜眼一看，已指向二點一刻。他想，即便午睡，也應起床了，為何沒有動靜呢？往日候見廳裏客人不斷，偏偏今天再不見第二人，偌大的候見廳，只有這個呂縣令一人孤孤單單。想到這裏，呂文魁心裏不免生起滿腔怨恨來。正在這時，候見廳外響起一陣響亮的皮鞋聲，呂縣令定睛一看，三個粗壯的洋人趾高氣揚地從門口走過。他下意識地一驚，莫不是外國領事館的人來會見張制台？若是使館的人，多半與馬鞍山一事有關？這麼說，真的釀成了洋案，洋公使們到總督衙門交涉來了！看來事情嚴重了！呂縣令如此一想，心馬上怦怦亂跳，背上冒出虛汗，剛才的怨恨早已飛到爪哇國外，全身已被恐懼包圍得嚴嚴實實。

呂文魁在恐懼中淡忘了時間，反倒沒有枯等的難受了，直到衙役再次來到候見廳時，他才知道已是傍晚。衙役說：「呂太爺，晚上張制台要請洋人在花廳吃飯，就不能見您了。張制台發下話：他明天一早要出衙門到鐵廠視察，只是在臨出門前有半個鐘頭的空隙，呂縣令要麼回縣衙去，明天一早再來候着，要麼就在客房裏睡一晚，明早見。回還是不回，由太爺您自己定。」

回自家住，當然舒舒服服，但不知張制台明天甚麼時候出衙門，來早了，怕衙門未開，來遲了，有可能見不到。住這裏，苦是苦一點，但明天早上決不會誤事。在候見廳冷坐了一整天的呂縣令，此時彷彿突然開了竅：張制台今天是有意懲罰我，也在考驗我，他是在看我的態度。

「請你轉告張制台，為了明天能順利得到召見，卑職今晚就睡在總督衙門客房。」

「好，那我就帶呂太爺去客房吧！」

第二天一早，天還沒亮，呂文魁就起床盥洗，然後一人坐在候見廳等候。剛到七點鐘，衙役就將他帶到張之洞的面前。

張之洞冷冷地盯着呂文魁，好長時間不說話，盯得呂文魁的兩隻腿直打哆嗦。「呂縣令，有人說你是馬鞍山事件的幕後支持者。」

呂文魁嚇了一大跳，忙分辯：「卑職不是支持者，卑職是辦事不力。」

「你不要急於辯解。」張之洞打斷呂文魁的話。「我問你，馬鞍山三家煤窯每年交縣衙門三千両稅銀，是不是真的？」

呂文魁猶豫了一下，答道：「有這回事。」

「這筆銀子用在哪裏去了？」

「大多數用在修路補橋、賑災恤貧等事情上。」呂文魁回答得麻利，像是真這樣做似的。

「哼！」張之洞冷笑一聲。「既然是在做好事，為何不見你稟告知府和巡撫。」

呂文魁不着聲。

張之洞厲聲道：「據本部堂所知，這筆稅金並非用在百姓上，而是用在官場上去了。正因為有這個好處，你才庇護三大家煤窯，阻撓煤礦局。本部堂本想參掉你這個縣令，看在你態度尚好，暫不罷你的官。你回江夏後將歷年來所得馬鞍山稅金報一個明細賬單來，聽候核查。另外，罰三大煤窯一萬五千銀子，一家五千両，限十天內交齊。這一萬五千両銀子，本部堂一両不要，完全交給煤礦局，用於開發馬鞍山煤井。若十天內辦不了這件事，你摘下翎頂來見我！你去吧！」

呂文魁木然聽完這段訓話後，垂頭喪氣地走出總督衙門。

傍晚，張之洞回到衙門，徐建寅已在這裏等候好一會子了。他告訴總督，他上午去巡撫衙門，表示對譚撫台處理馬鞍山一事的謝忱，得知譚撫台因此事已氣得生病臥床。張之洞本對譚繼洵很是不滿，一聽說老頭子為此而生病，心裏頓時對他寬諒了許多。沉吟片刻，他把兒子仁梃喚了進來。

二十二歲的張仁梃長得比父親略為清秀點，在師傅桑治平多年教導下，他不僅學問根基打得扎實，而且器局開闊，眼光遠大。張之洞對這個二兒子很滿意，認為他比大哥仁權要強得多。

張之洞對兒子說：「你去準備幾樣瓜果糕點，明天一早去巡撫衙門，代我去看望譚撫台。譚撫台年紀大了，又生着病，你不要在那裏坐得太久了。看一看，轉達我的問候，說幾句安慰的話就回來。讓大根陪你去。」

張之洞還是第一次派兒子代他出門看望人，怕他年輕不懂事，遂仔仔細細地吩咐着。

仁梃感覺到父親對自己的信任，突然間有一種已長大成人的感覺，興奮地領下了這道父命。

第二天一早，大根陪着仁梃來到巡撫衙門。門房見是總督的二少爺來問候撫台，十分殷勤。撫署總文案出來接待，又親自陪着來到譚繼洵的臥房。譚繼洵得知後，硬是掙扎着起床親自接見。他見仁梃長得一表人才，舉止也很得體，甚是高興，對張之洞的這番舉動也頗為心暖。

為了答謝總督的心意，待仁梃走後，他把自己的小兒子叫過來，吩咐兒子明日到督署去代他謝謝張制台。譚繼洵的這個小兒子不是別人，正是日後感天動地泣鬼神的一代人傑譚嗣同。

譚嗣同雖貴為巡撫公子，年紀輕輕卻經歷過許多不幸。若說起人生幸福來，他遠不及一個普通人家的孩子。

譚嗣同同治四年出生在北京，那時他的父親正在戶部做山西司員外郎。譚嗣同有兩個哥哥，兩個姐姐，母親徐氏為父親的髮妻。他出生的那年，父親納妾盧氏，盧氏比丈夫小二十三歲。在譚繼洵的眼裏，十八歲的小妾遠比四十出頭的髮妻漂亮動人，他的愛心幾乎全部轉到盧氏的身上，而盧氏又是一個心胸狹窄的自私女人。從此，原本和諧的家庭埋下了多事種籽。

嗣同七歲那年，大哥回瀏陽完婚，因為嫡庶不和，徐氏有意藉兒子完婚之機離開北京。嗣同與二哥留在父親身邊讀書。徐氏走後，盧氏便把平日積壓在心裏的怨恨向嗣同兄弟發洩。嗣同年幼，更成了盧氏經常打罵的對象，盧氏又在譚繼洵面前大說他的壞話，使得他失去了父愛，小小的年紀，便開始懂得以少言寡語、含恨忍痛來應對世事。一年後，徐氏從瀏陽回來，見到小兒子骨瘦如柴、木訥呆滯，傷心痛哭。七八歲年紀，正是一個人性格形成的重要時期，這一年的精神創傷為譚嗣同特立獨行的性格奠下了基礎。

光緒二年春天，北京流行白喉。出嫁不久的二姐染上此病，隨後，母親徐氏和長兄也染上了，五天之內，三人先後去世。十二歲的譚嗣同也感染上了。他在床上昏死三天三夜，竟然蘇醒過來，留下一條命，父親因而又給他取了個「復生」的名。這段家庭慘故給譚嗣同打擊極大，多少年後，每一提及此事，便欷噓流淚。不久，二哥護送母親及大哥的靈柩回瀏陽安葬，並留在家鄉主持家務。嗣同仍住京師讀書。從那以後，後母盧氏便將譚嗣同視為眼中之釘，想方設法虐待他。譚繼洵公務繁忙，不理家事，在盧氏的挑唆下，也不喜歡這個死裏逃生的兒子。

譚嗣同痛失母親，又缺少父愛，只有書籍伴隨着他孤單寂寞、傷感多愁的心靈。如此環境，促使譚嗣同逐漸形成桀驁不馴，憤世嫉俗，厭惡舊秩序，渴望衝決羅網的叛逆性情。

他在父親送他誦讀的《闈墨大全》上情怒地批道「豈有此理」四個大字，卻以大量的精力閱讀各種不上台面的雜書。就在這個時候，他結識了北京鏢局的鏢師大刀王五。大刀王五是個回教徒，從小與父母失散，在浪跡江湖中長大。他武藝精熟，尤以善使大刀出名。譚嗣同與他交往，不僅從他那兒學到武功和江湖義氣，也由此獲知生活的艱辛及社會的複雜。

不久，譚繼洵外放甘肅鞏秦階道。譚繼洵在甘肅十二年，這期間譚嗣同不斷往返瀏陽與甘肅之間。他從名師讀書，深究天人之際，又喜與邊塞將士往來，縱馬狩獵。在多次南來北往的過程中，他深深地體會到國家的貧弱、政治的腐敗和百姓的艱苦，強烈的濟世救民願望，就在這跋涉奔波餐風宿露的日子裏萌生了。

張之洞聽說譚繼洵派兒子譚嗣同過來答謝，滿心歡喜，他早就想見見這位不尋常的後生輩了。張之洞知道譚嗣同，是聽楊銳說起的。楊銳聽他的那班年輕朋友說，當今天下有四大名公子。戰國時期的四大名公子：孟嘗君、信陵君、平原君、春申君，在歷史上一直是美名傳頌。當今也有這等公子？楊銳懷着極大的興趣問這四大公子分別是誰，於是朋友告訴他，這四公子即丁日昌的兒子丁惠康，吳長慶的兒子吳保初，陳寶箴的兒子陳三立，另一個便是譚繼洵的兒子譚嗣同。陳寶箴雖在武昌，但陳三立卻在京師，而譚嗣同卻近在咫尺，怎能失之交臂？喜交朋友的楊銳務必要結識。託人介紹，楊銳認識了譚嗣同，果然一見傾心。譚嗣同也喜歡楊銳，彼此成了知心之交。有一次閒聊天時，楊銳對老師說起了譚嗣同，說譚撫台的這個公子書讀得如何好，詩文做得如何好，尤其可貴的是豪俠仗義，武藝出色，堪稱文武雙全。張之洞聽了心裏一動，讀書做詩文不奇怪，難得的是以一撫台公子而有武功。武功這碼子事，本是八旗子弟的特長，時至今日，連八旗子弟都不習騎射了，一個漢家高官的公子居然好此道，實為罕見。想不到平庸懦弱的譚繼洵，竟然會有如此卓犖不凡的兒子！張之洞真想見見，但總沒有機會，不料今日他自己來了。

張之洞吩咐安排在小書房接見。張之洞與人相見通常安排在客廳或茶廳，倘若為他所喜歡，或願與之深談的人，則安排在小書房，至於與他關係特別密切的人，如桑治平、楊銳、辜鴻銘等人，他有時也會在簽押房裏直接交談。

當下張之洞離開簽押房來到小書房裏。只見一個人早已在此等候着，見他來，立即起身，垂手肅立。張之洞注目看這人年紀約摸二十七八，中等略偏矮的單薄身材，清癯的面容上鑲着兩隻微覺凹下的雙眼，那雙眼睛中流露出的是憂鬱思慮的目光。張之洞知道這便是譚嗣同，他丟掉素日的倨傲，主動打着招呼：「是譚公子吧，請坐，請坐。」

「張大人，晚輩向您請安。」譚嗣同操着一口純正的京腔說着，同時向張之洞深深一鞠躬，然後落落大方地坐下。

「哦，你的官話說得真好，在北京住過幾年？」張之洞從小在貴州長大，父親說的又是一口南皮話，他的官話其實說得並不好。常與他打交道的人官話都說得不好，尤其是衡陽人王之春、義寧人陳寶箴，那一口帶着濃厚家鄉腔的官話，既難聽又難懂，乍然在武昌聽到這樣純正的官話，猶如久喝渾濁水，突然飲到清泉似的舒暢。

「我出生在北京，一直長到十三歲，才第一次回瀏陽老家。」

「哦，怪不得。」張之洞點點頭，用父輩的慈愛望着這個名氣不小的年輕人。「你是老幾，今年多大了，成家了嗎？」

「我有兩個親哥哥，還有一個嫡堂哥哥，故家人都呼我老四。今年二十八了，早已娶妻，岳父名叫李壽蓉，署理過漢黃德道，前些年奉調去了安徽。」

「哦，你還是李道台的女婿。」張之洞隨口問，「令堂身體健朗嗎？」

「先母已去世十多年了。」譚嗣同一提起母親，就想起當年家裏同時擺着三口棺木的慘景，語聲不由得哽咽起來。

這孩子天性純良！張之洞心裏想着，便不再問他的家事了。「令尊的病好些了嗎？」

「好多了！」譚嗣同誠摯地說，「家父深謝大人遣公子問候的一片好意，特意叫我一來答謝，二來告訴大人，他今日好多了，明天便可以起床辦公務了。」

「不要那麼急，令尊高齡，應當多休息幾天，待痊癒後再辦公不遲。」

「家父說，昨日公子送的厚禮，他卻之不恭，受之有愧。特命我給大人回贈一架鹿角。這是家父做甘肅藩司時一位朋友送的。西北梅花鹿角養精提神，更要勝過他處產的鹿角。」譚嗣同說罷，從椅背後提起一個大布包來。他打開布包，露出一架三寸長的黑褐色長滿絨毛的梅花鹿角，他起身雙手捧上。

張之洞面對這份貴重的禮物，頗覺為難。他平生不喜歡別人送禮，尤怕送重禮，絕大部分禮品他都婉拒不接。但處於眼下情勢，這份重禮，他真的不便推辭，推辭則意味着拒絕巡撫的好意，今後督撫共事便更難了。想到這裏，他微笑着說：「好吧！令尊的這番厚禮我也不能拂逆，我收下了，你回去後代我多多致謝。」

「謝謝大人賞臉！」

「楊銳多次在我面前提起你，說你文武雙全，豪俠仗義，我為譚撫台有你這樣的佳兒感到高興。」張之洞充滿愛撫的目光和藹地望着譚嗣同，他這話完全出自內心。本想再說一句「可惜我沒有這個福氣」，話到嘴邊又嚥下去了。

「大人誇獎了。楊叔嶠是個實誠君子，前兩天我還收到他從京師寄來的信，說是在內閣做中書感覺沉悶，還不如在武昌。武昌雖忙碌，但有生氣，日子充實得多。在內閣做事，心情煩，連讀書的情緒都沒有了。」

提到讀書，張之洞聽楊銳說過，譚嗣同在名儒歐陽中鵠的指導下，已經研讀完畢《船山遺書》，便問：「聽說你用整整一年的時間，通讀了王夫之的書，有甚麼特別的體會嗎？」

「船山先生的書體大思精，晚生自以為尚未能入其門檻，不過也有點體會。晚生以為，船山先生隱居著述四十年，無非是要向世人闡述他的一個信念，即人當與時共進。」

張之洞讀書，除經史外，偏重於詩文，對子書不很喜愛。曾氏兄弟在江寧刻印的《船山遺書》，他當時作為湖北學政，也蒙金陵書局贈送一部，但他只讀過其中一小部分。常聽人說船山書最精彩的部分在於「氣」、「理」、「道」、「器」、「知」、「行」方面的辨析，而船山隱於山中著書立說，最隱秘的目的乃在於伸張民族大義；甚至還有人私下裏說，曾氏兄弟打下南京後，急於刻印船山的著作，實際上是想藉此洗刷自己助滿壓漢的罪過。當然，張之洞對此類私下臆測決不相信。

至於說船山學說的宗旨是闡述人應與時代同行這個說法，倒還是第一次聽到。這是船山的本意，還是這位超脱凡俗的公子的自我見解？船山有副名聯：六經責我開生面，七尺從天乞活埋。船山可以在六經中別開生面，年輕人也可以從船山學說中別開生面，且聽他的解釋吧。張之洞微笑着說：「你的領悟力真是過人。船山數百萬言殫精竭思的著述，讓你一句話就鈎玄提要了。」

譚嗣同不好意思地笑了一下說：「晚生讀書是奉行五柳先生的榜樣，好讀書而不求甚解，很可能勾提的不是船山的玄要，不過我以為當如此去理解船山的學說。」

張之洞想：研究船山的這種方法或許不可取，若論經世致用，則未嘗不是通者之識。張之洞讀書，歷來最重這個「通」字，而千千萬萬的讀書人恰好不懂這點，變成迂腐不通；倘若迂腐不通，讀書再多也無用。這就是孟夫子所說的，盡信書，不如無書。

「四少爺，你給老夫說說你對與時同行的認識吧！」

「張大人，晚生以為，與時同行不僅僅是船山學說的宗旨，而且是古往今來一切英雄豪傑成就事業的根本之途。一個人，不管你有多大的本事，倘若與天作對，與時作對，則必然碰得頭破血流，一事無成。衡之前朝前代，此種人不勝枚舉，只是他們沒有看到這一點罷了。」

張之洞為官幾十年，敢於在他面前如此大言犖犖的年輕人很少。是身為巡撫公子，一向自大慣了？

還是初生牛犢不怕虎，不識深淺反而易於放言高論？抑或是真正不同流俗，驚異的只是別人，在他自己卻是自然而然的流露？張之洞邊聽邊默默地想着。

「就拿眼下來說吧，我們正面臨着一個巨大的變化。合肥相國雖然有些事做得不愜人意，但他的頭腦還是清醒的。他有一句話說得最妙不過。他說中國正處在三千年一大變局之中。一個『變』字最是深刻地概括今日國家的局勢。既然局勢變了，一切也應隨之而變。有句本不是晚輩應該說的話，但久蓄於胸，平素無機會一吐，今日在大人面前，儘管有可能受狂妄之譏，我還是忍不住要說出來。」

「甚麼話，你說吧。」張之洞和藹地鼓勵。

「大人，以晚輩所見，當今中國最大的問題便是因循守舊，而不知變革維新。」

「變革維新」！「變革」與「維新」本是兩個古老的舊詞，現在由年輕的譚嗣同加以組合吐出，讓五十五歲銳意進取的湖廣總督為之一震。他開始對眼前這個名公子另眼相看了。

「這一點在官場最為突出，湖北官場尤為典型。不瞞大人說，家父便是一個因循守舊的人。這句話，晚輩也曾當面對家父說過，家父也承認這一點，說像他這樣經歷和年歲的人，還是因循守舊最為保險。」

張之洞不由得笑了起來，說：「足下父子能這樣傾心交談，實不容易。」

「這種交談太難得了，只有在他心情極為舒暢時才可偶爾言之。家父一生很少舒暢，他總在忙碌憂慮中度過。不是晚輩袒護，像家父這樣的人，當今官場還不太多見，最多見的是武昌知府和江夏縣令一類人。他們真的是曾文正公五十年前所說的推諉、顢頇式的官員。大人要在湖北辦洋務大事，依晚輩愚見，最主要的還不是缺資金，最主要的是要如何對待一大批這樣昏聵的官吏。」

這番話使張之洞又是一震。他先是對譚嗣同這種狂放的姿態頗為不滿。最主要的不是甚麼而是甚麼這一類的話，只有子青老哥、閻丹老那樣的人才可以說的，作為二十多歲的子侄輩，豈可當我之面說這種話？拘謹重禮的譚敬甫，怎麼生出這樣一個不知天高地厚的兒子來。真是咄咄怪事！然而轉念一想，這個年輕人說的也有道理。近來令他氣悶、憤慨，甚至沮喪的兩件事，又的確都是因為官吏的昏聵而造成，並不是因為銀錢的缺短。張之洞不得不佩服譚嗣同目光的犀利。從心底裏來說，張之洞是喜歡這種人的：玫瑰雖有刺，但有好看的花朵，蔓藤儘管柔順可親，卻一點用處也沒有！

他放下架子，以一種近乎平等的姿態問：「你說的有道理。依你看，老夫來湖北辦鐵廠、辦礦務局，湖北官場和民間究竟是支持的人多，還是不支持的人多。」

譚嗣同沒有立即回答，他思索半晌後說：「大人若要聽我講實話的話，湖北省無論官場和民間對大人辦的事，理解和支持的都是少數，大部分人都在觀望。當然，黃鶴樓上看翻船的人也不多。」

張之洞凝神撫鬚，望着譚嗣同沒有吱聲，心裏卻在仔細掂量這幾句話。

「不過，大人不必因此而有所顧慮，從古以來雄圖偉業都是由少數幾個先知先覺做起，然後再得到多數人的襄助，最後才有普天之下的響應，蔚成大舉。比如孔夫子創立儒家學派，又比如天竺國的釋迦牟尼創立佛教，都是這樣的。晚輩是完全贊同大人的這番事業的，只是因為家父一再要晚輩參加今年秋天的恩科鄉試，不然，晚輩早就回到原籍瀏陽去，仿效大人辦兩件大事。」

張之洞很感興趣地問：「回瀏陽辦兩件甚麼大事？」

「仿效大人在兩湖書院設置西洋學問的做法，回瀏陽辦一西學館，以算學、天文、測量等為主，招收幾十個聰穎子弟加以培植。」

「好。」張之洞立即答道，「你這個想法太好了，我先向你預定，你培養多少我接收多少，我這裏正需要這樣的人才。」

譚嗣同高興地說：「有大人支持，我辦西學館的興頭更足了，也不愁沒有人來就讀了。」

「第二件呢？」

「我的老家瀏陽是個山區，田少山多，老百姓生活艱難，世世代代瀏陽人都認為貧苦是命，改變不了。自從大人決定在江夏開煤，在大冶採鐵後，我就想起十年前看到瀏陽縣志上記載，普跡寺僧人從明代嘉靖年間起，便在後山下挖一種黑石塊當木柴用來燒水煮飯，一直到康熙末年，黑石塊用完了，才燒柴。現在我想，那裏的石塊不就是煤嗎？」

「不錯，那一定是煤。」張之洞大為高興起來。「鐵政局的洋礦師說：有的煤就在表層，叫露天煤，普跡寺的黑石塊很可能就是露天煤；露天煤燒完了，他們不知道往深裏挖。你的想法很好，看來你們瀏陽會有大量的煤。」

「我就是這樣想的。」譚嗣同臉上泛起真情的光彩。「所以，我想請行家去我們瀏陽查勘，說不定除煤外，可能還有鐵、銅等礦石。我們把這些地下的寶藏挖出來，不就給瀏陽百姓帶來財富了嗎？」

「好好，我支持你。你甚麼時候去，我叫鐵政局派兩個英國礦師陪你去，幫你查勘。若有的話，今後就在瀏陽再建一個煤礦局，由湖南巡撫衙門來負責辦。若他們不熱心的話，你再找我，我來辦。挖出的煤就運到武昌來煉鐵，無非就是遠一點，多點運費而已。」

這番話頓時把兩代人的心拴到一塊。譚嗣同心裏湧現出一股多年來少有的痛快，他敞開胸懷對張之洞說：「大人，晚輩跟你說句心裏話，這辦算學館、開礦，我以為尚是第二位的事，要使老百姓富裕，國家強大起來，第一位的是要變革維新。變革維新的榜樣便是西洋各國，開礦煉鐵造機器製槍炮等等是具體本事，當然要學習，更要學習的是他們的政令法律，也即是說我們要來一次新的變法，變革祖宗成法。如此，中國或許有希望。否則，任何好的技藝到了中國來都會變味，猶如橘變成了枳。」

「變法」，一聽到這個詞，張之洞立即想起了車裂的商鞅、放逐的王安石、鞭屍的張居正，這可不是隨便談論的話題！譚嗣同布衣青年，他可以童言無忌，身為封疆大吏對這等大事是不能隨便說的，他決定轉一個話題：「橘過淮北則為枳，這是一個很有趣的故事，我們以後再說。老夫聽楊銳說，你文思敏捷，為文下筆千言，吟詩七步成篇。」

「叔嶠誇獎了。」譚嗣同笑了笑說，「不過，若是不以太高的標準來要求，隨便吟一兩首還是可以的。」

「好。老夫就試試你如何？」張之洞指了指對面書架上的西洋座鐘。「你就當着我的面，用一刻鐘的時間吟一首七律。」

「請大人賜題。」譚嗣同毫不含糊地說。

張之洞略思片刻：「就以眼前之景為題，吟一首《登黃鶴樓覽武漢形勢》吧！」

「晚輩領題了。」譚嗣同說完這句話後便不再吭聲，呆坐在木靠椅上，面無表情，兩隻略為下陷的眼睛死死地盯着那座鎏金發亮的洋鐘。張之洞望着瘦小的譚公子，覺得他眼下這個神態決不像達官貴公子的模樣，那木訥的面容，像是內心愁苦的入定僧；瘦小的身材，像是終年飢餓的放牛娃；那微凹的雙眼，像是荒山坡上的兩隻小穴洞。張之洞越看心裏越不好受：這孩子要麼是心靈上蒙有常人所沒有的極大創痛，要麼是體內藏有未察覺的暗疾隱病，或許難保永年……

「大人，晚輩借你的紙筆用用。」正在張之洞胡思亂想的時候，譚嗣同已起身了。

「好，好。」張之洞也跟着起身，指着書桌上的文房四寶說，「你寫吧！」

譚嗣同來到書案邊，提起筆來，蘸了墨後，在一張空白信箋上龍飛鳳舞地寫起來。張之洞跟在他的身後看，一邊輕輕地唸着：

黃沙卷日墮荒荒，一鳥隨雲度莽蒼。
山入空城盤地起，江橫曠野竟天長。
東南形勝雄吳楚，今古人才感棟樑。
遠略未因愁病減，角聲吹徹滿林霜。

譚嗣同放下筆，拿起詩箋，雙手遞給張之洞：「大人是詩界巨眼，晚輩獻醜了。」

「不錯，不錯。」張之洞接過詩箋說，「這首七律通篇都不錯，尤其首聯兩句最好。前人說陳思王最攻起調，看來你寫詩學的是曹植一路。接下三聯略嫌傷感了點。年輕人嘛，雖有點坎坷挫折，畢竟年富力盛，前途遠大，宜樂觀激揚為好。這種憂思重重的風格，大概也是受曹植的影響吧！」

譚嗣同說：「大人所論極是。我在吟詩的時候，彷彿覺得自己就是一隻孤單失羣孤立無援的小鳥，隨着浮雲在莽蒼蒼的天際上吃力地飛呀飛呀，不知何處是歸宿。」

「喔！」張之洞斂容望着譚嗣同，一時無語。他做學政多年，學生數以千計，像這等身處富貴之家而憂心忡忡的年輕人還是第一次遇到。他原本想叫仁梃與嗣同交個朋友，以便仁梃有一個文武兼資的同齡榜樣，但此刻打消了這個念頭。他怕這個思想不羈而心緒愁苦的撫台公子對兒子帶來不利的影響。

這時，梁敦彥急匆匆地走進來，附着張之洞的耳邊悄悄說了幾句話。只見張之洞臉色陡然陰沉下來，對譚嗣同說：「四少爺，老夫有急事要辦，對不起了。回去後轉達對令尊大人的謝意，請他多休息幾天，待病完全好後再辦公事不遲。」又對大根說，「你送送譚公子。」

3 古老的蘇格蘭情歌，勾走了辜鴻銘的魂魄

送走譚嗣同後，梁敦彥又回到小書房，關起門來將剛才說的事對張之洞說了個詳細。原來，他說的這件事發生在辜鴻銘的身上。

自從諒山大捷前夕，辜鴻銘從香港來到廣州，進入兩廣總督幕府以來，已經在張之洞身邊八九年了。從兩廣到湖廣這八九年間，他的身份是翻譯科主辦。主要做的事情，一為充當總督衙門與廣州、漢口的英、美等國領事館的聯絡與翻譯，二是檢索每天送到衙門裏的各國洋文書報，將重要內容摘錄出來交給張之洞。張之洞對此事很重視，每天清晨起來的第一件事，便是閱讀辜鴻銘昨天為他準備的洋文報刊摘錄。辜鴻銘的本職事情做得很好，無可挑剔，但他的缺點很多，常常成為幕友們議論的對象。

要說辜鴻銘這人，也可真說得上總督衙門一道獨特的風景。首先是他的那副中西結合的古怪模樣引人注目，這點自不必提了，單就他那一身打扮那一副神態，也格外地招人議論。

他一年到頭穿長袍馬褂戴瓜皮帽，他說他走遍全世界，唯有這種服裝最高雅最舒服。這一高論博得周圍人的一致贊同。但大家看不順眼的是他腳下穿的不是人們通常穿的厚底布鞋，而是地地道道的洋人穿的皮鞋。

另一特色便是一根西洋拐杖不離手。中國人非老者不策杖，辜鴻銘初進督署不過二十幾歲，便一天到晚提着一根拐杖，很令人看不慣。同寅問他，他回答説拐杖不是為幫助走路，是一防歹人，二防惡狗。久而久之大家也看出了，他其實也不是防歹人惡狗，而是故意做出一種異於別人的作派。

每天早晚兩次，人們可以看到一個身材瘦高，兩肩後仰右手拿一根不停晃動的手杖，腳底下不停地發出「踏踏」響聲，一副趾高氣揚眼中無物的怪人，不用問，此人即辜鴻銘。他那高視闊步、不加檢束的神態，與幕友房裏所有其他人的謙卑收斂、彬彬有禮形成鮮明的對照。辜鴻銘剛來的那一段時期裏，大家都不喜歡他，很少有人跟他交談。

但後來，幕友們慢慢發現他的許多可愛之處來。首先是他特別的勤勉敬業。他每天都是最早來，最晚走。他一天做的事比誰都多，卻從無一句怨言。再則是他特別的坦誠直爽，表裏一致。他有話當面説，從不背後説人的不是；説起話來是清水觀魚、竹筒倒豆，既不掩飾，也不留幾分。凡事説了就過去了，不藏心裏，不記仇恨。尤其令人佩服的是，他的中國學問的進展之快，使得幕友房的許多耆宿驚歎而自愧不如。

剛進督署那陣子的辜鴻銘，不要説中國學問了，就連中國話也講不地道，寫出的中國字來，不是少腿，就是缺胳膊，要邊看邊猜才能認全。幕友們在一起閒聊時，常常會説起前代舊事，本朝掌故，辜鴻銘聽了很有趣，但他插不上嘴，因為他幾乎不懂中國歷史。大家也會津津樂道唐賢的詩宋人的詞，辜鴻銘常會為那些美麗的詩詞而入迷，但他也不能置喙，因為他知道的前人詩詞很有限，至於同僚們的詩詞唱和酬答，他更是沾不上邊。

他終於認識到，離一個真正的中國人，他還差得太遠，尤其在這人文薈萃的總督衙門，更有一種自慚形穢之感。辜鴻銘是個極為好強的人，既然回到中國，既在督署做事，就要做一個名副其實的中國士人。他不能容忍自己這種被人譏嘲落在人後的狀態。十多年的西洋求學史，使他對自己的天賦和才華有充分的信任，他決心在很短的時間內迎頭趕上。他更堅信只要有個三五年的攻讀，他就可以在中國學問上，超過周圍這一批自認為才學滿腹的書生們。

有人告訴他，求中國學問，不用找別人，身邊的總督便是中國學問的泰斗，無論經史子集，無論文章詩詞，他都是當今海內少有的大家。於是進督署半年後的一天，他走進簽押房，問張之洞，欲探中國學問之寶，路在何處。張之洞送他一套自著的《輶軒語》，說你先讀讀這本書，一個月後再來找我。

辜鴻銘將《輶軒語》捧回，每天傍晚從督署回家後便挑燈夜讀。全書不到三萬字，他反反覆覆讀了十遍，大部分都能背下來。這部為四川學子撰寫的書淺近平易，語言流暢，很好誦讀。每天晚上，彷彿張之洞手執教鞭，就站在他的面前，對他講士人的德行、人品、志向，講讀書作文，講經史，講諸子百家，一步步地將他領到中國學問的門檻邊。他想像裏面一定是一片花香鳥語、祥雲景星的極樂世界，他急盼張之洞帶他早日跨過門檻去領略其間的萬千風物。

一個月後，他將《輶軒語》送還給張之洞，請求總督再予賜教。於是張之洞又送給他自己的另一部著作《書目答問》，對他說，兩個月後再來見我。

一連六十個不眠之夜，辜鴻銘沉沒在《書目答問》之中。他敬佩總督的博覽羣書，好學深思，他又驚歎自己的祖先原來為他準備了如許多的文字財產。他愧疚自己的淺薄無知，卻同時又在這一望無際的汪洋大海面前困頓迷惘：這麼多的書如何讀，莫說一輩子，就是十輩子也讀不完呀！至於窮究深研，更是無從下手。茫茫書海，舟楫何在，航線何在，彼岸何在？絕頂聰明的中西混血兒被自家的學問所震懾了，從一向狂傲自信的心中生出幾分恐懼感來！

張之洞聽完他的這一番感慨後，對他這種渴求上進的心甚是滿意。他看出這是一個罕見的值得培植的人物：此類人不是通常意義上的英才，頗為類似古代的王勃、李賀，是異才鬼才，不常出，不易見，乃可遇而不可求。張之洞在《書目答問》列舉的二千二百餘種書中圈出五十個書目來，其中包括十三經、二十四史、老莊、韓、荀、楚辭、文選及李、杜、蘇、韓等人的詩文。笑着對他說，這是你五年的功課，把這五十種書讀懂讀熟，你的中國學問的基礎就打下了，但這還不等於你就是一個有見識有本領能辦大事的人。在中國，讀熟讀懂這五十種書的數以萬計，但其中真正能做大事的卻微乎其微，這中間有一個關鍵的環節，就是讀通了還是沒有讀通。能不能通，通到甚麼程度，這不僅在勤於閱讀，更在於有沒有天賦。古人說運用之妙，存乎一心。這存乎一心之妙，不關乎後天的學習，而在於先天的秉賦。你先不去管這些，先去讀吧。每一個月可到我這兒來一次，我抽出半天來為你傳道授業解惑。

從那以後，辜鴻銘就一頭扎進中國文化的經典。每隔一個月，他便帶着平時所積累的各種問題，向張之洞請教。張之洞每問必詳盡作答，毫無倦意。每次都讓辜鴻銘滿腦袋疑惑而來，一肚子歡喜而去。春去冬來，星移斗轉，辜鴻銘在中國學問的海洋裏揚帆猛進，破浪前行。

或許是因為從小漂泊海外，親身感受過異域的冷漠，因而愛國情感比國人更強烈；或許是熟諳西方文化，深知其炫人光芒下的陰暗面；也或許是一種天生的本性，促使他易於認同、樂於皈依東方精神，總之，辜鴻銘一旦進入中國經典後，就完全被他博大的胸襟玄妙的智慧迷人的魅力所震服。就像多年浪跡江湖、飽受辛酸的遊子回到母親溫暖的懷抱，憩息於寧馨的家園，辜鴻銘在這裏得到了無窮無盡的樂趣。他不僅認為華夏文化是世界偉大的文化，甚至認為是西方不能望其項背的文化。他毫不掩飾自己的這種認識，到處都說，逢人便講，以至於到了偏執極端的地步。

那正是洋學問仗着堅船利炮，以它磅礴不可阻擋的氣勢向東方湧來的時候，是朝野上下竭力巴結討好西方列強的時候，那也是崇洋媚外情結在年輕一代的心裏悄然滋長的時候，辜鴻銘以在海外二十多年，通曉十國洋話的身份而表現出的這種態度，令人驚訝，使人不可理喻。但張之洞對之特別欣賞。他常常當着眾幕友的面誇獎辜鴻銘，不僅誇他敬業勤學，更誇他這種崇尚中國學問的態度。張之洞對幕友們說，不要看我張某人天天在辦鐵廠、買洋人機器，看我口口聲聲在說向洋人學習，其實我學習的只是洋人的技藝，是拿來為我所用，要說真正的學問，西方豈能比得上我泱泱中華。我們的學問好比長江大河，他們頂多只是湘江漢水，我們好比是汪洋東海，他們頂多只是雲夢洞庭；我們好比參天大樹的主幹，他們頂多只是一些枝枝葉葉而已。

有了總督大人的支持，辜鴻銘的這種態度更為堅定了。也由於辜鴻銘以親身經歷在總督面前揭露西方的薄弱短處，同時也更使張之洞認為自己對中西文化的這種比較是正確的。

現在辜鴻銘已把中國的學問拿下來了。幕府的師爺，無論是談經史還是談詩文，他辜鴻銘都可以與他們談得融洽而深入。由於他的過人聰明和機警，他常常會冷不防地出些怪點子來卡住那些侃侃高談的師爺們，讓他們突然噎住以至於翻白眼，於是他和周圍的人便會捧腹大笑，其樂無窮。人們早已不敢小視這個辜洋務了，他不僅是個中西雜交的混血兒，他更是一個中西會通的學者。

他除了滿腹中西學問外，人們還發現他還有一個特獨的性格：風趣幽默。在中國的士人中，不乏學富五車的耆宿，不乏博古知今的通人，不乏七步成詩的捷才，更不乏剛正嚴謹、矜持穩重的君子，但少見風趣幽默的快樂人。這或許是中國文化的特徵，然而，這的確是一個缺陷。

公務閒暇，辜鴻銘常常會將他自己所編造，或從外文書報上看到的有趣故事說給大家聽，又時常會發表一些驚世駭俗的怪論，成為眾人飯後茶餘敍說不休的談資。

有一天午飯後，眾師爺在院子裏曬太陽，一邊喝濃茶抽水煙，一邊天南地北瞎聊天。辜鴻銘對眾人說，我在洋人的報紙上看到了一則趣談，諸位要不要聽。師爺們見辜洋務要說外國人的故事，立刻來了興致。大家圍在他的身邊，敦促他快講。

他說有個英國人叫濮蘭德，曾在總稅務司赫德手下做過幾年錄事司，平時愛給英國報紙上寫點中國風土人情，但大多是皮相之見，無甚看頭，只有近日寫的一篇議論中國官員衣服上的黼黻小文頗值一讀。濮蘭德說，西洋跟中國打了幾十年的交道，為了打通中國市場，西洋費了很大的力氣，耗費數不盡的軍餉。在戰場上西洋每戰每勝，中國不是對手，但是到後來與中國官員辦交涉，卻又每一次都處於下風，反而是中國獲勝了。這是甚麼緣故呢？西洋人納悶不解。要說中國官員的才智勝過西洋人嗎？他們一個個都木木訥訥笨頭笨腦的，即使叫這些人去給西洋看門都勝任不了。要說中國官員品行勝過西洋人嗎？他們一個個都虛偽貪婪，見錢眼開，人品實在卑污。但就是這種無才缺德的人，為何西洋的欽差領事一和他們相遇，便心裏恐懼，惶惶不安，最後在中國人步步進逼中不由自主地步步後退，使本來該得到的好處大大減少呢？西洋許多專家研究來研究去，都不得其解。最後讓這個濮蘭德給解開了。原來，這是中國官員衣服上的黼黻在作怪。他說中國官員衣服上的那些奇奇怪怪的花紋，其實都是人所不識的咒語。這些咒語包圍着一個個不同的動物圖案，一旦與外國人談判，這些咒語便會自動驅使動物圖案發出磨牙般的尖刻聲音。這種聲音使得談判的西洋人頭腦發脹、神態昏亂、恐懼發抖，寧願吃點虧早點結束談判，擺脱痛苦。濮蘭德說，他問了許多有過和中國官員談判的西洋領事欽差，都說聽到過這種令人恐懼的磨牙聲。所以，他向西洋各國政府建議，今後，若與中國官員們談判，不准中國官員穿他們的官服，要他們改穿我們的窄袖短衣，聳領高帽，他們的鬼魅伎倆就無法施展，我們在談判桌上就不會吃虧。

眾師爺聽後都開懷大笑。他們明知這是對洋人的調侃，卻樂意用來暫撫被洋人傷害的心靈，求得一時虛幻的自慰。

又有一天，一位年輕的師爺在做事的時候，突然放了一個響亮的炸屁，安靜的文案房經此干擾，立時不安靜了。隔壁房間的辜鴻銘也聽到了，他端起一桿紫銅小煙壺慢慢地踱過來，對眾人說，我說個故事給你們聽——有個西洋人名叫軌放得苟史，是個研究格致學的專家。因為聽說近年來中國南方各省常患瘟疫，死了許多人，他心裏憐憫，想把瘟疫病源找到，對症下藥，搶救得此病的無辜中國人。他遊歷瘟疫盛行的幾個省份，詳細調查研究，最後終於弄清楚了。軌放得苟史說，中國的疫症來源於狗屁。狗之所以放屁，是因為狗得了病。而狗之所以得病，是因為狗吃了不該吃的東西。這些東西在狗的肚子腸子裏發熱作爛，狗性本涼，涼熱相雜，則成結滯之病。狗一得此病，五臟六腑中的污穢之氣便不能下通，積久為毒，鬱而成氣，毒氣從狗的肛門裏排出，則成了狗屁。狗屁蔓延，瘟疫發作。眾師爺聽了這個故事，笑得前俯後仰。那位年輕師爺笑後說：「辜洋務，你是罵人不着痕跡，罵我放的是有毒氣的狗屁。」

辜鴻銘卻正色道：「年輕人，你理解錯了，這位軌放得苟史先生的故事，不是罵放屁的，而是諷刺今日中國做官的人。他的本意是說今日中國百病叢生，皆由管理者不當，而這些管理者都是些狗屁不通的人。」

幕府師爺們大多有點真才學，只是官運不濟，不能自己掌印把子，嫉妒之心由此而生。想得到而又得不到，所以對於官場，他們比普通百姓更為反感，故而他們聽了辜鴻銘這個「狗屁不通」的故事十分開心，廣為傳播。沒有多久，武漢三鎮的官場裏都知道西洋有個研究狗屁的軌放得苟史的人。

辜鴻銘便這樣常常給周圍那些拘謹有餘、放鬆不夠的師爺帶來樂趣，慢慢地大家也就不把他的古怪高傲太當成一回事，而願意與他往來。

後來，幕友們又發現辜鴻銘的另一大缺點：貪女色。他已經有了妻子，並且為他生了一個女兒。兩夫妻感情很好，但這並不影響他在外面拈花惹草。好女色，這是男人的常見病，本不奇怪，奇怪的是辜鴻銘喜歡的不是在容貌上，而是在腳上。興許是在西方時間久了，從小長到大，他沒有看見過纏足的女人。一踏上故國的土地，看到的都是裹成三寸金蓮的女人，走起路來，一步三搖，顫顫巍巍。在辜鴻銘的眼裏，這簡直是人世間最美妙最不可言狀的形態，相比起來，西方女人那種大步流星的動作，就顯得非常的粗野，缺乏美感。他的太太的腳比一般女人的腳都要小，故他特別喜歡。他在外面尋的那些花花草草，也都是些長相一般而腳特小的女人。辜鴻銘並不隱瞞他這種獨特的嗜好，也不在乎別人對他的譏笑，我行我素，任性所為。關於男女之間的結合，辜鴻銘還有一個奇怪的觀點：一個男人娶幾個女人是天經地義的。男人好比茶壺，女人好比茶杯。一把茶壺必須配幾個茶杯才合適。反過來，一個茶杯配好幾把茶壺就不合適了。辜鴻銘的這個比喻貌似有理，其實荒誕，但它新鮮有趣。一經出口，立時傳遍三鎮，很快又傳到海外，成為當時中國的一句名言。這次梁敦彥告訴張之洞的事，就是因為女人而引起的。

三個月前的一個假日，辜鴻銘過江到漢口去玩，信步閒逛到江漢關旁邊，被一棟乳白色的小洋樓吸引住了。這小洋樓上下兩層，外形酷似蘇格蘭的民居風格，辜鴻銘猜想他的主人一定是位英國人。

洋樓用一鐵欄杆圍着，沿欄杆的是一排三尺來高修剪整齊的油綠女貞樹。女貞樹旁種着十多株鬱金香。時正初夏，鬱金香枝上綻開一朵朵美麗的花兒。鮮花翠葉圍繞着乳白色的牆壁，組成了一幅色彩諧調的圖畫。這曾經是眼中再熟悉不過的風景了，不料今日在漢口的長江邊見到。辜鴻銘久久地佇立在鐵欄杆外，望着這一切，昔日蘇格蘭羣島的風光頓時在腦海裏復活：小小的山包上長滿了柔軟的青草，草中點綴着各種黃白紅紫小野花；一陣輕風吹過，青草低伏，野花搖晃幾下後又挺直起來，讓人覺得那不是小花，更像上下飛舞的彩蝶。遠處是無邊無際的蔚藍大海，雪白的飛絮飄浮在與海水一色的天幕上，亮麗得如同剛從田裏摘下的棉花。幾隻小鳥歡快地穿過頭頂，落在一幢造型怪誕的小樓頂上，發出啾啾的叫聲。一陣悠揚的歌聲從遠遠的海灘邊飄了過來，辜鴻銘仔細地聆聽：

夏日的和風吹動着我的絲裙，
我來到河邊放一隻紙船，
船上載着我寫給他的信。
遠行的河水啊，
請你將信送到福思灣，
讓他知道我有一顆火熱的心。
秋天的菓園到處是一片亮晶晶，
我摘了一隻蘋菓親了又親。
遠飛的大雁啊，
託你將一片蘋菓送到福思灣。
那紅紅的菓皮是我的唇印，
那香甜的菓汁，
是我們成熟的愛情。

又是露莎在唱歌。露莎是一個牧羊少女，她每天早上迎着朝霞，唱着牧歌，將一羣綿羊趕到山坡下吃草。每天傍晚她追着夕陽，唱着牧歌將羊羣趕回家。露莎的活潑可愛，引起了正在愛丁堡大學求學的辜鴻銘的注意。十九歲的辜鴻銘風度翩翩情竇初開，他終於愛上了這個牧羊女，牧羊女也喜歡這位熾熱似火的外國學子。每天一早，辜鴻銘走出學校大門，在路邊迎接前來牧羊的露莎。傍晚他又特為送露莎走一段很長的路程，直到看見露莎的家門才返回。他們唱情歌小調，談愛情詩篇，說莊稼收成，講校園生活。他還對她談那遙遠而親切的檳榔嶼，談自己從沒去過卻神往已久的東方古國。在異國他鄉枯索的求學歲月裏，溫柔多情的露莎給辜鴻銘帶來多大的慰藉和歡樂啊！他暗地下定決心，畢業後，尋找一個工作賺了錢後就來娶露莎。豈料兩個多月後，露莎流着眼淚告訴辜鴻銘，她的父親說他是個中國人，中國貧困野蠻，男人頭上拖着豬尾巴，女人腳裏得小小的，不能嫁到那裏去，逼她嫁給一個小廠主的兒子。露莎不能違背父親的意志，明天就要離家出嫁了。露莎動情地說，她將永遠記住這段珍貴的感情，永遠不會忘記他。辜鴻銘怔怔地聽着，不知說甚麼是好。露莎父親的態度強烈地挫傷了這位混血兒的自尊心，在他的潛意識中，或許那時便種下了厭惡西洋渴望回到自己家鄉的心思。此那天以後，辜鴻銘再也沒有見得過露莎了，但露莎給他的愛情和分別時的深吻，卻永遠留在他的心中，銘心刻骨，永志不忘！

突然，江面上飄過來幾滴雨點，將辜鴻銘從往事的追憶中蘇醒，他奇怪地發現，那首露莎喜歡唱的情歌，還在被人唱着。他明白過來，原來是身邊的歌聲把他帶回了愛丁堡大學時期的那段浪漫歲月。他定定神，發現這首蘇格蘭情歌是從小洋樓裏傳出來的。這就對了，這樓上一定住的是蘇格蘭人。你看這房子風格，這周邊的環境，都在告訴你主人的國籍。是的，這裏應是漢口的英租界。

「外面的先生，你聽了好久的歌了，你能聽得懂嗎？」陽台上出現一個年輕的女子，她揮着手與樓下的辜鴻銘打招呼。

「聽得懂，聽得懂！」辜鴻銘快樂地回答。「你唱的是蘇格蘭古老的情歌《牧羊歌》。」

「你是英國人？」女人定睛看了一眼辜鴻銘，突然改用英語問道。

辜鴻銘覺得稀奇，那女子明明是一個地地道道的中國人，怎麼可以說出英語來？難得她在英國留過學，或許她根本上就是英籍華人？

「不，不是，我是中國人，我在蘇格蘭愛丁堡大學讀過四年書。」

「哦，太好了。」那女子顯然也很興奮。「天下雨了，先生，你要不要到我這裏來躲躲雨，我們一起聊聊。」

辜鴻銘是個見了可愛的女人便情緒亢奮的男人。一個中國女子能唱英國歌，說英國話，素昧平生卻如此大方地邀請他進屋，這有多可愛！辜鴻銘渾身血液奔騰起來。他高興地說：「謝謝您，謝謝您，您開門吧，我就進來。」

一會兒，一個女僕出來，把鐵門打開，辜鴻銘進了洋房一樓的客廳。客廳寬敞明亮，廳內的擺設完全是英國式，牆壁上掛的是鎏金雕花寬框大油畫。正打量間，剛才在陽台上說話的年輕女人下樓來了。那女人顯然給臉上補了妝，又換上一件合體的黑底金花絲絨旗袍，雖不很漂亮，卻生動光亮。尤其令辜鴻銘興奮的是，那女子有一雙特小的纏足，走起路來裊裊婷婷，搖搖晃晃。辜鴻銘立時被她徹底俘虜了。

「歡迎您來做客，請問先生尊姓大名。」在女僕端上咖啡的時候，女主人有禮貌地問着。

「見到您，我很高興。我姓辜，名鴻銘，字湯生。」辜鴻銘不知這女子結婚與否，在「太太」和「小姐」之間拿不定主意，乾脆用「您」來稱呼。

那女子笑笑：「我看您的模樣，以為是英國人，卻原來是道地的中國人。」

「不道地。」辜鴻銘笑着說，「我父親是中國人，我母親是英國人，我是個混血兒，用中國話來說，是個雜種。」

那女人大笑起來，露出一口潔白的牙齒，連聲說：「先生是個很有趣的人，很有趣的人。請喝咖啡。」

「我應該怎麼稱呼您？」放下咖啡杯後，辜鴻銘問。

「我叫蘇巧巧，是一個完完全全的中國人。我的丈夫是個英國人，他叫費格泰。你叫我費太太吧！」

「費太太。」辜鴻銘趕緊恭維，「您的蘇格蘭民歌唱得很好。調子唱得準，歌詞也唱得很清楚。您的英文很好，您一定在英國住過多年。」

費太太莞爾一笑：「我一天英國也沒去過。這歌是我丈夫教我的，除了這首《牧羊歌》外，我還可以唱幾首英國小調，但我的英國話說得不好，只能說幾句簡單的。」

「費太太真聰明，沒有去過英國，能唱這麼好的英國歌，太不容易了。請問費先生是在領事館做事嗎？」

「不，他是做生意的，上個月回英國去了，要兩三個月後才回來。」

辜鴻銘心裏砰然一動，想着：這兩三個月裏如果我能天天伴着她就好了。

「費太太，您剛才唱的《牧羊歌》我也會唱，我唱給你聽吧！」

「好，好！」辜鴻銘正要唱的時候，她又突然說，「等一等！」

費太太轉身走進房裏，出來時手裏抱了一隻三尺來高的琵琶：「我來給你伴奏。」

這太有趣了。中國的琵琶為蘇格蘭的情歌伴奏，辜鴻銘還是第一次遇到。費太太信手彈了兩句，果然從琵琶弦上聽來的西洋曲子又別有一番味道。辜鴻銘按捺不住滿腔的激情，在費太太的客廳裏引吭高歌起來。那純正道地的蘇格蘭語言，那深厚雄壯的男中音，伴隨着清脆激越的古老的中國琴韻，真是動聽極了。

辜鴻銘在這棟小洋樓裏足足呆了兩個小時，出來時興猶未盡。回到家裏，費太太的小腳、琵琶弦上流出的《牧羊歌》時時在他的腦中浮現，如同一把火在心中燃着，燒得他心神不寧，渾身燥熱。苦苦地熬過三天，他實在熬不住了，便去找協理總文案梁敦彥請假。梁敦彥那年和陳念礽等人入督署時，被安置在電報房。梁為人樸實不愛出風頭，在電報房一呆兩三年，並不受重視。有一天傍晚，京師總署突然來了一份緊急電報，電報房裏所有的人都已不在了，惟獨梁敦彥一人在房裏讀書。張之洞便叫他翻譯，梁很快便譯出來了。張之洞很高興，跟他多聊了幾句，這才發現原來梁是一個十分勤奮敬業的人，第二天便撤換原電報房的頭目，讓梁敦彥代替。不久又提拔他做了協理總文案，協助總文案梁鼎芬主管洋務、翻譯兩科。梁准了假，辜鴻銘匆匆過江來到漢口。他先去珠寶行裏花一百多両銀子買了一根珍珠項鏈，項鏈的中部還懸着一塊翠綠暹羅寶玉。他把它藏在衣袋裏，然後敲開費家的鐵門。費太太見到他，也同樣很高興，說了一陣話以後，辜鴻銘邀請費太太到英租界一家英國人開的餐館裏吃晚餐。在跳躍的燭光下，在亮閃閃的刀叉間，他們邊吃邊聊，談得十分愉快。

辜鴻銘趁興拿出項鏈來，懇切地請求費太太收下。費太太並沒有講客氣就收下了，並當着辜鴻銘的面把它戴在頸脖上。辜鴻銘很高興。夜很深了，過江的輪渡也早已停開，費太太邀請他今夜住在她家，辜鴻銘大喜過望。這夜，她和費太太恩愛纏綿了大半夜。第二天，他坐在首班過江渡船上，想起昨夜的事來，心裏又喜悅又有點害怕。這女人不是別人，她是英國商人的太太，倘若被那英商知道，他決不肯罷休，就此收場罷。但是到了傍晚，辜鴻銘又心猿意馬起來，神差鬼使般地再次渡過長江來到英租界，費太太早已精心裝扮在家苦等了。辜鴻銘知道後，暗暗責備自己的膽怯。從那以後，辜鴻銘隔不了兩三天就要過江與費太太幽會，原先的怯意早已丢到九霄雲外。辜太太知道丈夫有了新的外遇，卻奈何他不得。辜鴻銘為女人捨得花錢，辛苦掙來的銀子源源不斷地流入費家。

4 偷情的辜鴻銘被英國商人扭送到領事館

相處時間久了，費太太說了實話，原來她並不是費格泰的太太，只是他的情人。她原是蘇州窯子裏的妓女，被費格泰看中贖出來的。至於費格泰，也不是個正經商人。二十多年前，他以一個無業遊民的身份從英國來到中國投靠戈登，編在戈登的洋槍隊裏。後來戈登回國，洋槍隊解散，費格泰便留在中國。那時中國官場的幾個大人物急於藉洋務自強，費格泰抓住這個機遇，利用自己能講中話國、熟悉中國官場的有利條件，往返英美與中國之間，做起軍火生意來。他從中牟取暴利，很快發了橫財。費格泰在英國有個太太，在上海、廣州兩處各置一個家，包一個女人，這棟小洋樓連同蘇巧巧在內是他在中國的第三個家。蘇巧巧說她其實並不愛費格泰，他又老又醜一點不可愛。蘇巧巧還告訴辜鴻銘，這一兩年來，費格泰都在與湖北鐵政局做生意，鐵廠所需要的各種重要機器，都由他經手，到英國去訂貨。此時的辜洋務已對鐵廠機器都不感興趣了，他的興趣只在蘇巧巧一人身上，他惟一的願望就是費格泰晚一點從英國回來，最好是永不復返，讓他長享與蘇巧巧的偷情之樂。

正所謂樂極生悲，離蘇巧巧告訴他費格泰返回中國的日期還有半個月的一個深夜，正當辜鴻銘和蘇巧巧兩人在床上翻雲覆雨的時候，費格泰突然回來了。辜鴻銘赤條條地被當場抓住，他羞愧得無地自容。蘇巧巧被費格泰狠狠地揍了一頓，嚶嚶哭泣。費格泰將辜鴻銘綑綁起來，第二天一早送到英國駐漢口領事館。辜鴻銘操一口熟練的英語和領事館的領事談話，承認自己對不起費格泰先生，願意受懲罰，並說自己曾在英國留學，又在湖廣總督衙門洋務處做事，今後可以幫費格泰先生的忙。

英國領事和費格泰聽後頗為吃驚。他們本能地意識這是個奇貨可居的人物，便馬上招來一個攝影師，給辜鴻銘拍了不少照片，以便留下不可否認的真憑實據，然後解開綑在他身上的繩索，對他以禮相待。英國領事和費格泰在另一個房裏商量好半天後，對辜鴻銘說：「我們準備釋放你，但要總督衙門派個有身份的人前來領取，你看叫誰來？」辜鴻銘想了想，覺得叫梁敦彥來最合適。一來他是協理總文案，翻譯科歸他管轄且又懂英文，二來他為人寬容厚道，好說話。

就這樣，一封發給湖廣總督衙門協理總文案的短函到了梁敦彥的手裏。他覺得這是件很棘手的事情，便過來請示張之洞。

當得知辜鴻銘是與人偷情被逮到英國領事館，而那女子的丈夫又是英國人的時候，張之洞很是惱火，狠狠地罵了一句：「混賬東西！」

「香帥，英國領事館很可能會在辜鴻銘身上做點文章，要我們答應些甚麼，他們才會放人。」梁敦彥一副愁眉苦臉的模樣。

「噢，很有可能。」張之洞思忖一會說，「辜鴻銘做了缺理的事，後果應由他一人承擔，與我們無關。念及辜鴻銘人才難得，如果對方要他賠償一筆款子，他又拿不出的話，一萬両之內，我們可以替他付，以後從他的俸金中扣還；若超過一萬両，則不能答應。」

梁敦彥領了張之洞的鈞旨，匆匆過江來到漢口英國領事館，副領事萊姆出面接待。梁敦彥請求先看看辜鴻銘。萊姆領他走到另一間房子，只見辜鴻銘一手端着咖啡杯，一手拿着一本英文雜誌，正在悠閒自得地看着。梁敦彥又好氣又好笑，斥道：「湯生，你倒沒事兒似的，香帥為此事很生氣哩！」

辜鴻銘若無其事地對協理總文案說：「費格泰的女人蘇巧巧自願跟我好，按英國法律，治不了我的罪。我不會去坐班房，大不了要我出點錢，出就是了，我自認倒楣；何況蘇巧巧並不是他的太太，只是情人而已。之所以請你來，可能是他們不相信我是督署的，要你來驗證下，麻煩你證明一下我的身份。錢我自個兒出，我想我不會給香帥添太多麻煩！」

「好吧，你看你的雜誌吧，我去跟他們談判。」見辜鴻銘沒有受到虐待，心情也好，梁敦彥放心了一大半，既然他自己願承擔一切責任，這事就好辦多了。

萊姆見梁敦彥儀表軒昂，操一口流利的英語，對他頗為客氣，請他坐下，侍者又給他端上咖啡。梁敦彥說：「這是一件遺憾的事。辜鴻銘先生是湖廣總督衙門的一位洋務幕僚，他平日生活失於檢點，以至於有這次對不起費格泰先生的事情出現。我奉張制台之命協理幕友房，辜先生是我的下屬，我負有管教不嚴之錯。我今天以他的上司身份向費格泰先生賠禮道歉，請貴副領事代為轉達。」

萊姆笑了笑說：「梁先生這種態度很好，我很欣賞，我會將你的話轉告給費格泰先生。但費格泰對此很氣憤，領事館也認為我們大英帝國的子民在貴國受到侮辱，我們有責任為他作主。」

萊姆雖然面帶笑容，但從話裏看出他的態度強硬，不好打交道。梁敦彥在美國學的是工程建築，既不懂法律，又沒有外交經歷，辦這種事還是第一次；只是因為他畢竟在美國留學多年，見過世面，一般的常識性的知識還是懂得的，湖廣總督衙門這塊牌子也給了他一些膽氣。他努力讓自己鎮定下來，從容地說：「費格泰先生的心情我們可以理解。我剛才見到辜先生，他對我說的兩點很重要，請貴副領事注意到：一，那位女人是自願與辜先生相好的；二，那女人並不是費格泰的太太，只是他的情人。」

「不。」萊姆臉上的笑容沒有了。「費格泰先生堅持說蘇巧巧就是他的夫人，他這次回國另一目的就是辦理與他原先太太離婚的事宜，一旦辦妥，就會與蘇巧巧女士正式登記結婚。照此情況，蘇女士應視為費格泰先生的太太。另外，我也要告訴梁先生，據蘇女士親口所說，你們的辜先生多次對她進行勾引，她並不情願，也就是說她不愛你們的辜先生，蘇女士是被強迫的。」

萊姆的這番話顯然是不能成立的。蘇巧巧既未與費格泰有婚約，就不能視作太太。她是一個成年人，有獨立處理事情的能力，勾引、強迫之類的話不能自圓其說。但是梁敦彥從一開始便抱着理虧的心態踏進英國領事館，又聽萊姆這樣說，自思將蘇巧巧視作費格泰的太太也有道理，只是對「強迫」一說作了反駁。

萊姆說：「強迫一說雖有點勉強，但蘇女士對他丈夫痛哭流涕表示悔恨這是事實，至少說明她不愛辜先生。正因為此，大英帝國領事館將不把辜先生帶上法庭，為了兩國的友好關係，願意慎重處理此事。」

老實的梁敦彥聽到這話，立時感到鬆了一口氣，忙說：「貴國領事館的好意我們心領了，不知你們將打算怎樣來處理此事。」

「也不知是誰已把辜先生的事透露出去了，今天上午已有幾家西方和日本報紙的記者要到領事館採訪，並想為辜先生拍幾張照片。因為辜先生在歐洲留學多年，現在又是張制台所器重的洋務幕友，也算是貴國一個有頭臉的人。出了這種風流案子，最是記者求之不得的新聞，發表出去，記者出了名，報紙也出了名。」萊姆一邊說着，一邊從桌上的雪茄盒裏抽出一支雪茄來遞給梁敦彥。

「謝謝！」梁敦彥搖了搖手，說，「副領事先生，事情沒有處理好之前，請你們不要接待那些招惹是非的記者。」

萊姆劃一根火柴，將雪茄點燃，自己吸了起來。「辜先生在敝國愛丁堡大學讀過四年書，也可以算是我們大英帝國培養出來的人才。再說，張制台對我們也很友好。為了辜先生的臉面，也為了兩國的友誼，我們沒有接待那些記者，不想把這樁事擴散出去。」

梁敦彥又忙着道謝。

「我們與張制台合作了兩三年，我們很想與張制台繼續友好合作下去。張制台辦鐵廠，辦槍炮廠，辦煤礦，我們都很支持。這兩年，費格泰先生和其他幾個英國商人，都為湖北從英國買回不少機器。我們想請湖廣總督衙門保證今後所有的大型機器都從英國購買，而不從別的國家去買；當然，我們會確保質量和提供優惠的價格。」

梁敦彥想：這兩年來鐵政局都在與英國做生意，也沒聽說出甚麼大問題，只要機器好，向美國買、德國買和向英國買是一回事，他們無非是想和我們把生意做下去，這條件也不算苛刻。於是點頭說：「我想是可以的。」

「這一條是我們英國領事館的想法，還有一條是費格泰先生本人提出的。」萊姆彈了彈雪茄灰，不緊不慢地說，「費格泰這次帶了二十萬兩銀票回倫敦買軋鋼機，但發現廠家生產出的機器質量不合要求，廠方重新製造，需要半年時間才能出廠。如此，有違與鐵政局簽的合約。費格泰希望鐵政局看在他的面子上，不以違約處罰廠方，同意半年後再將機器買定運回，這二十萬兩銀子他已預先交給了廠方。」

梁敦彥想：這事也怪不得費格泰，費格泰能堅持機器須達到設計要求，這也是他對鐵政局負責的表現；現在辜鴻銘做了對不起他的事，給他一個面子不追究英國廠家，也是可以說得過去的。於是說：「這事我看也可以。」

「好。」萊姆高興起來。「我們已草擬了一個文件，請你帶回去，讓張制台在這上面簽個字，我們即刻放辜先生。」

萊姆從抽屜裏抽出一張紙遞給梁敦彥。梁敦彥接過，看上面有中英兩段文字，說的是同一個意思，至於辜鴻銘偷情被逮一事則沒有寫。梁敦彥覺得畢竟是英國領事館擬的東西，還算得體面。便沒有再說甚麼，將它帶回督署。

下午，梁敦彥把這個文件送給張之洞。張之洞看後，兩條粗短的濃眉立時緊皺起來。

「這兩條都很厲害。第一條是要把我們綑死在英國人身上，今後別的國家就是機器比他的好，價格比他的便宜，也不能買，所有買機器的錢都由他們賺。」

「香帥說的是，但現在為了贖辜鴻銘出來，只得簽字了。且卑職想，這兩年我們大部分機器都是從英國買的，英國貨也還行。再說，英國在長江沿線經營幾十年了，我們今後做事免不了要跟他們打交道，保持友好是很重要的。何況，今後真有別國的機器比英國好，我們變通一下也還是可以從那個國家去買的。就憑這一張紙把我們鎖住也不可能。」

「唔，這條就依了他吧！」張之洞指着中文部分的第二段說，「你知道費格泰在這中間要的花招嗎，他估計湯生拿不出多少錢，所以不叫湯生賠錢了，將這筆錢轉移到鐵政局的頭上。」

梁敦彥說：「這點我沒細想，請香帥說明白。」

「當初合約上說，若延期三個月，廠方賠償損失百分之五，延期半年，賠償損失百分之十，百分之十即二萬。這二萬銀子費格泰是要叫廠方出，只是放到他的腰包裏去了。這是一，第二，這二十萬銀子他或許是存入銀行，或許私自去放高利貸，或許自己拿了去做短期買賣。總之，這二十萬便由他使用半年。他多則可憑此賺一二萬，少也可賺七八千。為了贖回辜鴻銘，我們損失了二三萬銀子。哎，這個不爭氣的辜湯生呀！」

梁敦彥很佩服張之洞的精明，但他已在萊姆面前表了態，生怕張之洞不同意，便說：「湯生是不爭氣，但事已至此，也沒有別的辦法可想了。若不同意，他們會把這事通過洋人的報紙捅出去的。對湖廣總督衙門，對鐵政局也沒有好處。再說，湯生這人也確實是個少見的人才，經此番風波，他會更感激香帥的。今後罰他加倍做事，將功補過。」

張之洞板着臉孔，好半天才開口：「我不在這樣的文件上簽名！」

梁敦彥急了：「香帥就寬恕他這一次吧，我為他求您了。」

「我不簽名，不是說我不寬恕他。」張之洞面孔依然緊繃。「你在這上面蓋個湖廣總督衙門的官印吧。你去對英國領事館說，說不定哪一天張大人奉旨調到別的地方去，不做湖廣總督了，簽名有甚麼用呢？蓋官印更好，以後不管誰來做湖廣總督，誰來辦鐵廠、辦洋務，都照此辦事，買他英國的機器，不更好嗎？」

梁敦彥不敢和張之洞爭辯，只得蓋上湖廣總督衙門的紫花大印，又過江到了英國領事館。好在萊姆不計較這個，收下蓋了印的文件後，便叫他把辜鴻銘帶回去。一路上，梁敦彥將這個經過告訴辜鴻銘。辜鴻銘既為自己闖下這個禍而愧疚，又深為感謝張之洞對他的寬恕。

一回到督署，辜鴻銘便來到簽押房，向張之洞坦陳自己的過失，並表示對他的謝忱。

張之洞冷冷的目光端詳辜鴻銘半天，一直不作聲，直看得辜鴻銘心裏發涼，渾身不安。

「不必謝我，要謝你就去謝梁崧生吧！」

這一句話猶如一瓢涼水澆到辜鴻銘的頭上。他知道總督大人已十分惱火他，再呆下去，彼此都會不舒服。

「那我就告辭了。」

辜鴻銘說完這句話，轉身便走。

「你慢點走。」

辜鴻銘轉過身，重新來到張之洞身邊，垂手侍立。

「早幾年我就聽說你有狹邪行之癖好，你的太太因為此受了很多委屈。這次不僅你本人臉面丟光，也使我們湖廣督署蒙受羞恥。這些你都清楚，我也不再多指責你了。」張之洞覺得有點疲倦，他拿起鼻煙壺，在鼻孔下來來回回地移動幾次，感覺精神比方才好多了。

「湯生，你是個天份極高聰明絕頂的人，但自古以來，天份極高的人往往幹不成大事業，聰明反被聰明誤。這中間有着許許多多的原由，一時給你講不清。你曾經問我，汗牛充棟的中國書籍中，是否也有一本書能讓人讀後一通百通。我過去沒有告訴你，是怕你今後只讀一書而廢除其他書。高高的塔尖，要靠寬闊的塔座作為基礎，參天大樹只能生長在豐厚的土地上，一通百通境界的到來，不是只靠一本書，它要立在博覽羣籍吃透百家的基礎上。今天，我要告訴你這一本書了。這一是你已打下中國學問的基礎，二是你的確尚未通，在立身處世這樁大事上，你遠不是一個通人，所以才沉湎於這種鴆酒之樂中。」

聽說果然有一本能使人一通百通的寶書，而且此刻就得知，辜鴻銘大喜至極。昨天的羞辱彷彿已過去了幾十年，他以一種往常少有的恭順態度說：「大人請賜教吧！卑職永世記得大人的教誨之恩。」

張之洞冷笑一聲，說：「這本書並非秘書，而是人人皆知，個個盡曉的六經之首《周易》。」

「《周易》！」辜鴻銘不由自主地複述一遍。

「是的，《周易》。」張之洞嚴肅地說，「《周易》想必你讀過多遍，你讀沒讀通，通到何種地步，這我就不知道了。我今天告訴你，這是中國羣書之首，經典之最。你以這個認識再去讀它十年八年，或許大有進步。孔子五十讀《易》，以至於韋編三絕，又說假我數年，於《易》可彬彬矣。以聖人之資，五十歲讀此書，還說要讀幾年之後才能明瞭其中的奧妙，你天資再高也高不過孔子，故讀十年八年不為多。」

辜鴻銘靜靜地聽着。

「以我讀《周易》的經驗，當先讀《繫辭》。《繫辭》文不長，但字字千鈞，每一句都夠你細細咀嚼，好好體會。比如說開篇幾句：『天尊地卑，乾坤定矣；卑高以陳，貴賤位矣；動靜有常，剛柔斷矣；方以類聚，物以羣分，吉凶生矣。在天成象，在地成形，變化見矣。』這短短的幾句說盡萬象萬物最本質的東西，乾坤、貴賤、剛柔、吉凶、變化，你過細想想，天地之間，有哪一事哪一物能離開這些範圍，弄清了這些，世事不就通了嗎？」

辜鴻銘聽得入神了。

「光《繫辭》就是一座取之不盡、用之不竭的寶藏。隨便再說幾句吧。你在西方很多年，應當知道西方教民天天講喜樂，講博愛，但如何能做到內心喜樂至誠博愛？我看他們的《聖經》沒有說清楚，我們的《繫辭》卻說清楚了。樂天知命故不憂，安土敦仁故能愛。八個字：樂天知命，安土敦仁。就能做到喜樂、博愛。」

辜鴻銘早已將《聖經》讀得滾瓜爛熟，《繫辭》他也讀過，但他就沒有這樣比較過。真的如總督所說的，《聖經》拉拉扯扯地講了許多故事，也沒有讓人弄懂如何做到喜樂博愛，而《繫辭》這兩句話一鍬便挖出了泉水！辜鴻銘彷彿被一根魔杖點化似的，心思明亮了許多。這《周易》的確是中國學問之巔峯，一定要認真攻讀不可。

「書你自己以後慢慢地讀，細細地領悟，我就不多說了。我只提醒你注意《繫辭》中的一句話：『作《易》者，其有憂患乎？』許許多多讀《易》的人都忽視了這句話，其實這一句最為關鍵。為甚麼有這部《周易》出來，這部《周易》為何引起聖人的高度重視，為甚麼《周易》說盡了人世間一切至微至隱的道理，全部奧妙都在這『憂患』二字上。湯生，願你讀通《周易》後，從此能有一個新境界，不要沾沾自喜於才子，要做一個通人。」

張之洞的這番話使辜鴻銘甚為感動。他體會到張之洞玉成他的一片苦心，從而心裏更感到愧疚。帶着贖罪的心情，辜鴻銘決定將一件久藏的秘密說出來。

「張大人，我告訴您一件事。」

「甚麼事，坐下說吧！」張之洞想這種時候要說出的事一定非一般。

「那個蘇巧巧曾給我說過這樣一樁事。她說費格泰有一次曾經很得意地跟她說，漢陽鐵廠財務處的那批官員都是混賬東西，既貪婪又無知。這兩年跟他們打交道的過程，光招待他吃飯的銀子就不少於千把兩，他其實吃得很少，每次都藉他的名，全處十幾個人都來吃，一頓飯就二三十兩，全部由賬房處報銷了。而且一個個都索賄，見到洋貨就眉開眼笑，辦事就一路順利。費格泰常常從英國買一些便宜的小禮品送他們，他說這是魚餌。一個魚餌可以釣一百倍的大魚。最壞的是收支股的主辦蒙索。這兩年做的百萬兩銀子的生意，他至少吃了十萬兩銀子的回扣。不過費格泰所得更多。費格泰往往在財務處面前抬高價格，在廠方面前壓低價格，他起碼從中賺了三四十萬兩銀子。按這樣的計算，一百萬兩銀子，用來買機器的其實不過五十萬兩左右。而在英國，完全不是這樣，一百萬兩銀子，至少有九十萬兩用在機器上。費格泰有次冷笑道，中國的洋務是絕對辦不成的。中國的官員不是在辦洋務，而是在發洋財。」

「不是在辦洋務而是在發洋財」，這話讓張之洞的心怔了一下。對鐵政局和鐵廠的微詞，張之洞已聽到不止一次了。微詞較多地集中在銀錢方面，比如回扣、受賄、索禮、浪費等等方面，收支股蒙索的閒話最多。有人說他是栗殿先的拜把兄弟。還有人說他與革職的趙茂昌關係密切。趙茂昌為他牽線，在上海的錢莊裏替他開戶頭。鐵廠的公款都存在那個錢莊裏，利息則歸他們倆人私有。前不久，有一件事也讓張之洞記憶猶新。

一天，鄭觀應忽然來到總督衙門門房，說是剛從下江來，請求能讓他見一見總督大人。門房報告後，張之洞請他進來，鄭觀應還帶來一位三十多歲的年輕人。他向張之洞介紹，此人名叫張謇，字季直，是江蘇南通人，曾在直隸提督吳長慶手下做過多年西席，仰幕香帥，尤其敬服漢陽鐵廠的籌辦，特不遠千里從上海來到武昌，想去鐵廠看看，今後擬在原籍也做點洋務事業。張之洞早就聽說吳長慶家裏有個博學的西席，見張謇儒雅軒昂，氣度不凡，果然與傳聞相符，張之洞很高興與他相見。交談一番後，得知他真的見識不俗，便要梁敦彥陪鄭觀應和張謇去看看鐵政局和鐵廠。晚上，又在督署宴請他們二人，請他們談談參觀的體會，尤其希望他們能直率地指出些不足。

鄭觀應和張謇說了許多恭維話，張之洞聽了很高興。張謇還提出一個建議，說湖北的棉花和苧蔴海內聞名，應該利用這個有利條件，在武漢建紗廠、紡織廠和製蔴廠。紗織業工藝簡單，耗資較少，但贏利很快，正可以用此贏利來彌補鐵廠的虧損。張謇的建議給張之洞很大的啟發：是的，應從速將紡織業發展起來。在張之洞的再三要求下，兩位沒有進個官場染缸的明白人給鐵政局和鐵廠各自提了一條意見。鄭觀應說，鐵政局和鐵廠人浮於事的現象嚴重，過於講排場。參觀者只有二人，陪同的人將近四十，且品級都不低，光候補道就有十來個，都有隨從、跟包，侍候在旁，完全是衙門作派。鄭觀應建議，鐵政局和鐵廠非技術性的管理人員，可以三成裁掉二成，這樣不僅撙節開支，且辦事減少糾葛。他去過西洋不少國家，看過他們的工廠、礦區，他們管理人少效率高。張謇說在參觀的過程中，他隨便問了問身邊的人，便發現鐵政局和鐵廠存在一個不容忽視的問題，即裙帶風嚴重。所問的人，都是因親屬關係而進來的，有的一家堂親表親六七個都在這裏做事。可見此地有任人唯親之弊。任人當唯賢而不唯親，這是歷來辦事取得成效的根本一條，請總督大人力煞這股風氣。

張之洞聽了鄭觀應、張謇兩個人的意見心裏也動了一下：看來鐵政局和鐵廠需要整肅整肅。但過後一忙，此事便又忘記了。現在，辜鴻銘說的英國商人的這些話，同樣暴露出鐵政局所存在的嚴重隱患，是非得要動手解決不可了。但眼下鐵廠的建設正在緊張時期，江夏煤礦在順利開工中，大冶鐵礦的礦也已在大量開採，急切希望鐵廠早日竣工投產。尤其是另有一件大事，更使得鐵廠務必不能受絲毫的干擾。想到這裏，張之洞對辜鴻銘說：「你說的這事我知道了，你就再也不要跟別人說起。我會騰出手來處理的。你這幾天冷靜地回想一下這件事，檢討檢討，但願能接受此次教訓，痛改前非。過幾天，我要跟你談一樁大事，茶館說書人有句話，說是淘盡三江五湖水，難洗今日滿面羞。你今日也是滿面之羞了，這樁大事裏面有三江五湖水，就看你能不能淘盡它，為你洗刷羞慚。」

聰明過人的辜鴻銘卻被總督這番話澆得滿頭霧水：何來的三江五湖水，又怎地洗去我的滿面羞？

5 俄國皇太子將要參觀漢陽鐵廠，這可是一樁揚國威振民氣的大事

張之洞說的這樁事，就是去年辜鴻銘從英國《泰晤士報》上看到的俄皇太子訪華的事。總署已正式來文通知，今年十月俄國皇太子尼古拉將要來武漢參觀漢陽鐵廠。十天前楊銳從北京發來一封密信。楊銳信上說：「俄國皇太子訪華一事，朝廷看得很重。這不僅因為俄皇年事已高，太子不久即將即位，還因為這位皇太子對中國較為友好。俄國是個軍事強國，又是一個野心勃勃的貪婪之國，他一直覬覦我國東北和西北與之接壤的廣闊領土，千方百計地欲將它佔為己有，對中國威脅最大。難得有這樣一位對中國友好的太子，倘若跟他建立友誼的話，無疑要減輕來自東北和西北的領土威脅。因此朝廷準備趁俄皇太子訪華之機，予以傾心結納。俄皇太子早已知道武漢正在興辦鐵廠，他要親自來看看。楊銳說，這無論是對恩師本人，還是對湖北的洋務，都是一個千載難逢的好機會，比如可以藉此向戶部多要點銀子，確保鐵廠到時完工等等，好處多得很。

張之洞接信後立即給楊銳回了信，告訴他，有關俄皇太子訪華的事，今後凡有所知，盡量詳細報告；武漢這邊，會做好充分準備，將這位皇太子接待好。

俄國皇太子將來武漢參觀漢陽鐵廠，這對張之洞來說，不啻是一個難逢難遇的福音。無論於國於

己，都要牢牢抓住這個機遇，把這篇文章做得珠圓玉潤，花團錦簇。

對俄國這個國家，張之洞早在京師做洗馬小官時，便因為伊犁談判而對它有過深入的研究，越研究越服膺林則徐當年流放新疆時所說過的一句話：俄國是中國的心腹之患。林則徐這話說得最為深刻中肯。防俄，是應該傳之於子孫後世的長久國策。固然日本也對我國，尤其是關東一帶有領土野心，但畢竟國小力不強，還加之隔着海洋，不像俄國，千里邊界線上，任它鐵騎長驅直入，真是可怕。至於英、美、德、法這些國家，張之洞心裏清楚，它們對中國的傷害，主要體現在生意場上的不公平交換，並沒有領土要求，早兩年英法聯軍打進京沒多久便撤退的事實是最好的說明。從那時起，防患俄國而利用英、美、德、法的外交策略，便在張之洞的腦子裏形成。這實際上是「遠交近攻」的中國傳統外交策略，在新形勢下的運用。張之洞認為這是一個很簡單明白的事理，但當軸者往往看不清楚。海防、塞防之爭便暴露出這個問題。李鴻章主海防，重在防日本，左宗棠主塞防，重在防俄國。在張之洞看來，根本無須爭論，海防也好，塞防也好，都很重要，要同時並舉，這是因為不管是俄國，還是日本，都是對中國領土垂涎三尺的強國，都需要認真對待，只是在甚麼時候應該特別強調哪一點罷了。

如果說十多年前，張之洞雖看事明瞭卻沒有權位，不足以影響國家外交方略的話，那末今日，身為湖廣總督的洋務後起之秀，則要積極參與這場事關重大的中國外交活動，決心以自己的實力對中俄關係以影響。

與楊銳的想法不同，對俄皇太子參觀鐵廠這件事，張之洞第一個反應便是要藉鐵廠來揚我國威。俄國也好，其他西方強國也好，這幾十年來在我們面前揚武耀威，無非是因為他們國力強大，武器精良，倘若我們能在這方面顯示出自己的實力的話，必然可以殺一殺他們的威風。鋼鐵業是西方工業界的龍頭，也是他們強大國力的重要基礎，而中國恰恰於此一片空白。漢陽鐵廠的興建不僅填補了這個空白，而且它是以世界第一流的規模為目標，是一個巨型鋼鐵廠。它將在顯示中國發展的潛力同時，也以這種巨大的存在明確告訴外國人：中國已經為自己的工業奠定了雄厚的基礎，要不了多久，就可以迎頭趕上西方列強。

張之洞還想到，光有鐵廠還不夠，正在籌建的槍炮廠也要加快速度，趕在俄皇太子來漢之前建成投廠，讓這位未來俄國皇帝親眼看一看咱們大清帝國自己製造出來的槍炮子彈，從此以後，不要在邊界線上再生是非，老老實實地和平相處。

在西方，俄國是個疆域寬闊的大帝國，一向處於很重要的地位，俄皇太子眼中所看到的鐵廠和槍炮廠，必定會通過他本人及他的隨從人員，以各種途徑傳播給西方各國。他們去說比我們自己說要好得多，更能增加份量。如此，漢陽鐵廠和槍炮廠就成了威懾洋人的重要武器，就成了捍衛大清的護國神祇。作為鐵廠和槍炮廠創辦者，我張某人就成了洋人關注的大人物，成了大清國的英雄，今後外交內政，甚麼事都好辦了。

想到這裏，張之洞興奮萬分。傍晚，他特為邀請桑治平到家裏來小酌一杯，向好友談及這件事和自己的想法。桑治平也同樣欣喜不已，他似乎從中看到自己半生為之奮鬥的理想，就要通過這位好友的手予以實現。想起賢良寺與張之洞的初識，想起古北口的應允出山，想起這十餘年來謀劃計議、南北驅馳，表面是報知遇之恩，其實從骨子裏來說，是在為自己年輕時失落的抱負而奮鬥。啊！這是多麼令人欣慰的事：辛苦十多年，終於看到結出碩果的一天了。

桑治平建議張之洞動員一切力量，確保在俄皇太子來漢之前做到鐵廠出鐵、槍炮廠出槍炮，拿出鐵傢伙擺在他們的面前，要勝過千百萬言的外交辭令！同時接受楊銳的建議，立即給總署上道條陳，請他們大力支持，撥款一百萬両銀子。張之洞欣然接受桑治平的這兩個建議。

第三天，由鐵政局出面，召開鐵廠、槍炮廠、煤礦局、鐵礦局的高層會議，張之洞在會上發表重要的講話。他以總督兼湖北洋務督辦的身份要求所有高級管理者與全體匠師、工人一道，努力拚搏，務必確保在俄皇太子來漢前出鐵出槍。猶如三軍統帥向將士們發出征伐號令似的，張之洞從宣揚國威、振作民氣、展我才華等方面，談到這次提前出鐵出槍的重要意義，縱有天大的困難也要克服，沉舟砸鍋，背水一戰。張之洞的講話鏗鏘有力，慷慨激昂，說到動情之處，他聲淚俱下。總督有聲有色的動員令，把全體與會者都給感染了。

他的話剛一結束，大會堂裏立時響起雷鳴般的掌聲。

最先站起來，以極為熱烈的情緒表示完全擁護堅決照辦，提前出鐵出槍一定能實現的，就是鐵政局協辦兼鐵廠後勤部門主辦栗殿先。他情緒似乎比總督還要激動，愛國之心似乎比總督還要強烈，他代表後勤部門全體人員向督署保證，從明天起開始加班加點，晝夜苦幹，拚死拚活為國爭光，為張大人爭氣。張之洞對栗殿先甚為滿意，頻頻向他投去讚許的目光，心裏想：栗殿先真是一個好官員，平時雖有失檢點之處，關鍵時刻卻能挺身而出顧全大局，難能可貴。栗殿先講完後，張之洞帶頭為他鼓掌！

栗殿先受此殊榮，臉上紅光滿面，喜氣洋洋。緊接下來的便是收支股主辦蒙索。他的高調表態，也贏得了張之洞的帶頭掌聲。於是其他股處頭目見此情景，都紛紛站起來，一個接一個地表示完全擁護，堅決照辦。張之洞都一律帶頭為他們鼓掌。但是，提前投產的關鍵部門——技術股處的頭目卻沒有哪個站起來響應。此外，還有一個最為重要的人物——鐵政局、鐵廠的真正靈魂蔡錫勇，卻一直緊閉嘴唇。他表情嚴肅，對每個人的發言都認真傾聽，臉上卻沒有一絲興奮的表現，心裏也沒有一點想發言的衝動。協理總文案梁敦彥看着這情景有點着急，他不敢去驚動蔡錫勇，徑直走到鐵政局協辦兼鐵廠技術部門主辦陳念礽面前，悄悄地對他說：「你站起來說幾句吧，張大人很想聽聽你們技術部門的看法。」

陳念礽一直處在矛盾狀態中。從一開始聽張之洞的演講，他便有心跳血湧的感覺。後來見各股處的頭目一個個起身發言，贏來了一陣接一陣掌聲，二十八歲的青年陳念礽心裏躁動不安。他很想也站起來說一席話。他有很多話要說，說他在美國求學時如何親身感受到美國人對中國的歧視，如何因此而立下學好本領報效國家的壯志，後來又如何突然中斷學業，被朝廷強行召回國，回國後賦閒鄉居，所學的知識一無展佈之時，那種報國無門的苦悶是如何的沉重；自從遇到張大人，參與張大人的洋務大業後，這些年來如何努力奮發，尤其是鐵廠開辦來更為他施展才幹鋪設一個宏大的舞台，無論是為國盡力還是酬答張大人的知遇之恩，都應該傾注全力，促使提前投產的目標順利實施。他相信他的這些肺腑之言，會比其他發言者更為動情更為精彩，更會贏得張大人的鼓勵，贏得滿堂熱烈的掌聲。真情實感與年輕人的激情相互激蕩，使得陳念礽滿臉通紅，渾身燥熱不安，幾次想站起，側過臉去看一眼蔡錫勇，他又失去了這個勇氣。一來他覺得自己雖是技術部門的主辦，但技術部門掌舵人是蔡先生，他是老前輩，他不發言，一個年輕輕的後生輩怎能僭越？二來作為一個受過嚴格科學訓練的工程技術人員，陳念礽也覺得提前投產這種事，不是說大話就可以做到的。許許多多具體的困難，都得腳踏實地去解決，能不能提前投產，他沒有把握。

現在，協理總文案來催促，又說張大人很想聽一聽技術部門的看法，一種受寵信的榮耀感在激勵着陳念礽，他突然來了勇氣，刷地從座位上站起，激動地說：「剛才張大人說我們辦鐵廠，辦槍炮廠，辦鐵礦煤礦，以及今後辦織布、紡紗各種廠子，富民是我們的重要目的，而強國卻顯得更為重大。我完全擁護張大人的這個講話，他說到我陳念礽心坎裏去了。我在美國留學八年，對國弱受欺負、國強才有尊嚴的感受，可以說比在座各位都要強烈。我想俄國皇太子要來武漢看鐵廠槍炮廠，參觀是個幌子，他的真實目的是來查看。一看我們是不是真的有這樣的廠子，是否謠傳。洋人瞧不起中國，他心裏對我們有沒有能力辦鋼鐵和兵工是持懷疑態度的。二看廠子的規模到底如何，夠不夠對他們形成威脅。我對洋人很清楚，他們歷來是欺弱怕強，重實力不講情義。廠子現在已在建，我們不怕他看，問題是要把規模弄大，並要實際出產品，這才能震服他們。所以我們一定要遵照張大人的旨意，不管有多大的困難，也要搶在俄國皇太子來之前，把規模豎起來，把產品生產出來。這不只是一個投產的事，這更是一個揚我國威長我志氣的壯舉！」

「說得好！」陳念礽的話剛一講完，張之洞便忍不住大聲喊了一句。總督大人的這一反常舉動，把大家都弄得驚訝了。其實，這才是張之洞的本色。十多年前做清流時，他與他的朋友們便常常這樣使情任性，高聲喊叫，毫不掩飾地表示自己的態度，只是後來出任封疆，他才努力壓抑自己，力求做出一副矜持穩重的大員神態來。今天他見這位年輕人是如此理解他的心情，如此真心實意地與他配合，他不禁喜從中來，情不能自已。

當大家回過神來後，會堂裏立即響起了暴風驟雨般的掌聲。陳念礽激動萬分，臉上神采飛揚。他在坐下的時候，特意瞥了一眼蔡錫勇，卻看見蔡督辦仍然是剛才的面無表情，兩隻手硬硬地下垂，一個巴掌也未拍。陳念礽心裏陡然涼了一下。

散會之後，他便被蔡錫勇叫到一旁。蔡錫勇輕輕地卻是語氣嚴厲地訓道：「你瞎起哄甚麼？張大人是總督，自然要說些威風呀、志氣呀一類的話。後勤、財務那些人不學無術，他們邀寵固榮的手法，便是討好上司。至於辦不辦得成，他們根本就不會去想；他們不懂技術，真的辦不成與他們也毫無關係。你是受過嚴謹科學訓練的人，怎麼這樣無頭腦！從現在算起到俄皇太子來漢，只有三個月時間。三個月建成投產，這不是燒得說昏話嗎？你是技術部門主辦，別人沒有責任，你可是千斤重擔挑在身上，到時沒有兌現，看你如何交待？千夫所指，不疾而亡！念礽呀念礽，你太不曉事了！」

蔡錫勇說完這番話後，氣呼呼地甩手走了。這邊陳念礽呆呆地站着半天回不過氣來！

鐵政局、鐵廠好比前方戰場，前方戰場的取勝不能缺少後方倉庫的支援，這後方倉庫的鎖鑰便握在巡撫譚繼洵、藩司王之春、臬司陳寶箴等人的手裏。

第二天，張之洞又在湖廣衙門議事廳裏，舉行隆重的大會，邀請的便是譚繼洵、王之春、陳寶箴，再加上鹽法道、糧道、兵備道、漢黃德道、漢陽知府、武昌知府等人。昨天的演講，他今天又重講了一遍，因為聽眾都是頗有從政之道的高中級官員，張之洞的神情沒有昨日的激動，議事廳裏的反響也遠不如昨日會堂裏的熱烈。張之洞演講的主要內容是兩個字：籌款。戶部的銀子半個月二十天到不了，投產在即，一天也不能延誤，湖北省務必要緊縮各項開支，在十天內籌出一百萬銀子來，戶部來銀後再歸還。除開王之春、陳寶箴表示努力想辦法、積極籌措外，與會者再沒有第三人發言。眾道府大眼瞪小眼，大小眼睛又一齊望着巡撫大人。自從馬鞍山煤礦事件之後，七十歲的譚繼洵對洋務一事在原先的「冷淡」之上更增加一層恐懼感。他現在對洋務是避之唯恐不遠，聽到兒子稱讚鐵廠時，他也會想到自己是不是老了，跟不上潮流了？他有時甚至還萌生致仕回籍的念頭，只是因為盧氏、王氏、魏氏三個小妾堅決反對，他才不敢說解甲歸田一類的話。他近來身體不大好，神志懶散，對於張之洞的那一套一點興趣都沒有，俄皇太子來漢也罷，鐵廠、槍炮廠竣工投廠也罷，似乎都與他無關。至於銀子，他有一條規定，不能隨便拿出來給張之洞。洋人的那些黑機器，在他的眼裏就好比無底黑洞，任你多少銀子也都填不滿，而且一點回音都聽不到。來督署後得知總督的用意，他便抱定一個宗旨：不說硬話，不表硬態。

大家都不再說話了，場面頗為尷尬。張之洞便勉強擠出一絲笑容來對譚繼洵說：「譚大人，你看有甚麼法子可想，能湊出百把萬兩銀子來嗎？」

隔了好長一會，譚繼洵才開口說：「湖北銀錢一向匱乏，這點張大人您是很清楚的。這十天半月，莫說籌集百萬兩銀子，就是二三十萬也很難呀！」

張之洞的臉刷地沉了下來，極不高興地說：「譚大人，你是湖北之主，鐵廠也好，槍炮廠也好，都設在湖北。早日竣工投產，不只是我張某人一人的事，也是為湖北為您譚大人臉上貼金的事。您莫推辭了，無論如何要籌集百萬銀子出來，待戶部銀子一到，即刻如數歸還。」

譚繼洵心裏冷笑道：戶部的銀子還是天上飛的一隻鳥，你就把它當作桌上的一碗菜了！到時沒有銀子下來，我湖北還不是白白地賠了一百萬？但望着張之洞那張峻厲的面孔，聽他帶刺的話，他知道這話決不能說，否則真要把這個任性的名士制台惹得老羞成怒不可。他壓下心中的不快，使出他慣常的圓滑作派。

「大人的廠辦在湖北，的確是給湖北的臉面上貼了金子，譚某人理應支持，只是一時要拿一百萬，這實在是強人所難。湖北的錢糧，都在爵堂方伯的手裏握着，他又是一腔熱血願盡力設法，此事大人你就交給爵堂方伯好了。只要他拿得出，譚某人決不半點為難，盡數借過大人便是了。不過，爵堂方伯也要替湖北負責，請鐵政局出示一張借條，此張借條便存入藩台衙門吧！」

譚繼洵要了個縮頭術，把挑子撂給了王之春。王之春當然也知道，湖北要在短期內籌集百萬銀子，是件根本做不到的事，但是他剛才說得堅決，毫無保留地支持督署的決策，此時又怎能改口呢？王之春是個聰明人，他早已看出洋務在中國很快就會是一樁最時髦的事，中國只有全盤學習洋人的技藝，才會有出路。

從私人感情來說，他與張之洞也淵源極深。無論於公於私，他都要堅定不移地站在張之洞的一邊，即使籌不到百萬，也要硬着頭皮，竭盡全力去籌措四十五十萬的。當下王之春笑着說：「既然譚大人這樣相信我，我就盡力去辦吧！也希望各位道府予以支持。」

在座的各道府見譚繼洵發了話，王之春又接過了挑子，便一個個開口「好說好說」，但心裏都在想：我們的那點銀子金貴得很，怎麼能給你鐵廠去糟踏？肉骨頭打狗，有去無回的事，要做你王爵堂去做吧！

儘管鐵政局的督辦蔡錫勇對這一宏偉決策沒有把握，但鐵廠和槍炮廠上上下下已經掀起了聲勢浩大的建設高潮，一座座廠房在日夜修建，一座座煙囪在天天加高，一架架機器在快速安裝，一船船煤鐵在不斷地運來，兩個緊挨的工廠工地上，一派熱火朝天、人聲鼎沸的景象。

儘管湖北省的最高長官譚繼洵以及大部分道府態度消極，但王之春、陳寶箴支持有力。王之春掌管銀錢藩庫，陳寶箴控制江湖黑道，生財都有路子，半個月便籌集到五十五萬銀子，保證了施工不至中斷。然而，戶部卻一點響動都沒有。

原來，戶部的態度正如譚繼洵預料的：根本不把張之洞的設想當一回事。戶部現在是翁同龢的一統天下，滿尚書熙敬不過掛個虛名而已。撇開翁同龢對張之洞的成見不說，戶部多年來便是在提襟見肘的狼狽處境中過日子，國庫收入年年減少，除救荒賑災等常務外，鐵路、電線、購買洋槍洋炮這些新的開支年年增加。慈禧雖然住進頤和園三四年了，但園工並未停止一天，浩繁的開支常使書生氣頗濃的狀元公心疼。他翁同龢即便有點鐵成金之術，也應付不了每天雪片似飛來的索銀奏報和四面八方的巨大開銷！

看到由外奏事處轉來上面批有「戶部閱」硃批的湖廣奏摺，翁同龢只是淡淡一笑，對着身邊的司官說，一個俄國皇太子來順便看一看鐵廠，就值得這樣小題大作興師動眾嗎？張香濤做了十多年的督撫了，還不改當年好出風頭的舊習，真是拿他沒法子！說完，將它存入櫃子中，再沒有下文了。

一個月了，還不見戶部的批文下來，張之洞急得不得了，發四百里快函給楊銳，叫他打聽下戶部的消息。楊銳通過在戶部做員外郎的一個朋友得知：奏摺在戶部給淹了。接到楊銳的回信後，張之洞氣得大罵：「翁同龢是個誤國的權臣！」

戶部這條路給堵了，總還得再設法弄些銀子來呀。借！萬般無奈之下，只有這一個辦法了。向誰去借呢？姐夫鹿傳霖那裏已借過一次，不好意思再開口了。

桑治平告訴他，當年他提拔的太原知府馬丕瑤已擢升廣西巡撫了，可以請馬幫幫忙。張之洞想想也是，但廣西是個窮省，比山西好不了多少，不能叫別人太為難。便寫封信給馬丕瑤，請他斟情騰借十五萬。即使馬丕瑤答應借，缺口還很大。放眼海內各省，再沒有哪個巡撫過去於自己有特別交情了。

王之春說：「官銀借不到，乾脆借私銀算了。」

張之洞說：「你是說到票號去借？總督衙門向票號去借錢，傳開去會成為百姓的談資，不合適。」

「不向票號借，向私人借。」

「商人的銀子都在周轉中，叫他馬上拿出幾十萬來怕不可能。」

王之春笑道：「也不向那些商人去借，他們都胸無大志，鼠目寸光，即使一次拿得出，他也不會借給你，他怕你不還他。到時你是總督，他又不敢跟你打官司，與其將來吃虧，不如現在不借。」

張之洞搖了搖頭說：「爵堂，這我就弄不清楚了，又是票號又不是商人，還有甚麼人家裏藏着幾十萬両銀子等着你去借？」

王之春依舊笑笑地說：「有一個人，中西結合，亦官亦商，海內一大能人奇人。我想香帥如果向他去借，定然不會碰壁。」

「這人是誰？」張之洞一邊摸着鬍鬚一邊想着。「你是不是說的盛宣懷？」

「正是他。」王之春哈哈笑起來，「香帥不是說過，那年您從廣州來武昌，船過上海時，他專門從天津趕來，跟您談起湖北的煤鐵礦藏的事嗎？現在湖北煤鐵遇到困難，我看他不會袖手旁觀的，您不妨試試。」

「叫他借三十萬，他拿得出嗎？」

「我想他拿得出。」

「好吧，試試看吧。」張之洞說，「現在只剩下這條路了。」

「還有一條路可走。」王之春頗有成竹地說，「官銀私銀之外，尚有洋銀可借。」

「啊，是的，你提醒了我。」張之洞的心情開朗起來。「馬丕瑶、盛宣懷那裏若借不到的話，我們就向香港匯豐銀行去借。只是湖北的關稅收入不如廣東，擔保的條件不硬。」

「我們握有一個很硬的條件呀！」

張之洞一喜：「你說的是甚麼？」

「香帥。」王之春的雙眼裏閃着亮光。「我們可以拿今後煉出的鋼鐵來擔保哇！」

「爵堂，你真有辦法。」

張之洞拍了拍王之春的肩膀快樂地笑了起來，心想：這人心眼兒真是活絡得很，可惜，兩湖這樣能辦事的官員太少了！

沒有多久，馬丕瑶回了親筆函：「十五萬借款單理應遵命照辦，只是廣西實在貧困不堪，千方百計，才只湊出九萬両，剩下六萬両當再過兩個月籌措。敬希寬諒。」

張之洞知馬丕瑤是個誠實君子，便回函說有九萬已很感激了，廣西窮困，剩下的六萬不必費神了。

至於王之春推薦的借主，其為人則遠比馬丕瑤要複雜得多。住在天津的盛宣懷，此時已升任天津海關道兼津海關監督和中國電報總局督辦，輪船招商局督辦，集中國最肥的官缺和最賺錢的洋務企業頭目於一身。他上得李鴻章的寵信，下靠包括鄭觀應在內一批人才的襄助，精明強幹，長袖善舞，把個亦官亦商的事業做得轟轟烈烈紅紅火火。若論個人資財而言，說他富甲天下並不過份。早在二十多年前他便看中了湖北的煤鐵，知道那都是能發大財的好東西。那年專程去上海拜訪赴任途中的張之洞，便是衝着那些黑金子的，若張之洞同意，讓他來辦更好，即使不同意也給張之洞備一個案。所以當後來張之洞謝絕了他的要求後，他並不後悔此行。這幾年來，他一直以極大的興趣關注着龜山腳下的那座鐵廠，不止一次地感歎張之洞的見識和魄力不僅遠在一般平庸督撫之上，而且駸駸然直追李鴻章。張之洞比李鴻章年輕二十多歲，如此看來，執明日督撫牛耳，領將來政壇風騷的，豈不正是這顆冉冉而升的新星麼？盛宣懷多麼想和張之洞拉近關係，可張之洞不像李鴻章，清高而自負，難以靠攏。

去年鄭觀應陪同張謇從武漢回到上海後，又到天津去了一次，向盛宣懷談起了鐵廠的狀況。這位《盛世危言》的作者眼光比世人尖利高遠，如同他能從常人眼裏的盛世背後看出潛在的巨大危機一樣，他也看出了表面風光的鐵廠背後存在的許多弊端：衙門作派，無人真正負責，人浮於事，鋪張浪費嚴重，技術工匠缺乏，管理渙散，整個鐵廠好比一隻蒙着虎皮而沒有血肉的假老虎。鄭觀應預料這個鐵廠很難辦得成功，今後不是負債累累，便是中途夭折，難有別的好出路。盛宣懷儘管沒有親自去看，但他相信鄭觀應的分析不錯。這正中了他的預見。盛宣懷辦了二十多年的洋務，也與許多外國企業家有深交，積自己的經驗和別人的研究，他非常清醒地認識到，洋務這個從洋人那裏傳過來的玩意兒，只能按洋人那套辦法去做；若只知從洋人移來機器和技術，而不把洋人成功的管理措施移過來，所謂的洋務便徒有外殼而沒有內質，徒有皮毛而沒有靈魂。張之洞把鐵廠辦成今日這個樣子，恰恰是因為他不懂這個道理而沿用官場一套的緣故。

當然，鐵廠尚未建成投產，存在的這些弊病目前還不至於形成大的障礙，也只有鄭觀應這樣的人才看得出。正在興頭上的張之洞可能根本發現不了，即使看出些，估計他也不會太重視。有一次他跟李鴻章略微說了說。李鴻章冷笑道，張香濤那人一貫大言欺世，他辦鐵廠，煉不煉得出鋼鐵是次要的，他圖的是虛名。

盛宣懷知道李、張二人成見甚深，李鴻章說的是挖苦話。鐵廠即使今後辦不成功，但張之洞本人的氣魄還是可嘉的。盛宣懷對張之洞在湖北辦的洋務局廠仍投入很大的關注。

現在這位號稱理財能手的湖廣總督因銀錢的困窘，來向他借錢了。通常人面對借錢的事都頭痛，盛宣懷對張之洞的借錢卻是高興得很。這主要還不是因為張之洞日後會取代李鴻章而預為張本，而是因為他看準漢陽鐵廠不管是成是敗，都會是一個巨大的存在。他樂意插手其間。

接到張之洞的借款信函，他的第一個反應是乾脆送他三十萬両，不要還了。但轉念又想，是不是太巴結了，李鴻章知道後又會怎樣看待自己呢？如此贈送好比捐款，自己不成了慈善家嗎？四海之內，盼望捐款的人千千萬萬，你今後如何應付？要不，不要張之洞的利息？想想也覺得不妥，無息貸款在國外是用來扶助貧窮，建鐵廠並不屬於此類。最後盛宣懷決定按票號利息的一半借三十萬銀子給湖北。這是屬於低息貸款的範疇，彼此之間既顯示友好又不至於傷自尊心。

張之洞接到盛宣懷的信後，果然大為高興。

經過兩個多月的突擊搶建，兩個主要廠：煉生鐵廠與煉熟鐵廠都已初步建好，煉生鐵廠已安裝好購自比利時的高爐兩座，煉熟鐵廠也已裝好購自英國的攪煉爐一組四座。其他如機器廠、魚片鈎釘廠、造鐵貨廠、軋鋼軌廠已經基本建成，煙筒已高高地豎起八座，大冶的鐵礦石、馬鞍山的煤也在工廠空坪上堆起了六座小山。又配備大小斗車四十五輛，各種料車大平板車四十輛，還有載重吊車四輛。張之洞每隔八九天要親自來鐵廠視察一次，對工廠的進度很滿意。每次來他都要讚揚蔡錫勇一次，鼓勵他再接再厲。蔡錫勇雖有一肚皮不合時宜的話，面對着熱情似火的總督，只得把它藏在肚裏不說出來。看看離預定日期只有一個月了，蔡錫勇實在忍不住要說話了，因為面臨的許多難題非得要總督本人才能解決。

又一次視察完畢後，蔡錫勇將張之洞請到督辦辦公室裏，焦急地說：

「香帥，有幾件大事，非得請示您定奪不可。」

「甚麼事，你說吧！」張之洞一邊搖扇子，一邊說。

「這都是刻不容緩的事情。」蔡錫勇拿手巾擦了擦額頭上的汗，說，「最大的是煉鋼廠的兩座高爐。因颱風的緣故，已停在香港半個月了，就是明天啟航，也要二十天的時間才能到漢陽，這兩座高爐是裝不好了。沒有高爐，所有其他附屬機器都裝好，也不能稱之為煉鋼廠；當然，也就更遑論煉鋼了。」

其實，煉鋼廠才是整個鐵廠的真正核心。停在香港的兩座高爐，是利物浦機器廠專為漢陽鐵廠設計建造的貝塞麥轉爐。為造這兩個爐子，該廠花了一年的時間，得知俄皇太子將來漢陽的消息，鐵政局即刻發電報給駐英公使館，由駐英使館再電告利物浦必須在九月中旬運至武漢。工廠日夜加班，按期將這兩座高爐運上船，駛出了愛爾蘭海，預計兩個月後可抵達龜山，卻不料受阻於台風。

老天爺不合作，張之洞真是一點辦法都沒有。他沉吟良久後說：「煉鋼廠的事先擱着，其他的事呢？」

「煉鐵用的是焦炭，不能直接燒煤。前天我們將馬鞍山煤煉出的焦炭進行化驗，結果證明不合格，馬鞍山的煤不能用。」

這可真是樁大事。辛辛苦苦開採出來的馬鞍山煤卻不能作用，而且直到這個時候才發覺，張之洞惱火起來：「當初大家都說可以，為何現在又用不得了？」

望着張之洞峻厲的目光，作為一個技術上的最高決策人，蔡錫勇覺得自己有不可推卸的責任。他語氣沉重地說：「這事卑職有責任。當初化驗時用的煤是早些年英國礦師提的存煤，幾項大的指標勉強合格。這一年來大量的煤是從另外的煤井出的，外表看來沒有區別，以為可以用，沒有提前再化驗，這是我的失職。」

這個問題可就大了。馬鞍山的煤不能用，今後怎麼辦呢，又用哪裏的煤呢？張之洞的心也立刻沉重起來。總結教訓，尋找出路是以後的事，當務之急是要應付俄皇太子。

「有補救的辦法嗎？」

「有。」蔡錫勇肯定地回答。「我已訪到上海碼頭上存有五千噸德國威斯伐利亞焦碳。這是世界上頂好的焦碳，開平煤礦的上等好煤都煉不出這樣的焦碳來。」

「那就趕快去將它全部買來！」張之洞斷然拍板。

「只是價格貴了點。」蔡錫勇嘴裏有點囁嚅。

「怎麼個貴法？」

「一噸焦碳，要二十兩銀子，與買一噸生鐵的價一樣。」

張之洞吃了一驚，如此說來，我還開甚麼鐵廠煉甚麼鐵，不如拿銀子直接去買鐵好了，今後若長期用二十兩銀子一噸的德國焦碳來煉鐵，豈不是白白地將朝廷銀子化為水，給天下人一個大笑話！這種事決不能長期做，但眼下救燃眉之急也只得這樣了。「那就先買一千噸吧，對付過這一次，以後再說。」

燃料的事算是解決了，蔡錫勇略微鬆一口氣。

「還有一件事，煉生鐵廠的高爐昨天檢查時，發現有一座爐子的爐底風口至爐身中部有一道半寸寬的裂縫。這道裂縫若不堵死，則不能使用。」

「有辦法可以堵死嗎？」

「有是有，但我們這裏不行，一是沒有這個技術，二是缺堵縫的材料。用電報與停泊在香港的利物浦廠運爐子的船聯繫，船上說他們有辦法。技師和材料都有，但至少要二十天後才能到達，不知來不來得及。」

張之洞說：「這不要緊，若來得及更好，來不及我就用一個爐子。有一個爐子出鐵，我也是竣工投產了。」

到底是總督，魄力宏闊，不像自己這樣拘泥，蔡錫勇放心了。

「香帥，這兩個月來卑職全副精力都用在鐵廠上，昨天陳念礽才告訴我，槍炮廠無論如何不能投產。」

「為甚麼？」張之洞又是一驚。

「江南製造局不願賣機器給我們，說多餘的機器一個都沒有。」

「這一定是李少荃在刁難！」張之洞憤憤地說。

槍炮廠本是訂的德國克虜伯廠的機器，但要明年春天才能交貨，趕不上迎接俄皇太子，於是張之洞臨時決定就近去上海，從江南製造局裏轉買。江南製造局是李鴻章在同治四年署理兩江總督時，在上海創辦的一家機器廠，後來逐步發展成為中國最大、設備最為齊全的軍工廠，專造槍炮子彈，廠裏的所有設備都是從英、美、德等國家買來的。張之洞估計勻一點出來給湖北沒問題。誰知他想得簡單了，機器是可以勻得出的，但他們不願意勻，因為他們不希望看到今後有一個強大的對手出來，與他們競爭，這正好比同市之賈一樣的心態。江南廠雖然一直與李鴻章關係密切，但這事他們並沒有請示李鴻章，由督辦本人作的決定。張之洞因為跟李鴻章不和，便懷疑他在作梗，其實錯怪了李鴻章。

「怎麼辦呢？」不管是誰在刁難，反正機器落空了，鐵政局的督辦很為此事心焦。

張之洞一時也沒辦法，說：「煉鋼廠的事，槍炮廠的事，這兩件事你就別操心了，我來處理。你現在趕緊買一千噸德國焦炭回來，再精選幾千噸好鐵礦，先在生鐵廠試煉兩次，只要生鐵廠能流出鐵水來，就算大成績了。」

「您說得對，是得先試驗試驗，這是頂重要的。」

「還有，」張之洞想起了一件事。「你安排栗殿先他們去做一件事，把鐵廠和槍炮廠的環境好好佈置一下，路要拓寬鋪平，買一些花草樹木來栽上。幾個主要的工廠廠房都要用石灰粉刷好，尤其是你們督辦、主辦那座樓更要裝飾好。此外還要佈置好一間寬大的接待室，以供客人休息談話，這間房子要豪華氣派些。」

「好。」蔡錫勇說着，正要起身，張之洞又想起一件事，說，「給鐵廠槍炮廠的四百員工每人做一件新褂子，到那一天都穿上。」

「需要這樣嗎？」蔡錫勇神色遲疑。「這要花一筆額外開支的。」

「多花點錢不要緊，顯示我們湖北鐵政局的氣概是最重要的。」張之洞拍了拍蔡錫勇的肩膀，得意地笑起來。

6 在愛國之情的鼓動下，鐵廠槍炮廠以高昂的熱情造假

金秋十月，是中國大地的收穫季節，也是一年中最為美好的時期。從南到北，到處一片果熟香飄，天碧水澄，尤其是地處荊楚要塞的武漢三鎮，告別了為期三四個月的難耐暑氣、滾滾熱流，人們如同從蒸籠熱鍋中掙脱出來似的，有一種喜獲新生的感覺。彷彿只有這個時候，才能有點心情來享受造化和歷史給這座名城的慷慨賜予。

武漢三鎮其實是有它的獨特魅力的，僅僅一條滔滔長江就給了它無限的蓬勃生機。在秋日碧淨如洗的天際下，江面顯得格外的寬闊壯觀。那是華夏之母博大豐厚的胸襟。江水東去，波光疊映，那流的是她的香甜乳汁。你看那龜蛇二山隔江相望，猶如兩個護江之神，兢兢業業，克盡職守，歷千秋萬代而不老。再看那禹王磯、黃鶴磯，更是兩座鎮江之寶，將河妖水怪壓在流沙之下，不讓它們興風作浪，保祐這一段河道良田受惠，舟旅無驚。

今天，三鎮江面上將要迎接來自歐洲的遠方貴賓。一大早，特使桑治平和總督衙門的代表梁敦彥率領着一批人馬，登上裝飾一新的購自英國的神女號艦艇，開出江漢關下游三十里處的白沙灣等候。

十時整，張之洞率領着湖北省撫藩臬三憲、各道府官員以及駐守湖北兩鎮的總兵副將等一批高級文

武，蟒袍鮮明、翎頂輝煌地來到漢陽門碼頭。文武官員們個個形容整肅，如臨祭祀一般，一改往日聚會時高聲大語誇誇其談的混亂，偶爾的交談也只是附着耳朵的竊竊私語。倒是張之洞神態自若，一副舉重若輕的大將風度。一切他都準備好了，該彌縫的也已彌縫了，正如技藝高超的伶人渴望在高規格場合中獻藝一樣，張之洞盼望的也正是在高規格人物的面前展示他的洋務政績。今日的中國是土不如洋。地方上的堂堂道府，不如一個傳教士；京師威風凜凜的軍機大臣，可以被西洋公使的一句脅迫之辭聽得兩腿發抖。毫無疑問，不久便要加冕的俄皇太子，正是眼下中國境內規格最高的洋人。鐵廠、槍炮廠讓此人來參觀，其影響程度甚至高過太后、皇上的駕臨。自認為湖廣地窄不足以供其迴旋的張之洞，是多麼希望能藉這次朝野矚目中外關心的機會，大展一下他的雄圖遠略。他笑着和坐在一旁的辜鴻銘聊天：「湯生，你沒有在俄國住過，俄國話是怎麼學來的？」

「我在愛丁堡大學讀書的時候，學校要求除英語外，還要修三門外國語，我就選修了拉丁語，希臘古語和俄語。有人說，你是中國人，漢語本身就是一種外語了，何必還要多修三門歐洲語。我說我喜歡語言，班上有幾個俄國同學用俄語交談，我聽起來挺有味的。」

這幾個月來，辜鴻銘為了做好這次接待的翻譯事宜，除了閱讀大量有關俄羅斯的文獻及俄國皇室資料外，還特別注意加強口語的溫習，盡能做到流暢準確，完美無憾。

「我們中國有很多方言，都不好懂，我做了五年粵督，還是聽不懂廣東話，外國也有方言嗎？假若這個皇太子說方言呢，你聽得懂嗎？」

辜鴻銘笑了起來，說：「這點外國跟我們中國也差不多。同一個國家，同一個民族，因地域不同，語音也會有區別，比如說美國南部的語言跟北部就有明顯的不同，但是不像我們國家方言之間的差距大。另外，他們也像我們中國一樣，有官場通語，有上流社會交際語言。就拿俄國來說吧，首都聖彼得堡的上流社會裏，便有一種他們習慣的言語聲調，你要進入上流社會圈，先得把那套語言語調學好，不然你一開口，就露了馬腳。別人會譏笑你是土包子，瞧不起你。至於在俄國宮廷，則以講法語為時髦。俄國皇室成員，法語都很好，這位俄國皇太子曾在巴黎求學五年，能說一口流利的正宗法語。」

張之洞感到奇怪：「他們為甚麼這樣抬高法語？」

「法語被公認為是世界上最嚴謹的語言，它的一個詞一個字就只能有一種解釋，沒有歧義。所以世界上兩個國家訂合約，除他們各自的文字外，還要有一份法文本作為共同的依據，萬一今後遇到分歧，則以法文本為準。」

「噢。」張之洞點點頭說，「訂合約用這種文字很好，但若用這種語言寫詩，則會變得單調。詩無達詁，一個字一句詩，包含的內容越多越好，若一百個讀詩的人，能得出一百種不同的感受來，那這一首詩就是最好的詩了。」

從外國的語言文字談到自己擅長的詩文，張之洞的興致大為高漲，對着旁邊一羣洗耳恭聽的高級官員，侃侃高談起來：「湯生，你讀過李商隱的無題詩嗎？那些詩真寫得好，濃豔綺麗，撲朔迷離。滄海月明珠有淚，藍田日暖玉生煙。湯生，你知道玉溪生這兩句詩要說的是甚麼嗎？」

「不太清楚。」在這樣一種場合下，張之洞居然還有如此閒心吟起李商隱的情詩來，辜鴻銘既為總督好整以暇的氣度所欽服，又深感詩文在其心中的份量之重。他心裏暗暗想：或許，舞文弄墨才是這位大帥的本色。

「所以，後人有『詩家都說西昆好，可惜無人作鄭箋』的歎息。過幾年我致仕回籍，不做別的事，專門來做玉溪生的箋釋。」

「大人做義山詩的箋釋，那將是詩壇上功德無量的事。卑職也最愛讀義山詩，到時我來給大人做助手。」王之春興致勃勃地插話，半是實話，半是討好。

張之洞聽了這話很高興，指着王之春對辜鴻銘說：「王藩台的詩寫得不錯，你今後可拜他為師學寫詩詞。」

當着眾人的面誇獎自己的詩才，王之春很為總督給他面子而感激，忙說：「論詩，自然是香帥獨步天下，無人可及的。湯生要學詩，還是拜香帥為師為好。」

辜鴻銘說：「我早想學詩了，只是沒有遇到好老師。藩台稱香帥獨步天下，香帥稱藩台詩寫得不錯，看來，二位大人都是詩壇射雕手。我今天當着眾位面，就拜二位大人為老師學詩詞，你們可不要推辭。」

說罷，起身，先向張之洞作了一個揖，又向王之春鞠了一躬。張之洞和王之春都快樂地大笑起來。因辜鴻銘這個舉動，原先拘束的氣氛一下子變得活躍起來，於是三三兩兩談詩談文談洋人。有一個見多識廣的巡撫衙門幕友便談起俄國皇室秘聞來，悄悄地告訴大家：百年前俄國有個女皇名叫葉卡捷琳娜，統治俄國三十多年，開疆拓土，功勞最大，她的面首成百上千，數都數不清，武則天跟她比起來，那是小巫見大巫。這些官員大都昧於外事，對海外一向孤陋寡聞。這俄國皇室的風流故事讓他們聽得津津有味，如同吃了西洋大餐似的一快朵頤，紛紛催促這個幕友再多講一些西洋宮廷豔史。正在這時，有人指着遠處江面說：「俄國皇太子來了！」漢陽門碼頭接官廳頓時安靜下來。

三艘軍艦從下游溯江而上，慢慢地越駛越近。人們看清楚了，在前面領航的是湖北的神女號，後面兩艘的船頭分別寫着保民、測海，那是南洋水師艦艇。前後兩艦的桅杆上高高飄揚着杏黃色的大清三角龍旗，中間保民號的桅杆上並列飄着兩面旗幟，除龍旗外，還有一面白藍紅三色旗，那是俄國的國旗。於是人們知道，俄皇太子是在這艘艦艇上。

長長的汽笛鳴叫聲中，神女號引導保民號、測海號緩緩地靠近漢陽門碼頭，張之洞站起身來，譚繼洵、王之春、陳寶箴也跟着起身。張之洞在前，其他三人在後，都邁着蹣跚的外八字步伐，踏過臨時鋪上紅地毯的跳板，走上保民號，辜鴻銘跟在張之洞的身旁。梁敦彥忙用英語對客人們說了幾句話，客人們立時起身，走出豪華氣派的特等艙。

張之洞這一舉動，是他的一時興起。原來的安排是：俄國皇太子在桑治平着梁敦彥的陪同下，由艦艇上下來，張之洞等人在碼頭上等候；當客人的腳一踏上碼頭時，主人立時迎上前去。不料，張之洞一時高興，竟然忘記了事先的約定，親自走上船來。

剛一登上保民號，張之洞便發現兩旁分別站着八個身著戎裝的高大洋人。他想到這很可能是俄國皇太子的衛士，一時間他不知道如何與這些衛士打招呼，再看這些衛士，也都面面相覷，神色緊張，一個個木樁似地立着。顯然，他們也不知上來的是甚麼人，該如何對待。

辜鴻銘見狀，忙向領頭的那位胸佩兩排勳章的人走去。他估計這是衛士長，用熟練的法語對此人說：「這是我們的最高統帥，你們應以迎接貴國元帥之禮對待。」

衞士長點頭，對着兩旁的衞士嘰哩咕哩高聲說了幾句。衞士長的話音剛落，全體衞士立時雙腳緊靠，發出一聲乾脆利落又整齊響亮的皮靴相碰聲，然後八隻右手同時舉到右臉太陽穴上。衞士長轉向張之洞，又嘰哩呱啦地說了幾句話。辜鴻銘小聲對張之洞說：「俄皇太子的衞士向大人行軍禮致敬，剛才說話的是衞士長。他說皇太子殿下衞士長四品武官伊萬諾夫向最高統帥報告，一切準備完畢，請最高統帥檢閱。大人您可以揮動右手對他們微笑致意！」

張之洞正在為局面的尷尬而犯難，不料辜鴻銘一句洋話便馬上解決了。他輕輕舉起右手，面帶微笑地揮動着，兩旁的俄國衞士筆立着紋絲不動，右手像被釘死在太陽穴上似的，目送張之洞一行緩緩走過。張之洞雖說做了七八年的制軍，多次檢閱過綠營兵士，但外國洋兵在他面前畢恭畢敬地舉手行禮，有生以來還是第一次。一種極大的自豪感滿足感油然而生，心裏不免對辜鴻銘湧出感激之情來：若不是他的臨機應變，何來這種榮耀！

此時，梁敦彥陪着客人已走了過來，雙方在相距一步距離的地方停下來。梁敦彥對身邊的一個洋人說了句英語，那洋人走出半步；張之洞估計此人是太子了，便也走出半步。梁敦彥介紹：「張大人，這人便是俄國皇太子尼古拉殿下。」

張之洞微笑着說：「歡迎皇太子殿下光臨，武漢三鎮篷蓽生輝。」

說話的同時，將客人仔細看了一眼。這位俄國皇太子大約二十五六歲年紀，身材足比張之洞高出一個頭，淡金色卷髮在陽光下閃閃發亮，皮膚白淨得比撲上粉的中國女人還要好看，高高的鼻樑上是一對灰亮的眼睛，合體的黑色西服中最為顯眼的是領下那根紅底黑條領帶，渾身上下透露出一股逼人的高貴之氣。中國制軍心裏暗暗喝起彩來。張之洞親眼見過成年的同治皇帝，若拿同治帝與眼前的俄國皇太子相比的話，除開那一身價值數萬兩銀子的龍袍要比他的西服華貴外，論長相，論氣概，不知要輸到那般田地去了。一剎那間，張之洞有一絲自卑的悲哀，但很快便過去了。

皇太子指着旁邊那個比他矮半個頭的人說了一句洋話，梁敦彥一愣，他聽不懂。梁敦彥只懂英語，剛才在船上彼此都是用英語交談，沒有障礙，現在見到張之洞，皇太子認為這是正式的外交活動開始了，遂改用俄國宮廷所視為高雅而正規的法語。見梁敦彥在一旁發呆，辜鴻銘輕輕地對張之洞說：「皇太子在介紹他的表弟。他表弟是希臘維德森公爵的兒子，名叫凡納。希臘公爵，相當於我國親王，您可叫他凡納世子。」

張之洞微笑着打招呼：「一路辛苦了，凡納世子，歡迎你！」

說話間也用心看了下這位希臘世子：年紀約為十六七歲，一頭火紅色的頭髮，一對藍色的眼睛，一臉尚未脫盡的稚氣，笑容中略帶靦腆。

當辜鴻銘用流利的法語翻譯的時候，尼古拉太子和凡納世子都用一種驚訝的眼神看着他。他們倒不是驚訝辜鴻銘的法語嫻熟，而是驚訝眼前的這個怪人：乍一看是個中國人，瓜皮小帽，長袍馬褂；細看又不像，眼睛灰藍，眼窩深陷，鼻樑高聳，皮膚雪白。兩個洋兄弟口裏不說，心裏都在嘀咕：這到底是個中國人，還是個西方人，張總督的身邊怎麼會有一個這樣的怪人？

「張制台，一向好嗎？」這時，從尼古拉太子後面突然走出一個人來，大大咧咧地對張之洞笑着打招呼。

張之洞看時，這人二十多歲年紀，五短身材，身穿一襲石青色單龍江水海牙親王服飾。他心裏一驚：這多半是滾單上所寫的肅親王，剛才一時怎麼忘記了他，沒有先打招呼，真是不應該！

桑治平忙介紹說：「這位是代表朝廷陪同俄皇太子的肅親王。」

張之洞忙向肅親王行大禮：「下官失禮了，請王爺海諒。」

肅親王哈哈笑道：「貴客遠道而來，自然應該先見客人。我一向於禮儀疏略，不必介意。」

這位年輕的肅親王名叫善耆。光緒七年張之洞離開京師時，他才十二三歲，是個終日不出王府門的讀書郎。張之洞不認識他，自是情理中事。肅王是滿人入關之時封的八大鐵帽子王之一，第一代肅王是太宗皇太極的長子豪格。傳到善耆這一代，已經是第八代了。善耆這個人官做得並不大，但在中國近現代史上還是一個頗有名氣的滿人，使他成名的是兩件事。一是二十年後，他在做民政部尚書時寬待謀殺攝政王的汪精衛，頗得革命黨的好感。二是他生了一個漢奸女兒川島芳子。此人以格格身份國色之姿而甘心認賊作父，充當日本間諜，幹盡了損害中華民族的壞事。據說抗戰勝利後，判川島芳子死刑，執刑者因她的絕頂美貌而心亂目眩，以至於忘記開槍。

此時的善耆雖貴為親王，但在王室中並無地位。他似乎也無從政野心，熱衷的是吃喝玩樂，尤是對皮黃戲感興趣。不僅喜歡聽，而且自己也能唱。他常邀一批名伶進王府唱戲，自己也粉墨登場，和伶人同台演出，稱兄道弟，並不擺王爺架子。俄國來的是太子，理應皇阿哥陪同，但大內至今尚無一個皇阿哥，只得從王府中遴選，二十六歲的善耆既是親王又愛玩無實際職守，自是最佳人選。

張之洞見過善耆後又將譚繼洵、王之春、陳寶箴介紹給客人，三人分別和客人打過招呼後又都拜見善耆，主客之間寒暄幾句後，張之洞便陪他們下船。在精心收拾好的驛館裏休息用過餐後，便按預定計劃參觀鐵廠和槍炮廠。

午後，神女號載着俄皇太子、希臘世子和肅王等人，由張之洞率領的湖北高級文武陪同，浩浩蕩蕩地橫渡長江，向着江北漢陽的龜山腳下駛去。剛剛靠近碼頭邊，一陣陣震耳欲聾的鞭炮聲，便從龜山腳下接連不斷地響起。隨即，一股股青灰色的硝煙向四面八方擴散，直衝山頂，很快，草叢樹木之間便瀰漫着霧似的煙氣。俄太子和希臘世子還是第一次看到如此壯觀的燃放鞭炮的場面，他們彷彿親臨炮聲隆隆的戰場似的，湧出一股強烈的新鮮感和刺激感。鞭炮聲剛過，鑼聲、鼓聲、鐃鈸聲又接着響了起來，咚咚聲、哐鏘聲有節奏地交錯着，彼伏此起，熱鬧歡快。俄皇太子望着這些頃刻之間便能把喜慶氣氛造得這等濃烈的中國樂器，極感興趣。就在這一片鬧騰中，張之洞陪着貴客們走下神女號，來到歡迎的人羣面前。鐵政局督辦蔡錫勇走上前來，用流暢的英語致歡迎詞，隨後按照西方的禮節，兩名可愛的小男孩向俄皇太子和希臘世子獻上鮮花。兩位洋王子十分高興，手捧鮮花向眾人揮舞。通往廠部的臨時用黃沙鋪平的大道旁，站立着三百名手持洋槍的大清士兵，他們正是張彪統率的督署親兵營。看着三百桿在陽光下閃着幽幽藍光的新式步槍，俄皇太子剛才的滿臉笑容頓時失去，不由自主地整了整領帶，小心翼翼地一步步邁着，直到走出兵戎隊後，才覺得一顆心平靜下來，又恢復先前的笑臉。

「尼古拉殿下，我們已經到了鐵廠的廠部。」張之洞不無自得地指了指前方。

當聽完辜鴻銘的法語翻譯後，俄皇太子開始掃射這一片他還在聖彼得堡皇宮裏，便得知的聞名世界的漢陽鐵廠。啊，真是個聞名不如親見，從小起便以貧困落後孱弱受欺的形象留在他腦海裏的古老中國，竟然會有這等氣勢雄偉的鋼鐵廠！

此時，十幾個巨大煙筒的頂部正黑煙衝天，一座座小山似的礦石邊，各種斗車正在忙忙碌碌地裝貨奔跑，大大小小高高低低的廠房裏不時傳來機器轟鳴聲。廠區內，一條條平整的馬路縱橫交錯，來來往往的員工人人身著統一的的工裝，並不在乎外國的皇儲在身邊走過，不露聲色地做着自己的事情。尼古拉太子四處掃射了一下，估計鐵廠的佔地面積不會小於二百公頃。他也曾在本國及歐洲其他國家看過不少工廠，從鐵廠的規模來說，在俄國可算是大工廠，在英法德等國中，也排得上中等偏大的位置。一邊走着，督辦蔡錫勇一邊給俄太子介紹：這是鉤釘廠，這是軋鋼廠，這是化驗室，這是抽水房，這是鋼軌廠，這是修理房，這是繪圖房，這是機器房。俄太子不停地點頭，開始還能記得幾個，到了後來，各種廠呀房呀在他腦子裏打混，最後連一個名詞也沒記下。至於希臘世子，他跟着表兄來中國，只是想看看風景，吃吃中國飯菜，對廠房機器，他一點興趣都沒有，一路上東張西望，根本就沒有聽蔡錫勇在說些甚麼。蔡錫勇帶着客人和主人一大幫子人馬，從這個廠房裏進，從那一個廠房裏出，但見座座廠房都在緊張地工作，機器隆隆，馬達聲聲，一派生產繁忙的模樣。蔡錫勇興致勃勃地一一介紹，張之洞是滿腔熱情地要向客人展示自己的政績，他們並不覺得太累，首先疲勞不堪的是譚繼洵。走了一半便發覺今天來鐵廠十分失策，幾次想不走了，找個地方歇歇，但他又是個拘於禮儀的人，這種場合下，那種舉動他又做不出，於是只好咬緊牙關，拖着兩隻如同灌了鉛塊的老腿，勉強跟着隊伍。再一個深覺勞累的是肅親王善耆。從小養尊處優長大的善者，出生以來沒有走過這麼多的路，更何況他的興趣只在演戲聽曲的玩樂上，做日常正經事，一點勁都提不起。這個機器那個廠房在他眼中，枯燥乏味至極，若按他的性子，早就要躺倒不走了，但作為朝廷的代表，他到底不好意思如此失禮，也只得硬着頭皮挺着。

穿過十幾間廠房車間後，來到了最主要的工廠——煉生鐵廠了。一走進廠房，兩個丈把高的洋鐵爐便矗立在眾人眼前，好像兩座烏黑的鐵塔，又好像兩個大肚子黑金剛，頓時把客人和主人都吸引住了。一個年輕人走過來，問蔡錫勇身邊的陳念礽：「可以出了嗎？」

「出。」陳念礽點了點頭。

那年輕人走過去，對着圍在兩個鐵爐旁邊的工人們一揮手，只聽見「哐啷」一聲，兩個鐵爐的肚子突然開了，露出兩個臉盆大的圓孔來。就在同時，兩股沸騰鐵水從鐵爐的肚子裏沖出來，直向爐子底座旁邊的兩個大鐵桶裏傾瀉。濺起無數火花，猶如點燃了衝天花炮，又像夏夜的繁星墜落人間。這兩股鐵水火紅火紅的，就像火燄山逃出的兩條赤龍，又如同老君八卦爐裏流出的兩道丹液，帶着巨大的熱量、灼人的光燄，直向周圍的人羣衝來，七八尺遠外的參觀者都受不了他們的強大壓力，情不自已地向後倒退。

俄皇太子為這兩條源源不斷的溶化鐵水鼓起掌來。本已疲憊不堪的譚繼洵和善耆見到奔流的鐵水後，也因高興而振作起來了。張之洞見兩個鐵爐首次展現在外人面前，便能有這種壯麗非凡的表演，心中十分得意。他自豪地告訴客人：「高爐一天一夜可出鐵水八次，日產生鐵五十噸，現在還在試產階段，再過段時期，日產量可達一百噸。」

「好，好！」俄皇太子頻頻點頭。「了不起，了不起！這樣的煉鐵廠有幾座？」

蔡錫勇說：「煉生鐵廠目前只有一座，設計有三座。每一座兩個高爐，第二座明年開工。第三座後年開工，全部建成後，日產生鐵五百噸。還有一個煉熟鐵廠，設計安裝攪煉爐二十座，分為五組，已安裝好的一組，今天也在煉鐵，我們過去看看。」

「煉鋼廠呢？」希臘世子突然插了一句話。在冶金領域裏，這位十七歲的世子要比他的表兄知識多些。他知道，生鐵、熟鐵與鋼是不同的，鐵廠的關鍵在於煉鋼廠。

真是哪壺不開提哪壺。對於這次參觀，鐵廠的心腹憂慮就在於煉鋼廠。鐵廠裏真正見成果，讓人看了喜悅的就是生鐵、熟鐵、煉鋼三個廠，因為它們都是滾滾紅流，可以造成一股奪目的氣勢。本來，鐵廠因另一個爐子出現裂縫，只有一個爐子可出鐵水，幸而從英國來的工匠在五天前趕到，將裂縫補上，於是有了今天的兩個爐子出鐵。熟鐵廠有一組攪煉爐可以工作，勉強能對付過去，但煉鋼廠是無論如何都不能投產，怎麼辦呢？萬一客人提出來要看，如何回答？若說煉鋼爐尚未裝好，作為一個以煉鋼為主要目標的鐵廠，這不等於說鐵廠尚未建成嗎？不以實相告，又如何糊弄過去呢？

在鐵廠這個有着三千員工的特大號工廠裏，如果說有本事能煉出鋼的人沒有幾個的話，那麼，玩花招變戲法弄虛作假的人卻多得很，並沒有費多大的力氣，辦法就出來了。

蔡錫勇指着相距三十多丈遠的一個廠房說，「鋼廠就在那兒，我們去看看吧！」

王之春不知內情，心想：不是說從英國買來的煉鋼爐還沒有安裝嗎，帶客人去看甚麼呢？

蔡錫勇帶路，善耆和張之洞等人簇擁着尼古拉太子和凡納世子來到鋼廠。一進廠房，眾人都覺得奇熱無比。原來，環繞着一個高大的顯得有點灰矇矇的煉鋼爐旁邊砌着十幾個洋磚爐子，每個爐子裏都燃燒着熊熊的焦碳火，爐口邊的焦碳都已燒得紅豔欲滴。那情景，彷彿當年后羿射下的紅日全都落到這些爐子裏來了似的。頃刻間，所有的人都汗如雨下，燠躁難耐。善耆是個虛胖子，此時裏衣全部汗濕透了，心裏在咒罵：這是個甚麼鬼地方，就像下了油鍋似的！譚繼洵已熱得口焦唇躁兩眼昏花，真恨不得立時走出這個煉獄。尼古拉和凡納也有點納悶：為何此處要擺這麼多火爐子，它們作甚麼用？思忖間，兩人身上早已大汗淋漓了。他們都穿着緊身的襯衣，繫着緊緊的領帶，外面的黑呢西服也都扣得整整齊齊。儘管熱得渾身極為難受，但身份和教養都不允許他們有絲毫解衣扇風狀，心裏卻巴望早點結束這個活受罪。

蔡錫勇微笑着對大家說：「很抱歉，這一爐鋼還要半個小時後才能出爐，請諸位稍稍等候。」善耆、譚繼洵等人聽了這話，心裏叫苦不迭，參觀的人羣中已有好幾個人忍不住這酷熱，走出廠房門。辜鴻銘把這句話翻譯給俄皇太子聽，太子的眉頭皺了起來，看了看他的表弟，那神態更為不安。他抬頭看了看火門，然後輕聲對辜鴻銘說：「這裏太熱，就不要等它出爐了吧！」

辜鴻銘一樣地熱得難耐，便藉此機會說：「那我們就出去吧！」

希臘世子巴不得這句話，忙說：「不看了，到外面去透透風。」

辜鴻銘走到張之洞的身邊，轉達兩位客人的意見。張之洞立刻滿臉笑容，高聲說：「應客人要求，我們現在出去透透風，半個小時後再來看鋼水出爐。」

眾人如同領得大赦令，從死亡線上獲得新生似的，紛紛走出鋼廠。一股秋風從漢水上颳過，穿過龜山的花木草叢，來到鐵廠，輕輕地撫摸着這羣中外參觀者。大家彷彿有生以來第一次享受這樣的快樂，第一次覺得涼風的可愛。

蔡錫勇趁熱打鐵，對兩位貴客說：「槍炮廠就在鐵廠的旁邊，我們去看看吧！」

從心裏來說，尼古拉、凡納不想再去看槍炮廠了，此刻他們最大的希望是洗澡換掉濕衣服，躺下休息休息。但這一內容是早就由他們自己提出的，又不好意思拒絕，便只得遵照安排，穿過鐵廠的右側門來到槍炮廠。

槍炮廠的佔地面積雖只有鐵廠的一半，但仍然是一個很大的工廠。這裏也有五六個高大的煙筒和十來個廠房，蔡錫勇依舊精神抖擻地一一向客人介紹：零件廠、子彈廠、運輸處、修理部……但包括兩位客人在內，所有的參觀者都已沒有剛才的興致了。

當蔡錫勇提出一一看時，尼古拉太子說：「只看看組裝成槍的那個廠吧！」

蔡錫勇說：「好，那我們去看看裝配廠。」

眾人於是徑直來到槍炮廠裏的最大廠房。一進廠房，便看到一排排嶄新的步槍擺在工作台上。蔡督辦指着槍支介紹，這些槍都是我們廠造的：這是仿造的英國毛瑟槍，這是仿造的德國克虜伯槍，這是仿造的英國波利槍。太子和世子既不是帶兵的將領，又不是做槍炮買賣的軍火商人，根本就不懂這個槍、那個槍的，只得胡亂點頭叫好。陳念礽在一旁用英語補充：「鐵廠大門兩旁衞士手中的槍，也全都是我們這個槍炮廠自己造的。」

尼古拉太子的眼睛睜得亮亮的，剛進門時那種肅殺的氣氛給他留下了很深的印象，憑直感，他覺得那些槍的殺傷力不小。他抬起頭來將車間前後左右看了一眼，車間裏擺了幾十座工作台，每座工作台上都擺滿各種槍上的零部件。穿着一色工裝的工人都在忙碌着，熟練地裝配槍支，「喀嚓、喀喳」的清脆響聲從各個角落裏傳來，把一個裝配車間弄得像演兵場樣的殺氣騰騰，隨時都會有刀出鞘、彈出膛的廝殺局面出現。

尼古拉太子心裏想：用不着再看了，這裏正在生產仿歐美各國的最新槍支，估計僅這個車間一天裝配一千支槍不成問題，若照此推算，年產量將有三十萬支以上，三年下來便足可以裝備一個國家的軍隊了。如此一想，年輕的俄國儲君不禁生出幾分敬畏之心來。

其實，這個洋太子完全被中國人給蒙了。

槍炮廠雖然建成了廠房、煙囪，安裝了不少機器，還有近一千號員工和十來個洋匠，但正經製造槍炮子彈的機器，是從英、美定購的還沒有運來，向江南製造局買又沒有買到，這些槍支子彈怎麼能生產得出來？儘管若干年後漢陽槍炮廠紅得發紫，曾經在一段相當長的時間裏成為中國第一號兵工廠，它所製造出的數以百萬計的漢陽造，二十年後成為反清革命志士手中的精良武器，四十年後又為抗日戰爭立下汗馬功勞，然而，在當時，它確實還只是有其名無其實。

今天展現在洋太子面前的這一切，全是湖北綠營的表演，這幕戲由已升為參將銜親兵營頭目張彪一手導演。他將親兵營三百五十名兵士全部派到槍炮廠。其中二百名士兵荷槍列隊迎接客人後，便分散在廠部各處巡羅站崗，一方面防備意外，確保安全，一方面也製造出一種凜然不可侵犯的氣氛，給俄皇太子一點精神上的壓力。另外一百五十名便全派到裝配車間。在駐防武漢三鎮的綠營處，張彪收集了二千桿新式步槍，一大半擺在廠門進口處做樣子，一小半被換上工裝的士兵拆開散在工作台，然後在客人來的時候，再一支支地裝上。這些士兵為此訓練了半個月，明知這是在弄虛作假，但在一種「滅敵人威風，長自己志氣」的宣傳鼓動下，一個個心中充滿着愛國的激情，彷彿大家所做的正是一樁捍衛國家尊嚴、打擊洋人囂張氣燄的莊嚴神聖的大事，與平日的虛假蒙騙有本質上的不同。

從槍炮廠出來後，尼古拉太子懷着很大的敬意，一本正經地對張之洞說：「總督先生，您所創辦的鋼鐵廠是亞洲的第一大鋼鐵企業，整個亞洲，再也找不出第二個這樣的工廠了，就是我們俄羅斯，甚至包括歐洲大陸，也很少有幾個在規模上能與此處相比的鋼鐵廠。一年多的時間裏能造成這樣大的鋼鐵廠，您毫無疑問創造了東方的奇跡。您是當之無愧的中國英雄，我佩服您，我要向世界宣揚您的成就。您的槍炮廠也很了不起，一年造出的武器可以裝備一個集團軍，三五年後貴國所有的軍人手裏拿的都將是您造出來的槍炮，您對中國的貢獻太大了！」

辜鴻銘把這些話一字不漏地翻譯出來。張之洞聽後無比興奮激動，一種揚眉吐氣、宏圖已繪的豪情勃然興起，嘴裏卻有節制地說到：「太子殿下誇獎了，無論鐵廠，還是槍炮廠，都還在剛剛起步的階段。太子殿下下次再來的時候，我們的事業將會更宏大，更興旺。」

第二天上午，由肅王善耆和藩司王之春及協理總文案梁敦彥等人陪同，客人遊覽了武漢三鎮的名勝風景。下午四時，以湖廣總督衙門名義所舉辦的盛大宴會在晴川閣舉行。

離鐵廠大約五里處的龜山東端，巨石突兀嶙峋，直劈長江波浪，這便是禹功磯。它上面的禹王祠、禹柏、岣嶁碑等，都是武漢三鎮有名的前人遺跡，尤其令人留連的是，此處佔盡山川之勝。風和日麗之時，登禹功磯，眺望對岸高聳的黃鶴樓、雄踞的黃鶴磯，眼中長江之水滔滔東去，一瀉千里，隨風起伏的波濤上白帆片片，江鷗點點，真令人心曠神怡，豪情滿懷。遠在明代，范仲淹的十一代孫范子箴出任漢陽太守時，便在禹功磯上建了一座二層樓房，四面皆空，設茶坊酒店於上層，刻唐賢宋人詩詞於楹柱，以利客人坐在桌上便可感受獵獵江風，極目楚天形勝。范太守極喜崔灝《登黃鶴樓》中的「晴川歷歷漢陽樹，芳草萋萋鸚鵡洲」句中的「晴川」二字，將此樓命名為晴川閣。得知俄皇太子要來武漢後，晴川閣便定為設宴之地，予以重新修繕。

此時，武漢三鎮罕見的盛宴已經擺開。首席上一張大圓桌，第一號客位坐的便是兩年後登上沙皇寶座的尼古拉太子，左手邊坐的是肅親王善耆。肅王既是接待尼古拉的主人，又是光臨武漢的貴賓。挨着善耆坐的是譚繼洵，以下王之春、陳寶箴、桑治平。第二號客位坐的是希臘世子凡納，凡納之下依次坐的是梁敦彥、蔡錫勇。與尼古拉對面相坐的是今日宴席的主人湖廣總督張之洞。為便於翻譯，辜鴻銘坐在在太子和世子之間。團團圓圓的席上，可謂客人尊貴，主人高雅，滿桌陪伴者盡皆三楚精英，華夏俊才。

今天上席的全是地道的鄂菜。這鄂菜雖不列中國的八大菜系，算不上名菜，卻也自有它的味道。突出的特色是味重色香，講究的是火候工夫，尤以煨湯名聞海內。湖北的煨湯用的是不上釉彩的黑土瓦罐，將要煨的新鮮食物洗淨，連冷水一道裝進瓦罐，水平罐口。先用猛火煮三滾，這時瓦罐的水溢出三成。再上各種調料平罐口，將罐口蓋好用石頭壓緊，然後再用溫火慢慢熬，一直熬到湯只有三成為止。此時，打開罐口，濃香撲鼻，倒出的湯鮮美可口，喝下肚去，渾身舒泰，留在嘴裏的餘香，三日不散。而且這種湯甚麼都可以煨，貴到山珍海味，賤到蘿蔔紅薯，一樣地都可以煨出超過原味三分的湯來。

今天，主人為客人精心選擇了四個煨湯：長江喜頭魚（即鯽魚。鯽與吉諧音，吉字乃喜字之頭，故稱喜頭魚），漢水甲魚，洪湖蓮藕，鄖陽木耳猴頭菌。尼古拉貴為俄皇太子，自小吃的是兩餐大菜，奶酪麵包。莫斯科凍牛肉，巴黎燒蝸牛，倫敦烤乳豬，羅馬大羊排，一直被他認為是世界上最好吃的名菜。今日喝了武漢的這四道煨湯，一口口香鮮美味直沁心脾，把他心中的四道名菜統統壓了下去，嘴裏不斷吐出他今上午剛學會的中國話：「好，好！」惹得眾人一齊開懷大笑。

凡納世子也將這些中國菜吃得津津有味。

辜鴻銘拿起桌上的酒壺，給兩位貴客斟上，然後對尼古拉說：「酒怎麼樣？好喝嗎？」

「好喝，好喝極了！」與所有的俄國男人一樣，尼古拉太子也十分愛喝酒，今天的酒和煨湯都令他覺得異常新鮮有味。

「比貴國的伏特加如何？」

「比伏特加要香醇，進口時的感覺也比伏特加要好。」尼古拉以行家的口吻答。

「俄國的伏特加不好喝。」希臘世子直爽地插話。「伏特加除酒性烈外，沒有別的味道。」

他朝着太子說：「我懷疑你們的伏特加就是白水兑酒精。」

尼古拉並不以凡納貶低伏特加為意，笑着說：「比起中國的酒來，伏特加是要差些，我這一路上喝的中國酒都比伏特加好。不過，我們俄國人喜歡喝伏特加，就是看中它的酒性烈，一瓶伏特加喝下肚，勇氣一下子就來了，甚麼事都敢做，死都不怕。」

辜鴻銘笑着說：「這就是酒的作用，我們中國自古就有烈酒壯起英雄膽的說法。」

尼古拉指着酒壺問：「這酒叫甚麼名字？」

「東坡萬壽春。」辜鴻銘答。「東坡就是中國古代的大詩人蘇東坡，他曾被貶在湖北黃州。他喜歡喝酒，也精通釀酒的技術，他把他的釀酒術轉給黃州百姓，世世代代黃州百姓都釀這種酒，為紀念他，取名為東坡萬壽春。」

尼古拉點點頭。他不懂中國文學史，也不知道蘇東坡是誰。

這時，一個妝扮俏麗的年輕女藝人，抱着一個琵琶走了上來。這是宴席上安排的一個內容，既請俄皇太子欣賞中國的藝術，也為酒宴助興。女藝人是湖北漢劇的名伶。湖北漢劇雖不是一個很大的劇種，卻是與眼下走紅京師的皮黃戲有着血緣聯繫。它是皮黃戲的源頭之一，腔調優美，很受江漢一帶百姓的喜歡。

女藝人向客人優雅地行了一個禮，然後坐下，輕輕地撥弄絲弦。清脆的過門調奏響後，晴川閣裏的所有雜言細語都停了下來。兩位歐洲貴賓還是第一次聽這種樂聲，覺得十分美妙動聽。女藝人開口唱了起來。歌喉甜潤柔美，歌曲婉轉多變，兩位客人都為之深深吸引，只可惜，他們聽不懂唱的是甚麼。女藝人退場後，尼古拉請辜鴻銘翻譯出來。

辜鴻銘説：「她唱的是用漢劇腔調譜的一首很有名的詩。詩的作者是一位神童，他在十三歲的時候寫出一篇很受人喜歡的文章。這首詩寫在這篇文章結尾處，這位神童在中國家喻戶曉，他的名字叫王勃。」

「王勃。」尼古拉用生硬的腔調模仿辜鴻銘的話。

從這兩個字裏，張之洞聽出剛才辜鴻銘是在給客人講敍王勃的事，他笑着說：「王勃的《滕王閣序》是靠一位神仙的幫助才得以問世的。滕王閣開宴席的前一天，王勃還在距南昌府七百里的江面上，根本無法趕到。夜裏馬當神吹來一股風，將他的船一夜之間送到南昌府。第二天上午，他如期到滕王閣，於是有了這篇美文和這首好詩。」

辜鴻銘忙把總督的這段話翻譯給尼古拉聽。尼古拉睜大着眼睛問：「真有這樣的事嗎？總督先生說的神仙真的有嗎？」

聽了辜鴻銘的翻譯，大家都哈哈笑起來。

善耆插話：「這個人太聰明，可惜，壽命不長。二十七歲那年坐船不小心，落水死了。」

辜鴻銘又把善耆的話翻譯給俄皇太子。

皇太子感慨地說：「我們俄國也有這樣一個詩歌寫得好的神童，他活得也不長，只有三十多歲。他不是落水而死的，他是因為夫人愛上了別人，他跟那人決鬥，被那人用子彈射死的。他的名字叫普希金。」

這回輪到在座的中國官員睜大了眼睛，一個個在心裏嘀咕：這是怎麼回事？自己的老婆偷了野漢子，反而還要跟野漢子決鬥，被他打死？這俄國怎麼就是這樣的怪風俗！這位神童普希金真是冤裏冤枉丟掉了一條命。把野漢子扭送官府法辦呀！或乾脆，休了她再娶一個呀！在咱們中國，這是再簡單不過的事了，決不會要把自己的命搭上。夷狄真是夷狄，一點禮儀都沒有！善耆、張之洞、譚繼洵等人都在心裏冷笑着。

「他在十四歲的時候寫出一首轟動俄國上層社會的名詩。」尼古拉太子懷着對俄羅斯詩歌的太陽無限崇敬的心情，情不自已地用俄語背誦起《皇村懷古》中名句來：

瀑布好似明珠串成的小河，
從亂石堆成的山包上瀉落，
水中的仙女在平靜的湖面濺起緩緩蕩漾開來的水波。
一座座宏偉的宮殿安靜肅穆，
一個個圓形的拱頂直聳雲霄。
地上神仙在此把逍遙歲月度過，
這裏是俄國雅典娜的神廟。

座上的中國人，包括精通英文的梁敦彥也聽不懂俄皇太子嘴裏唸的是甚麼，但從他專注虔誠的神態中可看出普希金及其詩歌在他心目中的地位。待辜鴻銘將它用中文翻譯出來之後，張之洞、王之春這兩位中國官場中的大詩人都很失望：這哪是詩，只不過一段有韻腳的話而已！

「太子殿下。」辜鴻銘用法語對尼古拉說，「這首詩是普希金的少年之作，此時的他尚不太懂世事，故而對葉卡捷林娜女皇備加崇敬，讚揚她為俄國的雅典娜。據我所知，成年以後的普希金，對葉卡捷林娜的豐功偉績卻不以為然，十年後，他再寫皇村的時候就只寫風景，不談歷史了。」

俄皇太子沒有想到，這位翻譯竟然對普希金有如此多的了解。他以三分驚奇七分挑戰的神態對辜鴻銘說：「看來，辜先生對普希金很有研究，不知你剛才說的十年後的皇村詩能記得一兩句嗎？」

「我可以全部背誦給你聽。」辜鴻銘得意地笑了笑，然後用純正的俄語背道：

美好的盛情與往日的歡樂的守護者啊，
哦，你啊，
槲樹林的歌者早就熟悉的保護神，
記憶啊，請你在我的面前描繪出那些我用心靈生活的迷人的地方，
還有那些我曾經熱愛過，我的感情在那兒發展成長的樹林，
在那兒，我們童年和最初的青春融合在一起，
在那兒，由於受到大自然和幻想的撫養，
我認識了詩歌、歡樂與寧靜……

「辜先生，請不要背下去了。你的俄語和你的記憶力都令我驚訝不已，佩服不已。你對普希金詩歌的熱愛，更讓我感激。普希金是我們俄羅斯的驕傲，我沒有料到在中國，能遇到一個普希金的熱愛者。你愛普希金，就是愛我們俄羅斯，我太謝謝您了。」

俄皇太子激動起來，話說得懇切而真摯，他的態度也讓辜鴻銘激動：一個懂得珍惜自己文化的民族，才是真正強大的民族！

太子用俄語說完這番話後，又伸出大拇指，用中國話說：「好，辜，好！」

張之洞等人從俄太子的神情和這三個中國字裏已聽出辜鴻銘和客人談得十分融洽，並且贏得了客人

的讚揚，這正是宴會所需要的氣氛。於是，他乘機舉起酒杯來，對客人說：「為了中國和貴國的友好，請太子殿下乾了這一杯。」

「好！」聽了辜鴻銘的翻譯，尼古拉一口把杯中的酒喝乾。

「吃菜，吃菜！」善耆拿起匙子給太子和世子各舀了一勺湯。

凡納悄悄地用希臘語對尼古拉說：「辜先生的法語和俄語都說得很好，不知他會不會說希臘話。」

誰知，這兩表兄弟的悄悄話讓正在斟酒的辜鴻銘聽到了，他立即改用希臘語笑着對凡納說：「我當年在愛丁堡大學讀書時，主修的是希臘文，法文和俄文還在其次。」

凡納大吃一驚，對辜鴻銘準確的希臘語很感意外。他不好意思地說：「辜先生，你真是語言奇才，一個中國人，能說這麼多歐洲語言，舉世少見。」

辜鴻銘繼續用希臘語說：「古希臘是歐洲文化的發源地，我研究歐洲文化，不能不懂希臘語，古希臘神話和荷馬史詩一直令我景仰。我雖說離開歐洲十年了，但荷馬史詩，我還能背誦一些。」

「真的？」希臘世子興奮地說，「那你背兩句《伊利亞特》給我聽聽。」

「行。」《伊利亞特》是荷馬史詩中的最重要的一首，辜鴻銘略微想了想，背道：

赫克托耳回答說：
保衛特路亞是我的職責，
有關戰爭的一切，

都是我份內的事，
如果我赫克托耳像懦夫一樣逃離戰場，
豈不要被特洛亞的英勇的兒子們和穿着長袍的婦女所恥笑。

「背得好，背得好！」凡納到底年紀小，快樂得竟然鼓起掌來。

眾人雖聽不懂希臘話，見辜鴻銘的一通洋話博得世子的掌聲，猜想他一定用卓越的表現獲得了客人的歡喜。希臘雖是小國，但他既是俄國的親戚，也就不能輕視，也不能排斥眼前的這個十多歲的貴族子弟，有執掌希臘王權的可能性。想到這裏，善耆帶頭，大家也輕輕地鼓了兩下掌。

尼古拉來中國一個月了，從北京到天津到上海，沿途與不少翻譯打過交道，像辜鴻銘這樣的語言天才和記憶大師，他還是第一次遇到。這個怪模怪樣的中西混血兒贏得了他發自內心的敬重，他從西服上衣口袋裏掏出一隻懷錶來，對辜鴻銘說：「很高興在中國遇到你這樣了不起的人才，我願與你交個朋友。這塊懷錶，是父皇所賜，送給你聊表我的誠意。」

說完雙手遞了過來。

這是一塊小酥餅大的鑲着名貴鑽石的瑞士懷錶，是瑞士國王送給尼古拉的父親亞歷山大三世的國禮。尼古拉二十歲生日時，亞歷山大三世將它送給了兒子。在夕陽的照耀下，這塊瑞士名錶閃爍着五彩寶石光，將在座所有人的目光都吸引過去了。

面對着這份價值昂貴的禮物，辜鴻銘猶豫了一下。回國近十年來，他深深感覺到中國的等級觀念遠過於西方，尤其是官場上。「官大一級壓死人」，這話是一點都不錯的。今天的這個官方宴席，論地位則肅王善耆最高，論實權則總督張之洞最大，這塊懷錶，送給他們倆人中任何一個都可以，卻不能送給他這個沒有品級的幕友翻譯。如果接下，便立即有失禮之過。但是，人家皇太子的一番誠意，又怎能不接受呢？辜鴻銘畢竟聰明，稍一猶豫，便接過來用法語說了聲「謝謝」，然後捧着懷錶來到張之洞的身邊，利用雙方都聽不懂的有利條件，對他說：「香帥，俄皇太子在上海時就聽說您是很有名的詩人，他又仰慕中國書法，現在他特為送這塊他父皇送給他的懷錶給您，希望您送給他一首親筆寫的詩。」

張之洞聽了辜鴻銘的這番話後，心裏為俄皇太子看重他的詩和書法而高興，便說：「我可以送他一首詩，但不必拿這麼高的代價來換。」

辜鴻銘正想再說兩句，善耆一把從他的手裏拿過懷錶說：「張大人，你不必客氣了，這塊懷錶是真正的皇家珍寶，多少銀子都換不來。他既然願意，你何樂不收下。」說着，仔仔細細地把玩起來。

和當時京中所有的王公貴族一樣，善耆也是個西洋鐘錶迷，家中英國的、法國的、德國的、瑞士的鐘錶堆了兩屋子，坐的、立的、掛的、大的、小的、圓的、方的，各種形式的都有，但這種正經八本的外國宮廷珍品卻沒有。他對這塊懷錶喜愛至極，只是礙於身份和客人的面子，不好意思問張之洞要。

張之洞已看出了善耆的心思。善耆既然喜歡，不如收下轉送給他，這種人跟他貼近親乎總是有用的，說不定哪天他就成了御前當差王大臣，也說不定哪天就成了軍機處領班，於是笑着說：「好，你跟跑堂的說一下，叫他們擺出一張桌子來，弄好筆墨紙硯，我今天就在晴川閣賦詩一首。」

辜鴻銘馬上把這個話翻譯給俄皇太子，又說總督先生的詩如何如何好，書法如何如何精妙，說得俄皇太子滿心歡喜。

一會兒，一切都準備停當。

聽說張大人要賦詩了，主席、陪席上的吃喝全部停下來，大家滿懷興致地要一睹這難得的盛況。

張之洞的確是個出色的詩人。他喜愛吟詠，也勤於吟詠，十二三歲時便能寫出很好的詩來，直到外放晉撫前三十年間，他寫過上千首詩。他景仰蘇東坡，詩文寫作也走的蘇氏路子。豪放灑脫，不過於斟字酌句，而注重整篇的氣勢雄健。他推重唐風宋骨的詩風，自己素日的創作則偏重於宋人風格，用字質實，造語渾重，用典精切，立意獨創。京師詩壇，從翁方綱開始，一直流行學人之詩，重肌理格調。張之洞的詩以厚重寬博的特色甚合學人味口，故最為官場士林看重，所作詩歌廣為傳誦。自出任山西巡撫後，政務繁忙，詩興索然，十多年間他一首詩都未寫過。有時，清夜捫心自問：一首詩文不作，哪裏是翰林出身者所為，豈不與軍功捐班同流了！一早醒來，盈尺簿書、煩雜錢穀又等着他去處理，中宵萌生的一點詩意立刻蕩然無存了。

此時，面對着雄闊壯美的三楚風光，想起洋務事業的初具規模，多年消失的詩情突然在張之洞胸中湧冒出來。吟一首吧，讓這位俄國的皇太子將它帶回俄國，帶到沙皇的宮廷中去，讓他們知道中國有一個張之洞，有一個正在做富國強兵實事的湖廣總督，從今以後，不能對中國有非份之想。是的，這詩非寫不可，這還不只是我張之洞個人的詩，這關係到中俄兩國之間的大事。想到此，他認為也應該為那位希臘世子寫一首，其意義也一樣的重大。他對王之春：「爵堂，我多年未做詩了，詩路枯窘，我會勉強湊出一首來，還有一位希臘貴客，不能冷落他，你就代我做一首送給他。我們一道來應付這個差事。」

王之春正要藉這個大場合展現一下他的詩才，遂滿口答應。

在大家殷殷期待的目光中，張之洞終於走到桌子邊，提起筆來。尼古拉太子、凡納世子忙過來觀看，善耆、譚繼洵、辜鴻銘等也圍了過來，只有王之春正在遙望長江西頭的那一輪血色落日，搜腸刮肚地構思着。

善耆很高興，不顧王爺之尊，一邊撫摸着手中的懷錶，一邊大聲唸着出現在宣紙上的詩句。

海西飛軑歷重瀛，儲貳祥鐘比德城。
日麗晴川開綺席，花明漢水迓霓旌。
壯遊雄覽三洲勝，嘉會歡聯兩國情，
從此敦槃傳盛事，江天萬里喜澄清。

張之洞剛收筆，王之春便得意地走過來說：「香帥，我的詩也出來了，也是一首七律，與香帥不謀而合。」

「好極了，你唸我寫。」

張之洞拿過另一張，隨着王之春抑揚頓挫的吟誦聲，紙上又現出張之洞一行行遒勁的書法來。

乘輿來搴楚畹芳，海天旌旆遠飛揚。
偶吟鸚鵡臨春水，同泛蒲桃對夜光。

玉樹兩邦聯肺腑，瑤華十部富縑緗。

停了一下，王之春接着唸：「漢南司馬展雄圖，多感停車問七襄。」

張之洞手中的筆停住，說：「八句詩句句都好，就是這『展雄圖』三字改一改，我都快花甲之年了，還展甚麼雄圖，雄圖讓你們後生輩來展吧。」

王之春說：「大人不老，正是大展雄圖的時候。」

張之洞搖了搖左手，右手下又現出兩行詩來。將王之春所吟的詩句作了小小的改動：

漢南司馬慚衰老，多感停車問七襄。

寫完後，又分別在兩首七律的左側寫上「贈俄國皇太子尼古拉殿下。」「贈希臘公爵世子凡納帳下。」

張之洞對兩位貴客說：「詩雖寫好了，但要裱糊才能懸掛。」

善耆忙說：「這事就交給我吧，我叫人裱好送給他們。」

張之洞藉機笑道：「那就有勞王爺大駕了，俄皇太子所贈的這塊懷錶，就請王爺笑納，算是我的借花獻佛。」

「好，這是你張制台的盛情，卻之不恭，我收了。」

善耆邊說邊將手中的錶放進衣袋裏。晴川閣內外，響起一片笑聲，中外貴客皆大歡喜。

7 江湖郎中從武當山帶來九截罕見的焦桐琴材

俄國皇儲尼古拉太子與希臘公爵凡納世子離開武漢不久，英國人辦的中文版《字林西報》，便以重要位置連續兩天報導俄皇太子一行在武漢三鎮參觀的情況，着重介紹了漢陽鐵廠和槍炮廠，稱讚漢陽鐵廠是亞洲第一大鋼鐵企業，又說漢陽兵工廠年產新式步槍三十萬支，而這些讚譽用的都是俄皇太子的原話。並隨文刊載了好幾幅工廠正在生產的實況照片，又詳細報導了晴川閣的盛宴，而且刊登張之洞贈送給兩位貴賓的詩。

《字林西報》是一家很有權威的報紙，西方各國公使對於中國的事情，一般不相信從北京發出的京報，認為那純是朝廷的御用工具，反而相信設在上海的《字林西報》，說它公正，不存政治偏見。因為洋人看得起，朝廷便跟着看得起。於是，這家外人辦的報紙，反而比中國人自己辦的報紙更有份量，說的話更算數，真令中國人尷尬難堪。不幸的是，這種現象竟然延續多年，成為近代中國諸多悲哀中的一個。

《字林西報》的這篇報導，特別是它對漢陽鐵廠、槍炮廠及其湖廣總督張之洞的讚揚，立即在海內海外朝野上下引起轟動。朝廷中過去有些人經常指謫張之洞好大喜功、揮霍糜費，現在也緘口不言了。支持他的人，遂藉機讚揚張之洞辦的是強國富民的實事，為國家爭了臉面，應當大力支持。這些人明顯佔了上風，戶部下文，允許張之洞從上交鹽課中截取八十萬兩銀子，用於鐵廠和槍炮廠的興建。英國、法國、德國駐漢口領事館都派人前來總督衙門，商談如何將本國的機器賣給湖北。英國領事館仗着辜鴻銘的那段往事明顯地佔了優勢。他們又主動提出低息借二百萬港元，以江漢關關稅作抵押，這無疑是雪中送炭的得力之着。

有了八十萬鹽課和二百萬洋款，張之洞真個是如虎添翼，藉長袖而起舞了。第一步，便是將籌措多年的織布局廠房興建起來。

早在兩廣總督任上，張之洞在籌辦鐵廠的同時就醞釀建廣東織布局，並擬以向闈賭商派捐的辦法來籌款，先一年派捐四十萬兩，第二年派捐五十六萬兩。銀子還沒有收上來，張之洞便奉調武昌。李瀚章不願辦鐵廠，也不想辦織布局，於是張之洞連鐵廠一起將織布局遷到武昌。

因為湖北經費緊張，必須仰仗廣東的銀子，於是張之洞與李瀚章商議，粵鄂共辦織布局，廣東省以九十六萬兩銀子捐款作為股份入局。但李瀚章對織布局能否贏利無信心，反覆磋商後同意拿出五十萬兩銀子入股。張之洞不得已在湖北東挪西借，又湊了三十萬，才將英國機器的訂購款付清，去年機器已運到武昌來了。但一則缺經費，二則忙於鐵廠、槍炮廠分不過心，於是這些機器便只好鎖進倉庫。這下好了，張之洞從中拿出五十萬兩銀子來，立即在武昌城文昌門外興建廠房。

接下來，張之洞便着手創建紡紗廠。湖北天門、潛江一帶歷來便是有名的產棉區，所產棉花量多質優。民間紡紗工藝粗糙費時，好棉花卻得不到好的使用。那年張謇、鄭觀應向張之洞建議，棉花是湖北一大財富，不利用太可惜了。現在織布局辦起了，棉紗便有了固定的銷路。用湖北的棉花紡湖北的紗，用湖北的紗織湖北的布，再將這些布疋向各省銷售。紡紗、織布兩局都贏了利，又可以補貼鐵廠和槍炮廠，還可以辦別的事，這是一條正經八本的生財致富之道。於是挨着織布局的旁邊，一座規模宏大的廠房又動工興建了。

這時，上海有個絲業巨商黃佐卿，看中了張之洞是個有氣魄辦實事的官員，他極想將已在江南開創並收效甚好的蠶絲事業，藉張之洞的權力在湖北發展，於是從上海來到武昌，提議與湖北合辦繅絲局：湖北官方出銀八萬両，他出銀二萬両，所得利潤同樣八二分成。張之洞欣然贊同。於是湖北繅絲局的廠房便在湖北水果湖旁邊也熱氣騰騰地興工了。黃佐卿又向張之洞建議，湖北苧蔴種植面廣，將這項資源開闢出來，也是一件利國利民的好事。張之洞也採納了他的建議，委託他派人去日本購造製蔴機器，物色技師，一待繅絲局建成投產後，便來全力籌建湖北製蔴局。

張之洞雄心勃勃，希望通過布、紗、絲、蔴四局的建立，在湖北形成一套用洋機器生產的紡織工業體系，既直接造福於湖北農人，方便全國百姓，又將開中國新式紡織風氣之先，使沿襲幾千年的手工織布，從農人家中走出來，變為大量生產的社會商品。

隨着洋務事業的蓬勃發展，張之洞越來越感到洋務人才的短缺。他和蔡錫勇等人商量，在鐵政局旁邊興建一所洋務學堂，取名自強學堂。聘請蔡錫勇兼任學堂總辦，以陳念礽為提調、梁敦彥為總教習，聘請所有從美國回歸的留學生為教習。自強學堂設方言、格致、算學、商務四科。以方言為基礎科，方言科以西文為主，分英文、法文、俄文、德文四門。

因為布、紗、絲、蔴四局的原材均來自鄉村，農學已成為一門必須講究的大學問，又因為鐵廠槍炮廠急需一批操作工，於是張之洞又相繼辦起湖北農務學堂和湖北工藝學堂。

這期間，煉鋼爐已安裝好，槍炮廠的機器也全部從美國、德國等國家運來，鐵廠和槍炮廠名副其實地投產運行了。

短短的一年多時間裏，湖北的重工業、輕工業從無到有勃然興起，新式學堂由少到多全面興辦，以漢陽鐵廠為代表的湖北洋務事業如一股大潮，衝擊着一向保守閉塞的荊楚官場士林、城鎮鄉村，引起各界震動，從而使得湖廣兩省風氣大變。它又如一道虹霓，閃耀着七彩光亮，高懸在江漢天穹，備受朝野內外、東西南北的矚目，成為時論輿情的熱點、府衙廛市的談資，或譽或毀，或慕或嫉。總之，都不能輕覷小看，更不能無視它的存在。

看着這一切，身任十餘年艱巨的張之洞心中泛起一股自得自慰之感，也就在這時，他突然有了一種疲倦感。

佩玉對丈夫說：「早該歇歇了，即便是一尊羅漢，這樣沒命的辛苦，也要鬧出病來的。趁着休閒的這些日子，把孩子們的大事給辦了。我看你，都把這事丟到腦背後去了吧！」

這怎麼可能呢？仁梃、準兒的母親都不在了，娶婦嫁女的大事，理應由他這個做父親的一手操持。早在徐致祥參劾案之前，他和佩玉就商量過小兒女的婚事。參劾風波平息後，張之洞正兒八經地將此事提出來，分頭與桑治平夫婦、準兒和念礽談起，令他欣慰的是大家都沒意見。

桑家夫婦喜歡仁梃是意料中事，連準兒都相中念礽的人品才學，不嫌他大自己十二歲，張之洞對女兒的擇人眼力甚是滿意。

於是張之洞和桑治平商量，決定先訂婚，兩年後再結婚，一則是四個年輕人中三個都尚小，過兩年正好，二則因為張之洞曾託付吳秋衣辦的事，還得過兩年才有消息。

原來，小兒女們訂婚的先一年，在吳秋衣離開武漢準備繼續漫遊天下的前夕，張之洞託老友為他尋覓幾塊好琴材。吳秋衣問他做甚麼用。他說準備幾張琴，今後兒子娶婦、女兒嫁人，不送銀錢，每人送一張琴。吳秋衣拍手笑道：「好個高雅的總督，這禮物再好不過了。」兩人約好，三年後的中秋節前再在武漢相會，吳秋衣一定設法帶幾塊好琴材來。

現在離三年約期只有兩個多月了，那個浪跡江湖的郎中還記得這件事嗎？無論吳秋衣返不返武漢，琴材有沒有覓到，今年秋季是一定要將小兒女們的大事辦了的。

就在中秋節的前幾天，歸元寺的小沙彌給總督衙門的大門送來了一封總督親啟的信。張之洞拆開信一看，原來是吳秋衣的親筆，說是三天前已重返武漢，現仍住在歸元寺裏，已覓到上等琴材，欲送上衙門，請定一個時間。

張之洞想，讓一個江湖郎中進衙門來找他總不太合適，便隨手寫了兩句話：定於明天傍晚在歸元寺會面，純是朋友晤談，萬不可驚動寺院僧眾。封好後交歸元寺的小沙彌帶回。

次日傍晚，身著便裝的張之洞與桑治平、大根三人悄悄地來到歸元寺。此時，三門已關，香客和遊人都已散去，喧囂浮躁也隨之被安寧清靜所代替。薄暮之中，鼓聲在沉沉地響着，依稀可見香爐中的餘燼尚在裊裊升騰。佛祖和他的朋輩及弟子們的金身塑像，在暮色蒼茫和靄靄香煙中，比起白日來更為神聖莊嚴。

鬧市中的歸元寺，大概只有這個時候，才真正像一座叢林禪院。四年前，監院上告方丈與知客僧合謀私賣龜山寺產的事，後來因為將趙茂昌與張之洞攪合在一起了，湖廣衙門也無人來追查，方丈聽到風聲後，便趕緊破土動工興建羅漢堂。

羅漢堂一動工，一則說明錢是用在正路上，二則眾僧的興趣便都轉到工程上去了，三則工程一開工，一天好幾百人吃飯，好酒好菜跟着進來，廚房熱氣騰騰的，全體僧人也都沾了油水。這樣一來，方丈和知客僧得到擁護，監院反倒孤立了。沒多久他便灰溜溜地一個人外出雲遊，至今未歸。三年後羅漢堂建成，但再無錢給五百羅漢塑像，只好將堂空着，以後有了錢再說。僧眾們看着這間空殿堂，也不再有甚麼意見，有人建議將殿堂收拾好，下雨下雪天，大家乾脆到這裏來活動活動，聚在一起聊聊天練練拳腳也好，於是眾皆擁護。羅漢堂就變成了和尚堂，泥菩薩暫時讓給活菩薩快活快活。

張之洞一行從西側門進寺院，經過空空的羅漢堂，來到雲水堂東邊的一間寬大禪房裏，吳秋衣早已打掃乾淨，燒好熱茶在等着他們。

「秋衣兄，你黑瘦多了，三年來走了不少的地方吧！」大家坐定後，張之洞笑着問。

「我是跋山涉水餐風宿露，面孔自然黑瘦。你做官當老爺，怎麼這幾年也黑瘦多了！」吳秋衣望着張之洞，爽朗地笑起來。

張之洞說：「我這個官老爺做得決不比你這個郎中輕鬆，又要煩心費神，又要視察各個局廠，怎麼不黑瘦？」

桑治平說：「做官比做雲遊客難多了，秋衣兄雖然膚體黑瘦，但頭髮卻沒有白。你看張大人，都已經鬚髮如銀了。」

「哎！」吳秋衣歎了一口氣。「像他這樣的官自然難做。不過話說回來，普天之下，又有幾個張香濤？你看官場上的那些大小角色們，哪個不養得白白胖胖的，五六十歲的人，烏紗帽下的辮兒一根根油光水滑的，香濤你也是自找苦吃呀！」

「不說這些了。」張之洞是個倔強人，不高興聽這種洩氣話。「秋衣兄，說說你這幾年的經歷吧。你的上等琴材是哪裏尋到的。」

「我把琴材先拿給你看吧！」

「過會兒吧！」張之洞不想讓吳秋衣覺得他到歸元寺，就是衝着琴材而來的；他來這裏主要是看老朋友，聽老朋友說話的。「我們好好聊聊，過會兒再看。」

「好吧！」

靜寂的歸元寺雲會堂禪房裏，昏暗閃爍的豆油燈下，吳秋衣對老朋友敍說這三年來的經歷。他略去了許多尋山問道的細節，着重講訪古拓碑尋覓琴材的過程。

吳秋衣那年離開武漢後，順着長江東下，沿途的名山勝水、文物古蹟耗去了他半年的光景。次年早春，他從江寧登岸，一路北上，輾轉來到京師。在廣安門內白雲觀住了四五個月，然後離開京師南下。今年初，他從南陽臥龍崗走出，穿過鄧州境內的豫鄂交界口孟家樓，返回湖北境內，來到他嚮往已久的著名道教勝地武當山。

武當山方圓八百里，是華夏名山之一。它以七十二峯、二十四澗、十一洞、十池、九井、三潭聞名海內，尤其令道人們神往的是，此地有歷代道教名人活動的遺蹟和眾多建築宏大的道觀。相傳漢代的陽長生、唐代的呂洞賓、五代的陳摶、宋代的寂然子、明代的張三丰都曾在這裏修煉過。

特別有趣的是此處還有聞名天下的武當派拳術。修煉者以靜坐為主，然久坐血脈必不暢通，對身體不利，必須輔之以拳腳活動，又因為身居深山荒野，防盜防獸都要靠自己，於是以強身健骨、護衛僧寺為主要目的的武術操練便在各大佛寺道觀裏開展起來。出家人心裏寧靜，且無家室之累，做事比世俗易於專精，故此中常出高手。積數百年之功，佛道兩家在拳術上各自冒出一個尖峯，這就是佛家的少林派和道家的武當派。

少林拳以陽剛勁健為風格，代表北人的豪氣，武當拳以柔韌綿致為特色，體現了南人的靈氣，各有所長，難分軒輊。少林、武當不僅在方外領了風騷，更在俗世武林中壓倒各路豪傑，成為習武者的聖地。

但吳秋衣不習拳，他來武當山不是為了學武當拳，而是來感受這塊道教勝地的神聖氛圍。當年他在青城山建福宮坐觀的時候，武當山有一個中年道人名叫幻化子來到四川，在建福宮住了兩個月，與吳秋衣很是投緣，吳秋衣還陪他一道遊了峨眉山，據說現在已經做了紫霄宮的道長了。看望幻化子，敍敍別情，也是吳秋衣武當山之行的重要目的。

紫霄宮在天柱峯東北展旗峯下，是武當山諸宮觀中規模最為宏大的一座。它依山而建，層層崇台上修築大小殿堂樓宇二三十餘處。中心建築紫霄殿面闊五間，重檐九脊，翠瓦丹牆，樑柱之上，遍繪彩畫。殿頂藻井，赫然浮雕二龍戲珠。殿前平台寬闊，楹柱高大。殿內供奉玉皇大帝及真武、靈官諸神。整個宮殿氣勢宏偉，富麗堂皇。吳秋衣沒有想到此等大山深溝之中竟有如此殿堂，把它比之如人間仙境，實不為過。

主掌紫霄宮的幻化子見故人千里迢迢來看他，喜出望外，異常熱情地接待他。二人各自講敘這十多年來的情況，議論人世種種煩惱，暢談方外無盡玄妙，心中都非常喜悅。幻化子陪同老友踏遍武當的峯巒洞澗，領略造化賦予此地的神工鬼斧，不知不覺兩個月便一溜煙過去了。

吳秋衣想起張之洞的所託，兩年多的南北雲遊，直到現在還並沒有發現了一塊好琴材。再過三個月便是中秋約期了，如何向故人交待呢？吳秋衣心裏不免有點焦急。

他想武當山乃是神山，這裏一定長有上等好材，倘若此處都尋不到，天下還有哪個更好的地方呢？於是，從第二天開始，吳秋衣遊武當，就不再以欣賞山水道觀為主，而是以尋找良材好木為目的。

武當山的樹木，儘管多得無數，但二十多天過去了，吳秋衣並沒有發現特別奇特的適於做古琴的樹木。吳秋衣只得求助於老友。紫霄宮主聽了他的話，面色頓時凝重起來，他指責老朋友不應該插手政事，尤其不應該與這種達官貴人深交。官民之間有一道不可逾越的鴻溝，達官與布衣決不可能有真正的友誼。他不會把你當作真朋友，你也決不可視他為知己。至於江湖，則更是自成一個世界，與官場其實是水火不相容的。吳秋衣明白幻化子的心思，只說了一句張之洞與通常的庸俗官吏不同後即不作更多的解釋。他說重然諾講信義，乃我輩立身之道，話既已說出口，不能不努力去辦。

幻化子贊同他這一句話，想了想對他說，天柱峯北麓，在金鎖峯與磨針澗之間有一塊平坡地。唐代貞觀年間，均州太守姚簡祈雨於武當山。祈禱完畢，五條墨龍從天而降，霎時大雨傾盆，足足下了一個時辰，均州方圓百里內旱情頓消，這一年五穀豐登人歡馬叫。姚太守感激龍王爺恩德，在平坡地上建一祠堂，取名五龍祠。並在祠堂後院種下十幾株梧桐樹。

到了宋真宗大中祥符年間，此地又遭遇百年一遇的大旱。掌祠的上乙真人應四方鄉民之請，焚表哀告上天，求五龍再顯，為民造福。黃表剛焚完，五條黑龍再次降臨此地，興風作雨化除旱象，萬眾歡呼之餘，驚訝天神的靈驗。然更為令人驚訝的是，第二天清晨，正當旭日東升之時，有五隻彩鳳從天際飛來，落在後院梧桐樹上，約停了半個時辰後才飛走。上乙真人感激龍鳳呈祥，遂將五龍祠改名五龍靈應觀。

元至正十年，又見彩鳳降落梧林。掌觀三清道長奏報朝廷，惠宗皇帝加封此觀為大五龍靈應萬壽宮。明代永樂十一年，彩鳳第三次降落，成祖親自為此觀賜興聖五龍宮。自那以後到現在四百多年過去了，再沒有見過五龍下降、彩鳳棲梧的奇觀。吳秋衣甚為驚詫，真有這樣的事嗎？幻化子拿出一冊陳舊的《武當山志》來，果然上面都記載得清清楚楚。吳秋衣相信了。梧桐為製琴良木，但梧桐樹到處都有，若不是格外的奇異，則未見得可造超凡絕倫的美琴。五龍宮的梧桐曾引來過鳳凰，想必不是凡種。

次日一早，幻化子陪同吳秋衣來到天柱峯北麓，在五龍宮後果見一片梧桐。時正仲夏，但見梧桐樹棵棵幹挺枝秀，葉片碩大碧綠，高大的三丈有餘直插青天，稚嫩矮小的幼樹也不少，枝葉之間，時聞各種鳥雀的歡快叫聲，給靜寂的武當山增添許多生命的機趣。但偌大一片梧桐林，何木曾棲彩鳳凰？前代鳳凰落腳處，至今安在否？面對着滿眼有過不凡傳聞的良木，吳秋衣又不知所措起來。

幻化子說，再住個把月，靜待祖師爺的旨意吧！吳秋衣瞪大眼睛望着老友，迷惑不解，但他還是安心住下來。這一天半夜，天柱峯一帶突然電閃雷鳴，狂風大作。幻化子和吳秋衣均被驚醒，他們走出房間，站在屋檐下觀看天色。一會兒，他們看見北麓五龍宮附近火光沖天，藉助偶爾的閃電，還可見團團升起的濃煙。幻化子說，一定是雷劈了老樹，說不定這場雷火燒在梧桐林上，你的琴材可以定了。吳秋衣雖覺得有點玄乎，卻實在喜歡這種與夜半驚雷聯繫在一起的選材經歷。

天亮時，雨停了，吳秋衣和幻化子便急急跑到五龍宮梧桐樹林邊。果然，昨夜的天火燒在這裏，幾株特別高大出眾的梧桐遭此慘禍，被燒得渾身烏黑，令人心痛。幻化子繞着樹林四處尋找。一會兒，他拉着吳秋衣的手說，你跟我來。吳秋衣跟着他走了幾十步，眼前出現一棵特別粗壯勁挺的梧桐。吳秋衣這時才發現，滿坡桐林，似乎就數這棵最為偉岸。幻化子指着樹梢頭說，你看那上面。吳秋衣抬頭望時，只見這株梧桐的梢頂往下，約有三分之一的樹幹被燒焦，眼下正冒着絲絲青煙，而下部三分之二的樹幹卻完好無損。幻化子興奮地說，要找的琴材就是這棵，這真是絕妙好樹，可遇而不可求，這就是祖師的旨意。

吳秋衣望着這棵樹梢被燒的梧桐，忽然間大悟過來，驚奇地說，這不就是焦桐嗎？真正是老祖的恩賜！吳秋衣說的焦桐，源於《後漢書》上一則有趣的典故。當年，妙識琴理的東漢名臣蔡邕在吳地遊覽，夜宿一農人家，見他家的灶火特別旺烈，木柴的炸裂聲又非常動聽。蔡邕趕緊將灶中的木柴抽出來，原來是一根老桐木，忙將另一頭正燃着的火熄滅，請人將此桐幹製成一張古琴，果然音色出奇的美妙。而這張琴的尾部尚有焦紋，蔡邕將此琴命名為焦尾琴。

幻化子說，此木生在武當山上，得歷代祖師之靈氣，曾棲鳳凰，現又被天火燒焦一部分，真是天底下難遇難求的絕好琴材。幻化子叫來幾個火工道人，將此木從根部鋸下扛到紫霄殿。幻化子諦視良久說，此木高大，可裁成九截，製琴九張。我本想留下幾把，但看來這是上天專為張之洞安排的，我不能冒領。整木不好搬移，就在這裏裁好。我打發個徒兒，背着送到穀城。到穀城後，再僱一隻船沿着漢水南下，半個月可到漢陽。

「哎呀，秋衣兄，你竟然給我帶來了如此焦桐木，快拿出來讓我們開開眼界。」張之洞聽到這裏，實在按捺不住滿腹的好奇心，打斷了江湖郎中的長篇敍說。

「好，好。」吳秋衣笑吟吟地答應着，從裏屋搬出九塊長約四尺，寬約八寸，厚約三寸的木板來。

張之洞和桑治平、大根都圍過來，一人拿起一塊細細地看了起來。桐木塊略帶褐黃色，木質細密，紋路清晰。桑治平雖不是操琴高手，卻也喜歡琴瑟管弦，他用手指頭叩了叩木板，立時發出一種幽深綿渺的聲音來。他又聞了聞，除開一股淡淡的桐香外，果真有一絲兒焦味，看來這位吳郎中沒有說假話。他對張之洞說：「這確實是製琴的極品桐木，尋常不易得到。」

張之洞對這幾塊木材也非常滿意，笑着對吳秋衣說：「你的這位道友也知道蔡邕焦尾琴的典故，可見他讀過《後漢書》。一個方外人能喜讀史書，確乎難得。」

吳秋衣說：「幻化子雖是道長，卻酷愛讀書，除道家典籍外，史書、詩文雜集他都愛讀。每隔三年則外出雲遊半年，雖不插手俗世，但天下大事、民生疾苦都瞭如指掌。」

桑治平感歎地說：「這才是真正的得道者。老聃、莊周，表面上看都是韜光養晦，遁跡山林，其實心裏一刻也沒有忘記人世間的生老病死、憂愁疾苦。老聃說民之飢，以其上食稅之多也。這話說得有多中肯綮！紫霄宮主得道家真諦。」

吳秋衣笑道：「桑先生真是幻化子的知音。實不相瞞，他雖在武當修道，但也是香濤兄的治下，他對香濤兄這幾年總督湖廣的情況也很清楚。他這次除送香濤兄九截異桐外，還為你未來的九張琴命了名。」

「有這事？」張之洞顯然很高興。「你將這些名字都告訴我。」

吳秋衣說：「幻化子依次將九張琴命名為：澄懷觀道、山水清音、蘭馨蕙暢、窈窕深渺、仙露明珠、惠風和暢、鶴鳴九皋、澹泊明志、天下和平。」

吳秋衣每唸一個名字，張之洞便點點頭，心裏已將名字記下來了。九張琴名唸完，桑治平微笑着說：「有意思，紫霄宮主學問不淺！」

吳秋衣說：「幻化子對我講，張制台是大學問家，為他的琴取名，有班門弄斧之嫌。幻化子也不過是玩玩而已，並不是要香濤兄就採納。」

「我全都採納。」張之洞說，「這名字取得有多好，既深得樂理之妙，又一派仙家風味，我哪裏想得出！只是我得把它的次序調換一下。」

「怎麼個調換法？」吳秋衣問。

「你的朋友是道家中人，他把澄懷觀道當作第一要務可以理解。但第一號琴我將自己留下，並傳之張氏長房。我張氏世受國恩，當和國家休戚與共，和百姓命運相連，所以我得將原排第九的天下和平與澄懷觀道對調。你有機會的話，可將我的這番意思轉給你的老友，望他諒解。」

「幻化子本是戲言！你卻如此認真，我想他不但會諒解，而且會感激。」

桑治平也說：「這樣調換一下最好。其實，無論是道家還是佛家和儒家，最終的目的都是為了天下蒼生百姓，天下太平是老百姓的最大願望。以牧民為職責的一方疆吏，更是應該時刻把這一點放在心上。香濤兄這一調換，正體現社稷之臣的本色。」

張之洞笑說：「你的這位武當山長也不是一個庸常的出家人，他既對世事人生一切了然，也跟你說了些甚麼心腹話嗎？揀幾條可以對我們俗人說說的，說出來聽聽，也好得點啟示。」

桑治平想起過去作為一個局外人常有許多看法，這十年來置身事內，反而顯得遲鈍了，便說：「當局者迷，旁觀者清，吳郎中，你和紫霄宮主都是局外人，一定會有不少真知灼見，說說吧！」

吳秋衣想了想說：「世俗間認可的正事談得少，我和幻化子談道典、談山水較多，偶爾也閒扯過幾句。給我印象深的，是他說過這樣一些話。」

張之洞和桑治平都認真地聽着。

「他有次說這幾十年來，國家的元氣虧損很大。一虧於洋人的入侵，二虧於長毛和捻子的作亂。這還不是主要的，主要的是虧於吏治的腐敗。朝野內外的大小官員十之八九為自己的私利，為社稷蒼生着想的不到十分之一，國家的各級權柄都在這些人的手裏，這個國家的元氣還不虧嗎？」

張之洞不由自主地點了點頭。這話雖不中聽，但說的是實情。他不得不佩服這個方外人眼光的冷峻尖利。

「還說了一些，但那些話我估計你不能聽，所以我也不說了。」

甚麼話不能聽？這句話反而刺激了這個一向好強的總督大人，他偏要聽聽：「你說吧，沒有我不能聽的話。」

「好，那我就說了。我有言在先，你可不能怪我。」吳秋衣略停片刻後說，「幻化子說，大清的朝廷可能保不久了。」

張之洞下意識地打了一個冷顫，這可真是大逆不道的話，怪不得他不肯說，但既已開了口，還是讓他說明白。

張之洞不露聲色地說：「他有甚麼根據呢？是觀天象嗎？」

「不是天象是人事。」吳秋衣平靜地說，「胡騎憑陵，內亂頻仍，官吏腐敗，民不聊生，這些都不說了，他只說兩件事。」

深夜的歸元寺雲會堂禪房，死一般的寂靜。

「第一件，辛酉年英法軍隊打進北京，咸豐帝離京出逃，結果死在熱河行宮。自古君王離京師出逃，乃國之大不祥，何況還死在外邊。這不是亡國之兆是甚麼？」

張之洞和桑治平彼此對望了一眼，都不能說甚麼。是的，他們又能說甚麼呢？這是三尺童子都知道的事，只是誰都沒有將它與「亡國」聯在一起來思考罷了。

「第二件，同治帝未及弱冠而崩，沒有留下一男半女。今上大婚四五年了，也沒見生下一男半女。從開國以來直到道光帝，哪一朝的主子不是在這個時候已子女成羣了？皇嗣式微，正是國家式微的象徵。」

這也是明擺着的事情，只是人們都不從這方面去想罷了。

其實，世界上許多事理，稍微往深層去多想一想，就會大不一樣。珠寶很可能只是被一層淺淺的土灰所掩蓋，稍稍動下手，或許就能得到；但人們習慣於常規常情，就是不願意去撥開這層土灰。真的是天不祐大清嗎？張之洞突然感到一絲恐懼。

桑治平問：「他還說了些甚麼？」

吳秋衣望着張之洞說：「他也說到了你。對這些年在湖北辦的大事業也頗有微辭，你想聽嗎？」

「怎麼不想聽？」張之洞打起精神來說，「兼聽則明，順耳逆耳的話都要聽。」

「幻化子說，張制台這幾年在湖北確實辛苦，又是辦局廠、又是辦學堂，從洋人那裏引來了許多新名堂。張制台用心當然好，想讓中國跟洋人一樣地富強起來，只不過恐怕是竹籃打水一場空。」

吳秋衣看了一眼張之洞，見他眉頭皺得緊緊的，知他心裏不高興，但吳秋衣還是覺得應該叫他清醒清醒，不要讓腦子熱得發了昏。

「幻化子說，張制台可能認為引來的是洋藥，能讓中國祛病補神，但在我看來，或許不是洋藥，只是洋服而已。穿起這套洋服，粗看起來跟洋人一樣的體面了，風光了，但經不得細看；細細一看，洋服裏面原來是個病入膏肓、骨瘦如柴的人。若是痼疾不根治，再好看的洋服穿在身上也精神不起來。所以幻化子說，中國寄希望於張制台的，最關鍵之處不在辛苦辦局廠辦學堂，而是在想辦法根除中國積澱已久的沉疴。幻化子以為除中國之病的良藥當在變法。若張制台藉助自己崇高的聲望和地位，能輔佐皇上來一番大變法的話，中國或許能有一線希望。如此，張制台於中國的貢獻，則要遠過於辦洋務。」

幻化子把局廠學堂比作洋服，很令張之洞不舒服，但聽下去，也覺得那位武當山道長的話不無道理。鐵廠也好，自強學堂也好，畢竟是一枝一葉的事，律令法規才是國家的根本。根本不變，枝葉再好，也不足以改變全局，但變法是何等重大的事情，豈可輕易言之！在中國的史冊上，變法總是與殺頭流血、放逐充軍、身敗名裂等等苦難悲慘聯繫在一起。紫霄宮的道士可以高談療疾、放言變法，武昌城裏的疆吏哪能隨便言及此等事情？

但是，幻化子的這幾句話也開啟了張之洞的心扉：中國積弊已久，元氣傷盡，欲圖富強，的確不能只靠洋務一途，是得從根本大計上去考慮。然一動根本，又談何容易啊！

他起身對吳秋衣說：「夜深了，我得回去了。謝謝你和幻化子給我尋到這樣好的焦木，還得謝謝幻化子的這一番旁觀之言。你這次在歸元寺多住段時期，下個月小兒女婚嫁，若不嫌棄的話，我請你過去喝杯淡酒。」

吳秋衣忙說：「這是府上的大事，我自當前去祝賀。」

第六章 署理兩江

1 亙古未有的中西合璧婚禮，在湖廣總督衙門裏舉行

九九重陽節這一天，是張之洞和桑治平商定好為兩對小兒女：仁梃和桑燕、念礽和準兒的大喜日子。張之洞不想因兒女的婚慶驚動武漢三鎮的官場，更不想看到官場上常見的情形，即藉辦喜喪大量收取別人的賀禮的事出現。他一向以廉潔自律，如今身為湖廣之主，更要為官場立一榜樣。他和桑治平都主張一切從簡，不邀請三鎮任何官吏，就連總督衙門裏面的官吏們也不請，為了表示對幕友的尊重和感謝，決定破例為督署全體幕友擺三桌，其中兩桌是洋務幕友，但有一條規定，不得送一文錢的禮物。幕友們領下總督的情，但又覺如此太過份，便委託鐵政局總辦蔡錫勇前去轉述他們的意見。

蔡錫勇對張之洞說：「二公子成親，大小姐出閣，兩台喜事一起做，這真是總督衙門難逢難遇的大事。各位幕友能躬逢盛典，又蒙特為賞臉宴請，眾人都倍覺榮光。大人不收賀禮，以身作則，杜絕官場時下流行的不正之風，幕友們都很能理解且極為讚賞。只是幕友們既吃喜酒，卻一文錢禮物都不出，於情理太相悖。大家說，總督這樣規定，我們都不好意思去吃喜宴了。」

張之洞說：「雖說是喜宴，我其實是藉這個機會表示對大家的謝意。各位幕友多年跟隨我，不嫌我的粗疏不周，也不嫌衙門薪少事煩，實在難得。」

蔡錫勇說：「梁崧生有個主意，他說念礽在美國多年，對美國人結婚儀式的莊重簡樸很稱讚，尤其稱讚他們在婚典上互贈戒指、彼此祝福這一節。崧生說，二公子和大小姐的婚典上不如加上一個洋程序：互換戒指，當着父母和眾位親友的面說一句表白的話。這兩對戒指便由我們全體幕友出。四個戒指，二十多個幕友，攤下去，一人攤不上一兩。這實在不能算禮物，只是藉此表示個意思，造出個氣氛而已。香帥看如何？」

張之洞說：「西洋人這個儀式好，又簡單，又意義深遠，我很欣賞。接受各位幕友的建議，加上這個洋程序，四個戒指的禮物我也接了。我們都沒有見過洋人的婚禮，送戒指時要講些甚麼話，你得先擬好。」

張之洞欣然接受大家的主意，這種從善如流的氣度令蔡錫勇喜慰。他笑道：「外國人在互贈戒指時，彼此說，親愛的，我一輩子都愛你。」

張之洞也笑道：「這話有點肉麻，除念礽外，其他幾個孩子都說不出口，改一句吧！」

蔡錫勇想了想，說：「洋人的婚禮上還有一個程序，是男女雙方向着證婚人盟誓。誓言通常是這樣一句話：無論是貧賤還是富貴，無論是健康還是患病，我都終生愛你，決不改變。」

「這句話好！」張之洞打斷鐵政局總辦的話。「男女結合，攜手相伴，開始漫長的人生。生活中最大的考驗，往往在貧病貴賤四字上。有貧窮患病而被拋棄的，也有因富貴而變心的。洋人這句話概括得好，比『一輩子都愛你』這幾個字更要實在些。」

「那我們就將它移植過來，作點改變，把這句話作為他們互換戒指時的盟誓。」

「行，就這樣定了。」張之洞快樂地說，「這就叫做中西合璧，華洋會通！」

九月九日傍晚，總督衙門松竹廳成了兩對新人的婚禮慶典場所。松竹廳跟平時一樣，並沒有多加修飾，只是在朝南的正面牆上貼了兩個大大的紅紙剪的「囍」字，外加四根一人高的龍鳳花燭。張之洞和桑治平作為家長出席了婚禮，今晚的婚禮儀式的家長中，還有一位地位低微的人物，那就是念礽的母親秋菱。

一個月前，與小兒子一起住在香山城裏的秋菱，接到大兒子的來信，信上告訴媽媽，婚期已確定在重陽節，請媽媽早點到武昌來。秋菱接到信後，喜得成天合不上嘴。她沒有作多少準備，在小兒子的陪同下，立即動身，一路顛簸辛勞地來到了武昌城。

這些年來，兒子跟着總督張之洞，在桑治平的悉心照顧下，從廣州到武昌，做了不少大事情。每當讀到兒子那些充滿着歡快的信件時，秋菱總是止不住熱淚流淌：兒子終於出息了，他辛辛苦苦在美國學的洋學問終於在中國派上了用場。秋菱不去過問鐵廠、槍炮廠究竟對中國有多大的作用，兒子學以致用，心情舒暢，她就萬分滿足了。兒子很孝順母親，每年總要寄回不少銀票，但秋菱除拿小部分給小兒子外，大部分都存了起來，好將來給兒子成親時用。快三十的大小伙子了，還沒有成個家，作母親的能不替他着急嗎？她有意要為兒子在廣東老家尋一個，兒子每次都說，不着急，男兒三十年方少，還早呢。侄兒都快要發蒙唸書了，他還說早。秋菱想：興許是在美國受的影響，聽說洋人都是立業在先成家在後。兒子要學洋人的樣，母親也拿他沒辦法。後來，兒子來信說：張大人看上了他，要把大小姐許配給他，已訂了婚。

秋菱得到這個喜訊後，心裏又喜又憂。

喜的是兒子終於定了親，而且定的是總督的大小姐。女子有了婆家，這一生就有了歸宿；男子娶了媳婦，一顆心就有了栓繫。母親多年來心中最掛牽的事終於放下了。被張大人看中，招為乘龍快婿，這說明兒子的確很優秀。在鄉里鄉鄰之間，為母親爭了大臉面。

憂的是媳婦是個千金小姐，她會不會在丈夫面前居高拿大，不盡婦道？她看不看得起這個婆母，尤其是當她知道婆母是丫鬟出身的小妾後，會是怎麼看待的？

秋菱想到這裏，心裏很不是滋味。其實，娶媳婦還是娶小戶人家的好：實在。男子漢大丈夫靠自己的本事立身處世，能到哪個地步就到哪個地步，不需要依仗岳家的勢力。當然，她知道兒子的人品，兒子不是那種存心攀高枝的人。總督看上了他，把自己的大小姐許配給他，他也沒有理由堅持不答應呀。

哎，秋菱歎了一口氣，這真是命裏注定她今後那段情緣要遭遇太多的磨難。

原先，秋菱是想在念礽成親後與他住在一起的。與大兒子一家共享天倫之樂，固然是她作出這個決定的原因之一，但最主要的是因此而能常常見到桑治平，與他說說話，聚一聚，聊慰幾十年來的相思之苦。那年香山城的巧遇，給秋菱帶來的喜悅決不是言語和文字所能表達得出的。八九年來，對重逢的回憶，成了她心中一口時常湧冒甜水的泉眼。但現在，媳婦是個這種身份的人，今後怎好和諧相處？看來，武昌是不能長住了！

結婚典禮開始前，大根代表四叔邀請秋菱堂前就坐，與張之洞並列接受新人跪拜。秋菱一時惶急，推辭着不肯上去。她覺得自己無論如何不能與總督大人並排相坐，她也不能面對着督府中那眾多飽學師爺，接受他們的祝福。正在為難之時，桑治平走了過來，秋菱臨時有了主意。

「表舅，我不上去了，你代替我吧！」

「那哪兒行？」桑治平感到意外。

「怎麼不行！」秋菱說，「你是念礽的表舅，完全可以代替我！」

「表舅」，秋菱說出這兩個字時臉紅了起來，桑治平也一時間心跳血湧，定了定神後，他笑道：「秋菱，如果你今天沒來，我以母舅的身份接受他們小倆口的跪拜，也可以說得過去。但你來了，而且是張大人親自邀請來的，怎麼可以不出面而由我代替呢？」

見秋菱還有點緊張，桑治平懇切地說：「秋菱，張大人是個通達平易的人，他既然挑中了你的兒子，他當然會看重你這個親家母。你今天上去跟他並坐，接受兒子媳婦的跪拜是天經地義的，張大人心裏會很高興；你不去，他反而心裏不高興。他已經來了，正望着我們，你不要再推辭了，快去吧！」

秋菱抬眼望去，果然見張之洞已經坐在大堂正上方右邊的椅子上。照習俗，婚典上，男方的家長坐左邊的上位，女方的家長坐右邊的下位。秋菱見張之洞並不因自己是總督而特殊，將左邊的上位空座以待，心裏頗為感動。她不再猶豫了，整了整衣襟，在大根的導引下，向大堂上方走去。

見秋菱上來，張之洞忙起身，指着身邊的太師椅，微笑着說：「親家母，請這邊坐！」

秋菱紅着臉說：「張大人，你是湖廣總督，我是一個平民百姓，不好和你並坐！」

張之洞正色道：「親家母，你這話見外了，念礽和準兒成了親，今後我們便是一家了，哪有甚麼總督和百姓的區別，彼此都是親家，一樣的身份。」

「張大人言重了。」秋菱嘴裏這樣說，心裏還是很高興的。畢竟做過京師相府的丫鬟，見過大人物和大世面，秋菱一旦就座後，心裏也便安寧下來。趁着婚典尚未開始，張之洞主動和親家母拉起了家常。

「準兒七歲便沒了娘，雖有個做官的父親，其實是個苦命的孩子。」張之洞滿含深情地說着，話語中帶有幾分對自己未盡好父責的內疚，對出嫁女兒的不捨。「今後做了親家母的媳婦，我想你會像待女兒一樣待她的。」

在秋菱的心目中，堂堂湖廣制台，一定是個威嚴峻厲、缺少情意的剛硬男人，卻不料他對女兒也有這樣深的慈愛之情，與普通老百姓並沒有甚麼兩樣。頓時，她覺得自己的心與制台大人的心一下子拉近了許多。她本是一副多情的柔軟心腸，聽了這話，不禁對即將過門的兒媳婦添了幾分憐憫，說：「自小失去娘親的孩子，最是可憐的，女孩比男孩又尤為可憐。小姐這些年來內心一定很孤寂，我只有兩個兒子，沒有女兒，對小姐，我會看得比兒子更加金貴。」

「拜堂後，準兒就是你陳家的媳婦了，你要直呼他的名字，不要再叫小姐了。」張之洞的臉上並沒有多少喜色，倒是抑鬱重重的模樣。「因為從小沒了娘，我不免嬌慣了她，身邊的僕人自然更是捧着哄着，準兒身上少不了富貴人家子弟的嬌驕之氣。過門之後，倘若有對婆母不孝，對丈夫不順之處，親家母還要多多管教才是，切不可因為他的父親是總督的緣故，而有所顧忌。」

這幾句話說得秋菱心裏十分熨帖，看來張大人的確如桑治平所說的，是個通情達理的人。她心中的顧慮大大地減少了，忙說：「小姐在大人的教導下，自然是知書達理、聰慧賢淑的，陳家也不知哪一輩子積下了陰德，能迎進這樣高貴的媳婦。」

張之洞淺淺地笑了一下，正要再和親家母好好聊一聊，擔任今晚司儀的梁鼎芬走了過來，對張之洞說：「桑先生到哪裏去了？」

張之洞左右看了一眼，說：「他剛才還在這裏，怎麼一會兒就不見了。你叫大根去找找他！」

「來了，來了。」

正說着，桑治平大步地走進廳堂來。原來，就在秋菱和總督聊天的時候，桑治平趁着這個短暫的空閒，急忙去幕友堂換了一套新衣服。再次出現在秋菱面前的桑治平令她眼睛猛地一亮，只見他身穿一襲銀灰色的上等蘇綢加裏長袍，套一件黑色蘇格蘭絨呢馬褂，頭上戴着與馬褂同料製的瓜皮帽，帽子的前額上嵌了一塊拇指大的深紅雞血玉。最令秋菱注目的是腳底下那雙黑布厚底新鞋。秋菱一眼就看出來了，這鞋是她給他納的。那年他們重逢於香山，他從她二十四雙布鞋中拿去的那一雙。他一直珍藏着，直到今天，在如此特別的場合中當着她的面第一次穿上。只是，這是一雙棉鞋呀，重陽節穿棉鞋，豈不太招人矚目？

秋菱的心猛地劇跳起來，周身的血在奔騰着。

她滿懷深情地打量着眼前這個與自己並坐的督署首席幕友：已過半百的他依舊挺拔而瀟灑，似乎與三十年前的肅府西席沒有多大的變化，只是兩鬢時隱時現的白髮，記錄了這段漫長的歲月滄桑。她心裏偷偷地想着：倘若三十年前，她與他能拜堂成親，讓他今天名正言順地做新郎倌的父親，那這人世間該有多麼的美滿。想到這裏，一股興奮而羞澀的笑容飛上她的臉龐，不覺微微地低下頭來。就在這個時候，桑治平也在看着她。在桑治平的眼裏，今夜的龍鳳燭光下，身穿吉服的她依然身段勻稱，面容姣好，尤其是那雙含情脈脈的杏眼，仍是當年的溫柔明亮，與肅府時期的那個小妹妹沒有任何不同！

「節庵，開始吧！」

當桑治平在張之洞的右手邊的空椅上坐下後，張之洞對梁鼎芬說。

武昌知府近日出缺，正眼巴巴盯着這個位子的兩湖書院山長兼總文案，今晚榮膺這個重要的職務，心裏格外興奮，這意味着總督沒有把他當外人，也將意味着有補武昌府缺的希望。他今天也把自己裝扮一新，十分賣力，臨時從書院調遣十來個能幹的學子，把婚慶典禮所應該辦的事辦得有條有理、熨熨貼貼。

參加今晚婚禮的除開二十多個幕友以外，就是衙門裏較有點頭臉的衙役和僕役。遵照張之洞的指示，武昌官場上的人一個沒請，因為張、桑、陳三家都不是本地人，除開念礽的弟弟和佩玉的父母，也幾乎沒有別的親戚。四五十位客人將松竹廳的裏外坐得滿滿的，人人都懷着喜悅亢奮的心情參加這難得的喜慶。

在一陣鞭炮嗩吶聲中，大家所翹盼的今夜主人公們終於從後院走到前廳來了。

首先走出的是張府二公子仁梃和桑家的小姐燕兒。

仁梃穿着玄色長袍天青馬褂，頭上戴一頂寬沿煙色呢帽。他原本瘦小單薄，今天這套新衣服一穿，平時不大起眼的二公子突然變得抖抖擻擻、神采飛揚起來。仁梃右手拉着一條三尺多長中間紮成一朵大牡丹的紅綢帶，綢帶的那一端便是新娘子桑燕。桑燕身穿大紅衣裙，頭上罩着一方鮮紅頭巾。她個子高挑，看起來似乎比仁梃要高出小半個頭。現在她靜靜地站在夫君的身旁，宛如給松竹廳再增加一根火紅的大蠟燭：鮮紅明亮，光豔照人。客人們在心裏想着，一旦頭巾掀開，眼前必定是位傾城傾國的絕代佳人，這張公子真是百世修來的福氣。有年輕好勝的幕友不免有點嫉妒：看仁梃這副嘴臉模樣，若不是生在總督家，他能娶得到這樣的美人嗎？哎，這真是人強強不過命！

秋菱也一直在盯着桑燕看，默默出神：好一個漂亮的小姐，真個是有其父必有其女，不知道自己的媳婦比不比得上？正在遐想之際，又一對新人走上前廳。這一對新人的出現，立即使滿座嘉賓沸騰起來，幾十雙眼睛一齊聚焦在這對新人身上。

原來，這對新人的裝束一反祖祖輩輩中國新婚新郎的傳統打扮。

只見新郎念礽身穿一套鐵灰色毛畢嘰洋服，裏面雪白的襯衣領口上結着一條流光溢彩的紅緞領帶，頭戴一頂黑色高筒紳士帽，腦後那條粗大的辮髮不見了，腳上著一雙雪亮的深色牛皮鞋。再看新娘，卻更令人駭然：穿在身上的是一襲雪白洋裙，又長又寬的裙腳足足在地上拖了三四尺。白皙的脖子上掛着一串粉白色珍珠項鏈，在燭光中熠熠閃爍，尤其令人驚異的是：新娘沒有罩頭巾，那經過精心裝扮的更加美麗的面孔、那盤成高髻滿是首飾的烏黑頭髮，一覽無餘地展露在眾人面前。幕友們一陣陣高聲喝采，衙役、僕役們滿臉詫異，兩隻眼睛緊緊地盯着兩個新人。若不是平日見慣了的熟人，他們真懷疑前面站立的是兩個洋人。

秋菱也驚呆了：兒子穿洋服，她倒不陌生，過去在美國留學時，寄回來的照片上通常穿的都是這種服裝，而媳婦的這等美貌亮麗，使她大為欣慰，至於如此大方莊重、敢於不罩頭巾而拜堂成親，則又令她大為意外。她轉過臉去看了看親家公，只見張之洞微笑地看着女兒女婿，似乎對這樣的穿著非常滿意。

「一拜天地！」花廳裏響起梁鼎芬高亢的帶着厚重廣東腔的官話。

兩對新人對着皓月在上的夜空深深地拜了一拜。

「二拜父母！」

仁梃、燕兒小倆口走了過來，向着張之洞和桑治平雙雙跪下，叩了一個頭。張之洞笑着說：「親家，仁梃做了你十二年學生，從今日起，是學生又兼女婿了，你可要替他多盡一份心哦！」

桑治平望着眼前的新郎倌，心裏自是歡喜不盡。十二年來，朝夕相處，小窗課讀，十歲少年郎今日成了真正的男子漢，桑治平對仁梃的感情，早已超過通常的師生情誼。張之洞的話提醒了他：如今家已成了，業如何立呢？總不能老做讀書郎吧！張家的二公子今後該以甚麼作為自己的事業？

桑治平也笑着說：「是呀，仁梃該自立了，過些日子我要和他談談立身建功名的事。你做父親的應該先替他謀畫謀畫。」

接下來，念礽和準兒也在秋菱和張之洞的面前跪了下來，恭恭敬敬地磕頭。張之洞端坐不動，秋菱見準兒向她行這樣的大禮，心中頗覺不安，身不由己地站起來，一邊說着「不敢當，不敢當」，一邊忙扶着準兒，讓她起來。張之洞也趕緊站起來，扶着秋菱的肩頭說：「親家母，你坐着。她是你的媳婦，向你磕頭，是理所當然的，怎麼能說不敢當？你不要扶她，她年紀輕輕的，自己能起來。」

說得秋菱又高興又有點不好意思，只得又回到椅子上坐好。看着兒子和媳婦雙雙站起，彎腰侍立一旁，她心裏甜蜜蜜的。二十多年來的含辛茹苦，彷彿由小倆口的這一拜而全部補償了。

念礽沒有向桑治平跪拜行大禮。他至今也不知道，這個平日以表舅相稱的人，竟然就是自己的親生父親。

桑治平以無限深情看着眼前光彩奪目的兒子，心裏有着一股從未有過的快樂與欣慰之感。這些年來，面對着日漸成為湖北洋務棟梁材的念礽，桑治平多少次想親口對他說一句：孩子，我就是你的親父親，你是我的親骨肉。但他牢記秋菱的叮囑，話到嘴邊又強咽下去了，並且決定一輩子都不對兒子說出這個真相。

兒子做了張之洞的女婿，無疑為他今後西學長才的施展提供了更為寬廣的舞台。這是兒子的造化，也是他的安慰。對照兒子看看自己，桑治平有一種深切的落伍感。歲月在推移，時代在前進，導中國於富強的學說看來不應再是管仲與桑弘羊之學了，而應該是西洋之學。在這方面，自己一竅不通，如今的弄潮兒應是兒子一輩了。「且把艱巨付兒曹」，桑治平的腦子裏突然冒出曾國藩的父親的這句名言來。是的，自己該歇息了，富民強國的理想，也只有念礽他們才可以去實現。

「夫妻同拜！」

梁鼎芬有意把聲音拖得長長的，以示他的盡職盡責。在悠長的拖音中，兩對新人面對面地互相彎了彎腰。

對於中國人來說，所謂拜堂成親，便是通過這樣的三次禮拜後，從此就將命運結合在一起，人們都祝福一對新人同甘共苦，生兒育女，白頭偕老，攜手走完未來漫長的人生之途。

松竹廳裏的半數賓客都以為婚典就要結束了，有的正準備離席，過一會兒再去鬧洞房。這時，只見梁鼎芬突然又高聲叫起來：「請梁崧生先生上來，為新人贈送婚戒。」

這是甚麼禮節？正要離席的賓客們趕緊又坐下，滿是興趣地等待着新的花樣出現。

一向注重儀表的梁敦彥經過剃髮修鬚整齊裝束後，今夜益發顯得精神幹練。他一手托着一個五彩織錦方盒快步走到前廳，對着滿廳賓客說：「衙門眾幕友為祝賀二公子與桑小姐、念礽和大小姐的大喜，湊了點錢，打了兩對純金戒指，委託我出面，贈送給他們。洋人結婚的時候，有一個雙方互贈戒指的儀式，我今夜受眾人之託，稟請張大人的同意，為兩對新人主持這個洋儀式。」

總督大人的娶婦嫁女，居然要插進一段洋人儀式，這可是從來沒有過的稀奇事兒，頓時，滿廳的男賓女客們個個興致沸騰開來。

兩對新人事先已知道了這個額外加的程序，他們同樣也滿含着新奇之感來參與。

現在，梁敦彥走到新人們的面前，對着四張充滿喜悅和羞澀的笑臉說：「我來為你們主持互贈婚戒的儀式。」

說着走到仁梃兩夫妻面前，從一個織錦方盒中拿出一對金戒指來，將其中那個小巧點的戒指交給仁梃，再將另一隻較粗大的戒指交給桑燕。

然後大聲說：「仁梃，不論今後是富貴還是貧賤，是健康還是患病，你將始終如一地愛着燕兒嗎？」

仁梃的臉漲得紅通通的，憋了好半天，才吐出兩個字來：「是的。」

仁梃這個尷尬的表演，招來滿廳快樂的笑聲。

「好！」梁敦彥點點頭。「那麼，你把手中的戒指給燕兒戴上。」

司儀的話說了好長一會兒，兩個人還是一動不動的，底下的人在起哄了：「二公子，給新娘子戴上呀！」

仁梃越發不好意思了。

梁敦彥只得走攏去，輕輕地對仁梃說：「二公子，快戴吧！燕兒在等着你呢！」

又對蒙上頭巾的燕兒說：「把右手伸出來吧！二公子要給你戴戒指了！」

燕兒甚麼也看不見，還以為仁梃真的已伸出了手，於是把右手慢慢地抬了起來。仁梃見新娘子已抬起了手，遂鼓足勇氣，握住燕兒的手，戰戰兢兢地將手中的戒指給她戴上。

「好！」滿廳一片喝采聲，熱鬧的婚禮場面出現了一個新的高潮。

接下來，梁敦彥又對桑燕說：「燕兒，不論是富貴還是貧賤，不論是健康還是患病，你將堅貞不二地愛着仁梃嗎？」

桑燕不着聲，只是重重地點了兩下頭。

松竹廳又是一片笑聲。

「點頭就是答應了！」梁敦彥姿態寬容地對待新娘子。「那麼，你就把手中的戒指給仁梃戴上吧？」

過了第一關後，仁梃就不再像剛才那樣拘謹了，只稍停一會，就把左手伸了出來。桑燕磨蹭着，已戴上戒指的右手再次伸了出來，兩個手指捏着一隻戒指。梁敦彥見狀，忙拉起仁梃的手，有意碰了一下桑燕的手，頭巾下的桑燕臉一紅，匆匆地將戒指塞在仁梃的手心裏，自己的手急忙又縮了回來。

梁敦彥笑道：「新娘子看不見新郎的手指，可以原諒。我來替她給戴上吧！」

於是從仁梃手中拿過戒指，給仁梃戴上，歡快聲嬉笑聲響徹廳內外。

這時，梁敦彥又走到念礽小倆口面前。

念礽面帶微笑，坦然迎接着梁敦彥。準兒事先有着幾分緊張，怕臨場不能適應，剛才親眼看着仁梃和桑燕的示範，心裏也便有了底，不太慌了。

梁敦彥從另一個織錦方盒裏取出兩隻同樣的戒指，以同樣的方式分給了這兩位新人。他先對念礽重複一遍說過的話，念礽早有了準備，一等司儀的話剛落便挺直腰板，朗聲答道：「矢志不渝，永遠相愛。」

說完，立刻朝新娘伸出雙手來，那神態頗像邀請他共襄盛舉似的。準兒抿着嘴笑着，也大大方方地伸出一隻手來，念礽穩穩當當地將戒指戴在新娘的無名指上。

秋菱看在眼裏，甚為兒子這種大丈夫的豪邁之舉而自豪。

輪到準兒了，她也比燕兒來得爽氣，聲音雖不大，卻痛痛快快地用上一句慣用的吉祥之語：「一生相伴不分離。」接着，利利索索地將手中的戒指戴到新郎的手指上。

這對小夫妻的表演贏得眾人的讚揚，有人在小聲地說：到底是穿着洋裝的人，都通了洋人的氣，行起洋禮來也大大方方的。

梁敦彥還未下來，梁鼎芬又出現在前廳，扯開嗓門喊道：「現在是婚典的最後一道儀式，恭請張大人作為新人父母的代表，訓話致辭。」

張之洞一向不注重穿戴，平時在衙門裏辦事，都是穿着寬大鬆軟的綢布袍服，非鄭重官場交往及跪接聖旨等場合，他一律不穿官服。今天場面雖隆重，但因為是兒女輩的婚慶，所以他依然如往常一樣穿一套半新半舊的川綢長袍。他緩緩地站起來，以素日難得見到的淺淺的笑容說：「我先代表念礽的母親和桑燕的父親，謝謝各位幕友、各位賓朋前來參加今夜小兒女的婚典，給了他們很大的臉面。諸位心裏或許都在笑話老夫，怎麼能為小兒女舉辦這樣不倫不類的婚典，張某人是不是糊塗了？」

賓客位上傳出輕輕的笑聲。

「早兩天，崧生跟我談起洋人婚禮上有一個互相起盟及互贈戒指的儀式，我認為很好，採納了他的建議，同意加進今夜的傳統婚儀中去。男女婚嫁，這是人生的第一樁大事，無論是我們中國，還是東洋西洋，大家都看得很重，都會對新人獻上美好的賀辭。我們中國人有許多祝福之辭，都很好，但依我之見有兩個不足之處。」

眾人都聚精會神地聆聽下文，看這位學問淵博、識見過人的總督，會對世代相傳的美好祝辭挑出甚麼毛病來。

「一是都說好話，比如多福多壽啦，兒孫滿堂啦。二是空話，比如說吉祥美滿啦，福壽綿綿啦。其實呀，一旦組成一個家庭，今後面對的，決不僅只美好的一面，艱難一面是避免不了的，也常常會有苦難和不幸伴隨着。」

說到這裏，張之洞想起自己三次喪妻的往事，心頭驟然沉重下來，不少客人已在默默點頭：總督說的是實話！

「當崧生跟我談起西洋人的不論富貴還是貧賤，不論健康還是患病，都始終如一的誓詞時，我一聽就覺得他們說的實在，既不偏頗，又不空泛，比我們那些祝辭強。結婚成家後，百年人生中，會有許多事情來考驗兩個人之間的情誼，其中最為重要的便是這貧賤疾病的考驗，經受了這種考驗，其他的都好說，所以我同意將洋人的這個儀式引進來。這正像我們辦鐵廠、辦槍炮廠、辦布紗麻絲四局一樣，洋人真正好的東西，我們要敢於學習，敢於引進，不要怕人指摘，怕人笑話。」

真正是個洋務總督，三句話不離本行，才說到婚禮，又聯繫到辦局廠的事了。幕友席上的蔡錫勇連連頷首，對着一旁的辜鴻銘說：「張大人說得對，家事、國事其實是一個道理！」

辜鴻銘神氣活現地說：「治大國如烹小鮮。朝廷是大廚房，督署撫署是中廚房，府縣是小廚房。」

「不過，話得說回來，這裏面還是有個本末主次的問題。」張之洞語氣一轉，繼續說道，「正如我們引進洋人的機器技術，建鐵廠、槍炮廠，目的還是為了我們大清國的富強，至於我們自己的立國之本，即華夏的綱紀倫常則不能受洋人的衝擊。今夜小兒女的婚典上，雖然加了互贈婚戒及起誓的程序，甚至於念礽和準兒都穿上了洋服，但幾千年來的三綱五常、夫責婦道決不應該改變。」

張之洞轉過臉，望了一眼女兒，然後回過頭來繼續說下去：「比如說準兒，可以穿洋人的衣裙，也可以不戴大紅罩巾，這些西洋的裝扮都很好，但是她還是得謹守我們中國女人的原則，三從四德，孝敬婆婆，相夫教子，主持中饋。不能像洋女人那樣拋頭露面，干預政事，甚至置丈夫和兒女不顧去自己出風頭！若那樣，就是顛倒了本末，混亂了主次，我是萬萬不會同意的。」

梁鼎芬帶頭鼓起掌來，松竹廳內也跟着響起一片熱烈的掌聲。無論是滿腹學問的幕友，還是不識之無的僕役，全都對總督的這一番話表示認同，也對今天這個別開生面的婚典表示認同。

夜晚，在眾人鬧騰洞房的歡樂時刻，張之洞帶着佩玉將山水清音琴贈給仁梃夫婦，將蘭馨蕙暢琴贈給念礽夫婦，勉勵他們繼承祖母遺志，莫墜家風，琴瑟合諧。兩對小夫妻從父親手裏接過這別致而寓意深遠的珍貴禮物，心裏甜美無已。

沒有幾天，總督衙門裏這場中西合璧的結婚典禮和總督本人區分中西主次本末的講話便傳遍了武漢三鎮，有人讚賞，也有人搖頭，還有的人則從中感悟到一種新的啟發。

2 趙茂昌給張之洞送上一個經過專業調教的年輕女人

兒女的婚事辦得圓滿而富有新意，尤其是藉聯姻加深了與桑治平的友誼，又籠絡了一個對自己對國家都極有用的洋務人才，張之洞的心裏甚是喜悅。

文昌門外的織布局開工半年多了，有工人二千五百名，紗機三千台，布機一千台，機器都是從英國進口的，又特為從英國高薪聘請十名技師，負責傳授織布技能和機器的維修。半年間，張之洞到織布局去過七八次，見運轉的機器一次次增多，織出的布也越來越好，心裏滿是喜悅。上個月，送來的樣布細密光亮，一點也不亞於進口的洋布。他高興地對總辦候補知府莫運良說：「湖北省有一千七百萬人口，平均一個人一年扯一尺布，就是一百七十萬丈。如果按二錢銀子一丈的價格算，織布局一年就可得三十四萬両銀子，除去成本和一切其他費用，至少可得三成利潤。這樣算來，光是湖北一年，織布局可獲純利十萬両，再加上湖南省，人口和湖北差不多，都在湖廣衙門的管轄下，我張某人鞭雖短也可及。照湖北省一個樣，再加上十萬，就是二十萬。目前，中國有織布局的僅只上海，它不可能把其他各省的生意都搶過去，我們要跟它爭奪，不說多了，每年銷四五百萬丈布沒有問題，至少又可獲三十萬両。這樣一來，織布局一年可獲利五十萬。莫知府，你想過沒有，你的財產真正大得很，要不了幾年，織布局就會富可敵國了！」

聽了張之洞這一盤算，莫運良也大大地開了竅，咧開嘴笑道：「織布局賺的這些銀子，還不都是張大人您的嗎？卑職不過為您走腳跑腿罷了。」

張之洞說：「當然，這銀子不是你的，但也決不是我的，除開織布局本身的發展外，剩下的都要通通交總督衙門。我張某人私人不會挪用一錢銀子，這筆銀子都要用到湖北的洋務上去。眼下，繅絲局也已開了工，急需大量銀錢，這銀錢暫時向外國銀行去借，今後還指望織布局去還哩。莫知府，你得加把勁，好好努力呀！」

莫運良忙說：「卑職決不會辜負大人的期望，一定要把織布局辦好，多織布，多賺錢。但湖北的棉花不夠好，洋技師們說，這對織出的布匹大有影響。」

張之洞不解地問：「湖北天門、潛江一帶的棉花是出了名的，洋技師都說不好，中國哪裏還有好棉花？」

「是的，卑職也是這樣回答洋技師的。他們說，不錯，整個中國的棉花都不是最好的，最好的棉花出在美國。美國的棉花產量既高，纖維又長，織出來的布又好看又耐用。卑職說美國的棉花再好，我們總不能從美國去買棉花吧，那要多大成本。他們說，可以從美國買棉種呀，有了美國的種籽，一樣也可以在中國長出好棉花來。」

「買美國的棉種！這倒是個好主意。」張之洞眼睛一亮。「引進好棉種，這不只是為我們織布局好，也可以為普天下的中國棉農造福。」

「好是好，但實行起來並不容易。」莫運良胸有成竹地說，「湖北的棉農，世代種自己的棉種，都習慣了，要他們改種洋人的棉種，他們一下子不會接受，擔心收成不好。不過話又說回來，棉農的顧慮也是有道理的，萬一種不好怎麼辦？棉農一家老小一年的生計就押在棉花上，因此不能採納。」

「橘過淮河而成枳。」張之洞像是自言自語地唸着，沉吟片刻說，「這樣好了，先試驗一下，從美國買進一批種籽來，不收錢，送給棉農，讓他們去種。到了秋天，織布局負責全部買過來。若一畝收的棉花比往年少，也按往年一樣地給足錢，若多，則酌量多給一點；若真好的話，我們下次就多買，棉農也會樂意種，你看呢？」

莫運良說：「大人這個主意好，但織布局眼下未賺分文，這銀子從哪裏出？」

張之洞說：「銀子由我想辦法，你先去張羅。」

莫運良滿意地離開督署去籌辦此事。

接連幾天，張之洞又去看建在北門口的紡紗廠。紗廠的廠房眼看就要建好了，但是在英國訂購的紡十支紗至十六支紗的一千台紗機，則無錢去買回。鄭觀應來信說，上海有個商人願意先期投資八萬銀子，條件是今後優惠賣給他紗布。張之洞接受這個條件，一千台紗機很快就買回了。

織布局、紗廠、繅絲局這些事辦得都很順利，張之洞這些日子來心情頗好。這天晚飯後，他對佩玉說：「準兒出嫁了，聽不到她的琴聲了，你也好久不彈琴，這衙門後院都快跟前面的大堂差不多，聽不到一點歡快聲了。彈一曲吧，大家也輕鬆輕鬆。」

佩玉也快四十了，她在廣州生的仁侃七歲多，天天跟着一位塾師在西廂房讀書，來武昌生下的仁實也有四歲，有一個奶媽在專門照看。佩玉這兩年來身體不太好，有點虛胖，琴的確很少彈，特別是準兒出嫁後，她常有一種空落落的感覺，抑鬱之情常會無端冒出，近來有件事在困擾她，她不知該不該向張之洞提出，見張之洞今日心情很好，她決定試試看。

佩玉略略打扮了一下，端坐在琴前，斂氣凝神片刻後，一曲悠遠綿長的琴聲，從她的十指與琴弦間流瀉出來。這是一首張之洞很喜歡聽的曲子。還是在兩廣總督任上時，有一天，時任雷瓊道員的王之春說，瓊州府有一個雙眼失明的老人，善吹蘆笙，吹出的曲子極為動聽。他聽過好幾次，自認平生所知善奏樂者沒有超過此人的。說得張之洞動了心，叫他下次來廣州時將這個老人帶來。不久，王之春果然將這個老人帶來了。原來是個又黑又瘦又矮的瞎老頭，且不會講漢話，是個土著黎族人。瞎老頭給張之洞吹了三首蘆笙曲，果然好聽極了。待瞎老頭走後，佩玉對丈夫說，她也在房間裏悄悄聽了，有一種空渺幽冷的感覺，如果將它略作點改動，會是一首很好的琴曲。她要張之洞明天再把這個老頭請進府裏來，再聽聽。張之洞贊成她的意見。第二天，瞎老頭在後院，對着佩玉吹了一天的蘆笙，傍晚離開時，佩玉已將他的曲譜全部記錄下來。佩玉花了一個多月的時間，將老頭所吹的七八首曲子融合起來，編成一支琴曲。她彈給張之洞聽，張之洞擊節稱讚，又給它取了一個名字，叫做《月照瓊島》。過些天，準兒也學會了，也彈得很好。一曲彈畢，張之洞歎道：「這首《月照瓊島》真是讓你越彈越精了。」

佩玉說：「有三個多月沒有彈了，手指都有點不靈便。這首曲子，準兒比我彈得更好。」

「準兒也彈得不錯！」張之洞有一個多月沒有見到女兒了，真有點想念。「過兩天，叫準兒回來一次，你們娘兒倆合奏一曲《月照瓊島》。」

「好啊！」佩玉歡喜地說，「這些日子我還真惦念她呢！」

「那個黎族老藝人，是一個天才的樂師。我想，他很可能就是傳說中的鍾子期一類的人。」張之洞呆呆地陷於一種情感中，一個人自言自語地絮叨着，「人世間有不少逸才隱士，他們有着人所沒有的才藝技能，由於各種原因，又往往被埋沒，被遺棄，不為世所知所用。我常常想：一個督撫，一個府縣，若能將自己轄境內那些被埋沒遺棄的人才發掘出來，置於適當的位置上，這個督撫府縣也就做好了。那個黎族老藝人，我很想把他叫到廣州來，可惜第二年他就死了，我一直為此事遺憾。」

佩玉笑了笑說：「四爺這番心意，當然是仁者之心。野無遺賢，能者在職，這是從古以來負有責任心的執政者所企盼的德政。不過，我倒有些不同的看法，並不是一切逸才都要為世所用，還要看是哪方面的才。」

「噢，你這話倒有意思。」張之洞很有興趣地看着佩玉那雙眼角雖有皺紋、眸子卻依然光亮的眼睛。

「有些逸才他本就志在入世濟世，只是時運不好，無人賞識，流落在江湖山野，在位者若能發現他們，給予重用，那是他們的福氣，比如前代的姜子牙、諸葛亮等人就是這類。有些人，他的才藝是天賦靈性的產物，雖然可以娛人，但更多的是自娛，他們的過人之處，也只是因為在長期孤獨寂寞的環境中，自己全心全意地體悟探求而得來。莊子說：用志不紛，乃凝於神，承蜩駝背人的絕技是這樣得來的。倘若一旦把他置於以追求名利功用為目標的熱鬧場合中，他的心就浮了，神也分了，技藝也就再不會上進的。比如那個老藝人，得虧在瓊島那種荒涼的地方，若是年輕時就到了廣州、京師的話，就決不會有那樣高的蘆笙技藝。我想這大概就是王冕不願意做官、文徵明不願意應聘的緣故。」

「你說得有道理！」張之洞點點頭。「還可以為你補充一個例子，我的布衣之交吳秋衣，他也是樂意漂泊而不願住官衙的人。」

見張之洞的心情這樣閒適，佩玉鼓起勇氣，將那件心事說了出來。

「四爺，有一樁事，我猶豫了很久，一直不敢說，我今天想對你說說。」

「甚麼事，你說嘛！」

「假若不當的話，你就當我沒說一樣。」

「行，究竟甚麼事，這等鄭重？」佩玉這種吞吞吐吐的神情，倒使得張之洞自己先鄭重起來。

「一件這樣的事。」佩玉慢慢地說，「四爺知道，我的父母沒有兒子，只有我一個女兒，父親為沒有兒子而視為終生的遺憾。兩年前，父親在武昌城裏偶爾遇到山西老家的一個人，彼此認作鄉親，關係不錯。年前，這個老鄉要回汾州去，父親託老鄉到他的家鄉去看看，打聽一下家裏還有些甚麼人。上個月，這個老鄉回來，還給我帶來一個堂弟。這個堂弟是我父親的嫡堂弟弟的兒子。父親見到這個侄子很親熱，把他當自己的兒子看待，很想留他在武昌。父親跟我說過幾次了，要我跟大人說說，給他在武昌城裏謀個差事。父親說，張制台辦了很多局廠，隨便在哪個局廠給他尋一個吃飯的差事都行，只圖在他身邊呆下來，日後死了，也有個兒子做捧靈牌的孝子。我知道你的脾氣，是決不為自己的親屬謀差事的。當年南皮老家兩個侄孫遠路趕來謀事，硬是打發他們回去了。張家的親屬都不能安置，何況咱李家的人呢？所以我一直壓着沒給你提。前天，父親又說起這事。看着父親那副蒼然神態，我實在又不忍，只得冒昧地說出來，四爺如果以為不妥，就當我沒說一樣。」

佩玉低下頭，不再說下去了。

原來是件這樣的事！張之洞在心裏舒了一口氣。這在別人看來簡直是微不足道的小事，佩玉卻這等鄭重其事地對待，張之洞的心中不免生出一絲憐憫之情來。他知道，這是源於他近於苛刻的治家規矩。

清流出身的張之洞一向痛恨官場的貪污受賄，過去做言官時，遇到有官吏貪污受賄的情事落入他的手中，他嫉惡如仇，非得糾劾不可。外放督撫後，他考察手下的官吏也以貪與不貪作為一條分界線，貪污者即使能幹，他也要處罰直至罷黜；不貪者，即使平庸，他也心存曲全。為此他以身作則，並嚴厲告誡家人，凡身外之錢財貨物，一分一毫不能收受。自從到武昌大辦洋務局廠以來，他又發現了湖北官場的另一種不正之風：一方面是不少官員們背後攻訐他辦洋務是崇洋媚外、糜費銀錢，將國家的銀子像水一樣地花，毫不心痛，另一方面他們又看到局廠有利可圖，紛紛將自己的三親六戚介紹到局廠來任職或做工役。張之洞對此大為惱火。他三令五申，嚴命把守進入局廠的關口，無奈把關的人便是犯禁的人，把一張張蓋有湖北總督衙門紫花大印的禁令看作與扔在垃圾堆的廢紙並沒有多大的區別，最後只是苦了他自家。那些從貴州山區、從南皮老家千里迢迢趕來武昌欲謀一席之地的親友們，無一不乘興而來，敗興而歸。有時，看着那些失望的臉色，他心裏也曾動搖過，但想起自己這裏若開一個口子，到了辦事的官吏那裏，就是潰缺一道長堤，風氣的敗壞便將不可收拾了。

但是今天，面對着佩玉這種誠惶誠恐的神態，張之洞卻有些猶豫了。不說佩玉這些年來對他照顧體貼，為他生了兩個兒子，就看在兩個老人的份上，他也有點不忍心拒絕。佩玉的父母都是七十左右的人，這些年雖隨着女兒由北向南，又由南向北，但二老謹守本份，不以督署至戚自居，從不招惹是非。因為沒有兒子，過繼侄兒為子；因為要留住嗣子，希望能在武漢三鎮謀一差事，這實在是不過份的要求。南皮老家的侄孫可以打發他們回去，而這個從山西遠程來依的李家嗣子，無論從哪方面來說，若是讓他失望回去的話，都近於殘忍。

何況，近來還有一件事，張之洞在心裏盤算着，還要求得佩玉的支持才好。這事是趙茂昌引起的。

在那年徐致祥參案中，趙茂昌失掉了督署總文案的職務，他的其他兼職也相應一併給丢了，他不得不怏怏回到江蘇武進老家。

在張之洞的眼裏，趙茂昌是個能幹人，替他辦成不少事，雖然時常會有些閒言碎語傳入他的耳中，但他不以為然，哪個人沒有缺點?辦事越多的漏洞就會越多，得罪的人也會越多。那次查出的一些諸如受賄用私人的事，有的不能確鑿坐實，有的雖是事實，但趙茂昌立即痛快承認，受賄的銀子也即刻照賠。張之洞對官員受賄向來痛恨，所以他並不為趙茂昌講情，將他開缺回籍。但他心裏是隱隱有一股對趙茂昌的同情：因為此事完全出於別人的報復，趙茂昌其實是因為自己而中箭落馬的。

離鄂前，他對趙茂昌說：「你是能幹會辦事的，這點我知道，你安心回武進去住住，好好反省反省。你還年輕，今後大有前途，回家後常給我來來信，過幾年後說不定我還要起用你。」

趙茂昌向張之洞深深地鞠了一躬，感激不盡地離開了武昌。

經過多年煞費苦心的經營，趙茂昌已在家裏買下了良田上百畝，置起紅磚青瓦大房幾十間，是當地方圓幾十里數一數二的大財主。倘若安心家居，趙茂昌的日子是可以過得又舒服又安靜的。但是，趙茂昌不是安於鄉間的人。他渴求權勢，追求風光，時刻企盼東山再起。他記住張之洞的話，常常寫信給老主子，問候起居。他絞盡腦汁，思索着用甚麼辦法來討得張之洞的歡心，早日回到湖廣總督衙門裏去。有一天，家人對他說，東莊的窮秀才秦老三過世後，老婆秦穆氏帶着三個女兒一個兒子，家裏窮得經常揭不開鍋。秦穆氏四處託人，為大女兒尋一個殷實人家，若是富貴之家，即便做個小妾也可以。趙茂昌心裏一動，叫秦家的大女兒來看看。第二天，秦穆氏帶着大女兒環兒上了趙家。趙茂昌見環兒長得端端正正，年紀只有十八歲，又認得幾個字，頗為滿意。他對秦穆氏說，一時尚無好人家，環兒暫且在我家做做事，慢慢等待機會。

說罷，拿出四吊錢來送給秦穆氏。秦穆氏千恩萬謝地收下，直把趙茂昌當恩人看待。

環兒在趙家做起女僕來。趙茂昌細心觀察，見環兒聰明伶俐，手腳勤快，心裏歡喜。他要把環兒當一件奇貨來經營。他左思右想，該給他尋個甚麼人家呢？突然一天，他腦子開了竅：還要四處去尋找嗎，現在不是有一個極好的人家擺在這裏！趙茂昌想的這戶人家就是武昌張府。

張之洞身邊只有一個女人，且這個女人以妾的身份而居夫人之位，趙茂昌對此甚為不解。以張之洞的地位，完全可以娶一位門第不差的未婚小姐過來，做執掌內政的正室夫人，也可以三房四房一個一個地把姨太太買進府門，別人也不會有閒話：哪一個作大官的不是妻妾成羣？張之洞這種與常人不同的作法，反倒使大家覺得奇怪。趙茂昌自然不敢去過問總督的家事，不過有一點他深信不疑：沒有哪個男人不愛女人，越是英雄越愛美人，俗話說英雄難過美人關；不是難過，而是壓根兒就不想邁過！張之洞尚不到六十歲，還是男子漢的英雄時期，他就難道不愛美人？多半是因為他太熱衷於事業，沒有心思去想這檔子事罷了。倘若有人為他尋到絕色佳人，又熱心為他張羅籌辦，他難道就會拒之門外？趙茂昌相信張之洞決不是坐懷不亂的柳下惠。

但是，畢竟張之洞多年來身邊只有一個女人，他顯然不是那種酷好女色之徒，辦這事得小心謹慎，切不可魯莽。長期跟隨張之洞的趙茂昌，深知這位制台大人好比一匹烈馬，倘若馬屁沒有拍到點子上，說不定會招致鐵蹄踢掉自己的門牙。

七月底，在張之洞五十七歲生日前兩天，趙茂昌特地坐洋輪來到武昌，給老主子祝壽。張之洞對生日一向淡然處置，不過家人團聚一起吃餐飯而已，從不對外聲張。趙茂昌作為總文案，當然知道總督的生日，但先前他也不便送禮祝壽。這次身份不同，他給張之洞送了禮，禮品是一支經過特殊處理的高麗山參。一個老郎中曾教他一個秘方：尋十隻五寸長的雄性海馬，焙乾碾成灰，再將半斤罌粟殼也曬乾碾成灰，拌合這兩種灰，將其溶解於清水中，置人參於此溶液中浸泡三個月，晾乾後長期保存。這種人參，在補元益神壯陽增精上遠勝一般人參，對中老年男人有奇效。趙茂昌服過幾支，果然不謬。

趙茂昌神秘兮兮地說：「這支人參非比一般，於身體的好處妙不可言，您不妨試試。」

張之洞年來常感精力不支，極想通過補品來提神培氣。趙茂昌這個馬屁可真是拍到點子上了。他痛快地收下。於是，兩人的話題便從調補精力延年益壽開始了。趙茂昌將精心編造的故事，繪聲繪色地說給張之洞聽。

「武進太平橋有個老頭子，今年一百零二歲了，依然耳聰目明，身體硬朗，平時生活起居，不要人照顧。今年春上，我特為拜訪過他，真是名不虛傳。」

「你問過他的長壽之道嗎？」張之洞果然對此極有興趣。

「問過，我去的目的也就是想從那裏學長壽之道。」趙茂昌正正經經地說，「老頭子說，許多人都問這個，其實我並沒有長壽之道，與大家一樣地過日子。說來你們還不相信，我中年之前身體並不好，四十來歲頭髮就白了不少，一年到頭，小病小痛也很多，不像是個能享高壽的人。六十歲以後，反倒一天天強壯起來。不怕你老弟笑話，我六十二、六十四、六十六連添三個兒子，今年最小的兒子都已三十六歲了。」

張之洞聽到這裏也笑了起來，問：「他六十歲以後接連生三個兒子，那他的老婆多大年紀。」

「我也這樣問過老頭子。」趙茂昌見張之洞興致如此濃厚，說話的勁頭更足了。「老頭說，五十八歲那年死了婆娘，原本不再娶了，獨自過了兩年後，實在耐不住孤寂。這時恰好有兩個蘇北逃荒母女來到太平橋，母親得急病，無錢醫治，女兒寧願賣身救母，做僕做妾都行。別人都慫恿我，我的兒孫也沒意見。這樣，我就將那個十七歲的女孩子買來續了弦。從那以後，身子骨倒是越來越好。不然的話，我怎麼會在以後八年裏連得三個兒子？興許是我積了甚麼陰德，老天爺要讓我老頭子人丁興旺。說到這裏，老頭子哈哈大笑起來。」

張之洞說：「六十多歲老翁生兒子的事也是有的，只要女人年輕，這不是怪事。只是身體越來越好，又居然活過百歲，倒是稀罕事。」

「香帥，卑職想這或許就是採補的作用了。」趙茂昌望着張之洞，眼神裏似乎看不出半點淫邪的味道。

博覽羣書的張之洞自然知道，古代房中術中的採補一說，即年老男子與年輕的女子交合，則可以強陰補弱陽；反之，年老的女子與年輕的男子交合，則可以強陽補弱陰。據說武則天晚年面首極多，其實是想以陽之強補陰之弱，企求長壽。張之洞對這套採補之學將信將疑，聽趙茂昌這麼說來，採補真的可起作用了。

他說：「採補一說由來已久，老年男子討小妾的也不少，也並不見得人人有效果，這老頭子怕是命好吧！」

「香帥說的有道理。卑職後來請教太湖邊一個老郎中。他說這要看女子的血氣如何，若女子血氣特為旺盛的話，就可以收強陰補弱陽之效。老郎中說得不錯，那個老頭子的續弦如今也年過花甲了，身體仍然強壯，看來那女人屬於強陰一類。」

張之洞笑道：「是你親眼所見的事實，也不由我不信了。」

趙茂昌以一種半開玩笑半當真的語氣說：「香帥，假若能遇到一個合適的女子，我來為你張羅此事如何？」

武進老頭的實例的確有很大的說服力，張之洞巴望強健，也希望長壽。他滿口應道：「好哇，你能找到這樣強陰的年輕女子嗎？」

趙茂昌收起笑語，一臉誠摯：「香帥，我趙茂昌受你多年的大恩大德，現在是開缺回籍之身，您仍不嫌棄，我即便肝腦塗地也無以為報。我要竭盡全力為您辦好這事，就算是對您的一點孝敬。」

趙茂昌是如此感恩戴德，張之洞倒有幾分感動了。

他是一個恩怨分明的性情中人。想起身邊這麼多僚屬幕友，都受他恩惠甚多，就沒有一個人這樣真心真意知暖知痛地為他着想；還只有趙茂昌，不忘舊恩，不忘故主，實實在在地替他辦事。他也想到趙茂昌可能是要因此圖起復或是求甚麼別的。即便如此，也不是使壞心。人家真的對你好，你也應該回報回報，過兩年風聲平靜後，是可以再用的。張之洞由衷地說：「竹君，難為你一番孝敬之心，我知道了。」

趙茂昌大喜，立即離開武昌，順流放舟，趕回武進。他不急着把環兒送去，他要再好好調教一番。離武進不遠的揚州，是由來已久全國聞名的調教女人的地方。此處並不教女人讀女四書、列女傳之類的典冊，也不教女人三從四德、婦道女規的聖賢之教，它教的是女人應該如何服侍男人，如何博得男人的歡心。賣弄風騷、吹拉彈唱、梳妝打扮、挑逗撩撥等等，凡此種種能打動男人的心，撩起男人的性的本事，都得教授。揚州有專門調教這種女人的場所。這種女人有一個古怪名稱，叫做「瘦馬」。有學者研究，「瘦馬」源於唐代著名詩人白居易的一首詩：「莫養瘦馬駒，莫教小妓女。後事至目前，不信君看取。馬肥快行走，妓長能歌舞。三年五歲間，已聞換一主。」「瘦馬」出門後或進妓院，或進歌樓，或做小妾，都比別的歌女妓妾要強得多。

大約在唐代時，揚州瘦馬便開始出名；到了清代，由於鹽商的麕集，揚州瘦馬達到了鼎盛時期。趙茂昌將環兒帶到揚州城，選了城裏最負盛名的嚴媒婆家，交下一百兩銀子，限三個月把環兒調教成一個人見人喜的瘦馬。三個月達到這個標準，本來是做不到的事，但嚴媒婆貪這一百兩銀子的厚利，便一口答應下來。

三個月後，趙茂昌去揚州城再見環兒時，果然見環兒變得豐腴白嫩，在一身光鮮合身的衣裙襯托下，顯得更加嫵媚，尤其是她的眉目神態、舉止言行，樣樣比先前大不一樣，讓人看了舒心暢意。除開吹簫奏琴一時不能見效外，她還能唱得十幾支好聽的曲子。又會跳舞，舞動起來，彩袖飄舞，很有幾分寺院壁上畫的飛天模樣，直看得趙茂昌着了迷，真有點後悔，不該答應了給張之洞。先知道環兒能變得這樣可愛，早該自己收了做第四房姨太太的。想起今後的富貴前途，趙茂昌硬了硬心，帶着環兒上了船。

趙茂昌在黃鶴樓客棧住下。第二天便去拜見張之洞，當天晚上，張之洞在客棧裏見到了環兒，頓時吃了一驚。張之洞並不是一個貪戀女色的人，也不是見異思遷的輕薄漢，但作為一個充滿活力的男人，容貌美麗姿態曼妙的女人，卻不能不令他歡喜愛慕。他想起自己的三任妻子和現在身邊的佩玉，在令人一眼便心迷意亂這點上，還不能與這個女人相比。他是個從不逛妓院吃花酒鬧狹邪遊的人，他不知道，這種讓人心迷意亂的本事，正是賣笑女的特長，而從揚州教坊裏走出來的瘦馬，更比別處技高一籌。

張之洞十分滿意。趙茂昌請他連夜將環兒用一頂青布小轎抬進總督衙門。張之洞想了想說，過兩天吧！「過兩天」的原因便是得先跟佩玉打個招呼。

與佩玉有十年的夫妻情意了，今天再置一房姨太太，居然連個招呼也不打，張之洞心有不忍。他正琢磨着拿一樁甚麼事來補償佩玉，不想佩玉倒自己求上來了。想到這裏，張之洞說：「老人家的心意我很理解，有一個嗣子在他們身邊，也可以為你省許多心。明天，你叫你的弟弟到我這裏來一下。我看看，給他個甚麼差使合適。」

張之洞如此爽快地答應，令佩玉頗感意外，她立即高興地把這事告訴了父母和堂弟。

第二天，佩玉的堂弟李滿庫怯生生地來到督署簽押房。

「坐下吧！」張之洞放下正在寫批文的墨筆，招呼着站在一旁的李滿庫。

「小人是來聽大人吩咐的，不敢坐。」

上身僵硬、兩腿微微打顫的李滿庫巴不得早點坐下，但他嘴上仍不由自主地說出這句話來。李滿庫是個鄉下人，到武昌來以前，從來沒有見過官。現在一下子見到總督大人，他如何不膽怯！儘管知道，總督是堂姐的丈夫，但堂姐是妾，而不是夫人。按禮制，妾的娘家人是不能算作丈夫的戚屬的，庶子的外婆家只能是嫡母的娘家，而不是生母的娘家。老實本份的李老頭也一再告誡嗣子：不能將自己當作總督的小舅子看待。正因為此，李滿庫對張之洞一口一聲「大人」，而稱自己是「小人」，同時也不敢坐。

「坐下吧。」張之洞很能理解李滿庫的心態，臉色和氣地說，「你是佩玉的堂弟，現在又做了李家的嗣子，與別人不同。你不要拘束，坐下好好說話。」

李滿庫見張之洞這樣和和氣氣地跟他說話，大為感激，猶豫一下，也便在身旁的一方小木凳上坐了下來。

張之洞仔細地看了一眼李滿庫，見他也還長得清秀順眼，便說：「你讀過書嗎？」

「小時候，跟着塾師唸過三年書，後來地裏收成差，就下地幹活，沒讀書了。」李滿庫說的雖是山西腔，但鼻音不太濃重，也較之一般山西鄉下人的話易懂。張之洞估計他不大像個死守老家的鄉巴佬。山西人有經商的習慣，不少男孩子讀了幾年書，初識字，會打算盤以後，便不再讀書了。待到十五六歲，便跟着親戚朋友學做生意，天南地北跑碼頭，極少數幸運的，就這樣跑出一個大商人來，絕大多數不過是藉此養家糊口而已。

「也做過買賣嗎？」

「十七歲那年，跟着村裏的一個遠房大伯跑了三四年碼頭，後來，大伯折了本，我也就回家了。」

果然不出張之洞所料。他知道這三四年跑碼頭是一段很重要的經歷，可以長眼界，學知識，比起那些從未出過家門的鄉下人來說，李滿庫肯定要強得多。

「後來又做些甚麼事？」

「在家種了兩年地，又到外村一家票號老闆的賬房裏做了四年的小跑腿。」

「好，好。」李滿庫雖有點緊張，但話說得流暢清楚，張之洞對李滿庫的經歷頗為滿意，心裏已有了主意。「今年二十幾了，娶了媳婦嗎？」

「二十六歲了，前年娶的媳婦。」

張之洞點點頭說：「好，明天大根帶你到織布局去做事。」

「謝謝大人的恩典！」李滿庫大喜，忙離開凳子，連連鞠躬。

「織布局是個大有出息的場所，好好幹，會有前途的。但先得從最苦最累的事幹起，不可投機取巧。」

「是，是。」李滿庫連連點頭哈腰。

「滿庫。」張之洞站起身，以親切的語氣說，「你要知道，本督辦了這多洋務局廠，還從沒有招一個三親六戚的，要說因裙帶關係進局廠的，你是第一個。這完全是看在你的嗣父李老先生的分上。佩玉不能常在二老的身邊，你這個做嗣子的不要辜負了二老的期望，要盡人子之責。」

「大人請放心。」李滿庫說，「大人的恩德和教導我都記住了，從今往後，我對嗣父嗣母，會比對我的親生父母更親。」

「你去吧！」

張之洞目送着李滿庫走出簽押房，心裏想，雖然因李滿庫而破了自己的規定，但此舉卻謝了佩玉的父母，而且也為環兒的進府鋪平了道路，還是值得的。此時的張之洞沒有想到：缺口既然打開了，日後就會越來越大，南皮的遠親、貴州的近屬，以後一個接一個地前來武昌投靠，就再也不可能像先前那樣理直氣壯地辭謝了，只好陸陸續續地予以安排。上行下效。總督如此做，司道府縣更明目張膽地公開走私，濫進亂進之風本已成災，到後來，更壞得不可收拾。一個個、一羣羣、一批批莫名其妙的人，皆因沾親帶故的關係湧進各個局廠。局廠彷彿成了一口永遠舀不完的粥鍋，只要挨得上邊，盡可放心大膽、肆無忌憚地拚命舀。張之洞更沒想到，就是這個老實巴交的李滿庫到織布局後，被旁人以總督小舅子的身份看待，後來居然和別的一批蛀蟲一道，硬是把個好端端的織布局給徹底弄垮。

第二天，李家二老親自來向張之洞表示謝意，佩玉也因了卻老父的一樁大心事而格外高興，趁着這個極好的氣氛，張之洞將環兒的事告訴了佩玉。佩玉先是一愣，很快也便想開了：他身為總督，三妻四妾本可聽他的便，莫說自己身為妾，就是八抬大轎抬進來的正室夫人，總督丈夫要納妾，她能阻止得了嗎？與其無謂地吵鬧，不如歡歡喜喜地接納，為自己日後留一條退路。

佩玉平靜地說：「我年齡大了，身體不好，照顧不周，你身邊早就該添個人手了。甚麼時候進府，這個事交給我來辦，我要把它辦得熱熱鬧鬧、風風光光的。」

「千萬不要熱鬧風光！」佩玉這個態度，反而讓張之洞心中有些歉意。他急切說，「納進一個小妾哪能熱鬧風光，越平淡越好。」

「房子總得佈置一下吧，床呀，梳妝台呀，這些也得置辦吧！」佩玉似乎比他本人還要熱心。「三天吧，給我三天的時間，我會和大根夫婦把這事操辦得熨熨帖帖的。」

張之洞感動得拉起佩玉的手，漲紅着臉說：「佩玉，你這樣的賢惠，真不知叫我如何感激你為好。她年輕不懂事，進府後凡事還要靠你指點關照。至於家事，還是像過去一樣，一切由你為主，決不會讓她插手的。」

佩玉不吱聲。張之洞發現自己滾燙的雙手所握的，竟是一隻從冰窟裏取出的玉如意，熾熱的心立即涼了多半！

3 正當朝廷內外忙於為慈禧祝壽時，北洋水師全軍覆沒

環兒進府後，果然給年近花甲的張之洞注入一股強大的生命力，彷彿真的年輕了許多似的。特製的人參，也讓他恢復了消逝多年的青春活力。他叫趙茂昌如法炮製，再多送一些來。不久，環兒懷孕了。這消息讓張之洞驚喜萬分，他因此而對自己充滿了更大的自信，並將這種自信傾注於洋務事業中。

鐵廠每天爐火熊熊，鐵水奔流，以日產量一百噸的速度生產着，給總督衙門帶來極大的喜悅。槍炮廠也全面投產。所有的機器設備全都是委託駐德公使許景澄在柏林買的，儘管貨款高達一百七十餘萬両，比原定的價格高出一倍多，但張之洞還是狠下心，從各處騰挪借補，按時如數匯去。現在，用這些設備生產出的七九式步槍、口徑六至十二釐米的各種陸路快炮及過山快炮都已成批出廠了。撫摸着那些冷冰冰黑幽幽的槍炮，聽着隨從們「與德國人造的毫無區別」的恭維話，張之洞心裏甚是得意：「可惜子藥和銅料還得從德國進口，哪一天這些東西我們自己也能製造，本督就十分滿意了。」隨從們立即說：「這有何難，馬都有了，還怕沒有鞍子！有張大人掌門，過兩年，我們再在旁邊建一個子藥廠、一個銅廠，所有材料就不再從德國買了！」

說得張之洞哈哈大笑起來。

織布局裏生產的布匹已開始在湖北省行銷，張之洞耳朵裏聽到的也是銷路暢通的好消息。紗廠已經出紗了。繅絲廠的廠房不久也可以竣工。製蔴局也在規劃中。武昌城裏的洋務局廠，可謂蒸蒸日上，前景遠大。

相繼辦起的四所實業學堂：自強學堂、算學學堂、工藝學堂、礦業學堂，也開始招生了。每所學堂收的學生並不多，在三十至五十人之內，但錄取嚴格，待遇優厚。每所學堂開學那天，張之洞必定前去訓話，殷殷告誡學子們珍惜青春年華，學會實際本事。儘管世家子弟都不屑於進這種實業學堂，但清貧的農家學子卻為讀書期間的豐厚待遇和結業進局廠的高薪前程所吸引，對實業學堂趨之若鶩。湖北的通都大邑窮鄉僻壤，很快便都在談論這些亙古未有的洋學堂，貧寒人家子弟在這裏發現了另一種晉身之途。從此以後，隨着這種新式學堂的大量開辦，「學而優則仕」的獨木橋，被多種多樣前景美好的寬廣道路所取代。人們不必都擠在入仕做官的唯一通道上，科學技術、工業商貿，眾多的領域都可以讓人充分展示其聰明才智。做得好，一樣的出類拔萃，一樣的財富滾滾，一樣的獲得地位，一樣的顯親揚名。士人的觀念一旦改變，整個社會的觀念也便隨之改變。一個新的時代，隨着洋務局廠和實業學堂的興辦，便這樣不可阻擋地來到了古老的神州大地。

下午，張之洞正在簽押房裏審閱嘉魚縣的稟帖。

三個月前，蔡錫勇向張之洞建議要各縣將該縣的物產一一查明稟告總督衙門，以便摸清家底，為湖北進一步發展洋務實業做準備。蔡錫勇特為對總督來說：在西洋發達國家，這都是各省各縣所必備的資料，許多國家是由政府出面派專人逐處查核的。鑒於鐵政局目前人手不夠，先由各縣自查自報，然後再由鐵政局派出專人有針對性地去核實。張之洞欣然採納，立即為以督署名義下發公函，要各縣照辦。

嘉魚縣令姚希文接到這份公函後，將刑名師爺、他的遠房兄弟招來商議。

「老八，你看這事咋辦？」

姚縣令將公函遞給了師爺。師爺看了看，嘴角邊露出一絲冷笑，說：「這張制台真是個愛熱鬧的人，無事生事，這事咋辦？老爺，你就召集一批人到各鄉各都去訪查唄！」

姚縣令說：「你說得輕巧，我到哪裏去找一批這樣的人？還要各鄉各都去訪查，這開銷要多大？我嘉魚縣哪有這些冤枉銀子！」

「張制台把省衙門折騰個人仰馬翻，現在又來折騰各縣衙門了。」師爺摸了摸肥得流油的腮幫，慢慢地說，「這事有兩種辦法：一是實辦，一是虛辦。」

姚縣令問：「實辦是怎麼辦法，虛辦又怎麼辦法？」

師爺說：「實辦，就是派人下去實實在在地去查訪。人手、銀錢缺乏，就少派人，派兩三個；也不全部去，到幾個重點鄉鎮，雖不是全部查清，但也是實在地做，這就叫實辦。」

姚縣令說：「就這，我也不想做。莫說這也得花二三百銀子；再說，查出了又有甚麼用？這洋務時髦，我姚某人不想趕。」

「那就虛辦。」師爺語氣肯定了。「那就一個人都不派，過兩個月，老爺請幾個老嘉魚人來聊聊天，問問情況，然後我再寫個稟帖交人送到武昌去就行了。」

姚縣令高興地說：「就照你說的虛辦，虛辦。」

過一會兒，他又興奮地說：「老八，其實也不要再找人去查訪了，我早就聽人說過，嘉魚就是《三國志》中的火燒赤壁之處。為何叫赤壁，是因為山崖是紅的，為何山崖是紅的，是因為有銅鐵等礦石。咱們嘉魚有的是礦藏，先把這一條報上去。」

「老爺，千萬莫報這一條！」師爺忙擺手打斷姚縣令的興致。

「為何？」

「老爺，你想想看，那張制台的興趣正在煉鐵煉銅上。一聽到嘉魚有銅鐵礦，立刻就會關注嘉魚。這以後，候補道府會一批批來嘉魚考查，礦師洋匠會一隊隊來嘉魚踏勘。你老爺是今天送人，明天又要迎客，驛館的酒席會像流水似地開。你要勞多少神，傷多少財？倘若折騰幾個月，要是說這裏沒有銅鐵礦，那張制台的脾氣，是要把老爺你罵個狗血噴頭，你再也莫想在他手裏升官；若是有，那今後在這裏安營扎寨，無窮的煩惱你等着吧！」

姚縣令摸摸腦袋苦笑說：「你說得也對，那我們報些甚麼呢？」

師爺想想說：「你就報：咱們嘉魚的特產是池塘裏的王八，山丘裏的野雞，江河裏的大肥蝦……」

「哈哈哈！」姚縣令不禁開懷大笑起來。「老八，真有你的！」

張之洞審看着嘉魚縣的這份稟帖，心中頗為不悅。三個月的期限已到了，十之五六的縣並沒有按要求上報，少數幾個像嘉魚這樣有稟帖的縣，說的物產也都是些瓜果、魚蝦之類，只有一兩個縣提到煤鐵等有用礦藏。張之洞哪裏知道，幾乎所有的府縣，對督署公函抱的都是嘉魚縣的心態，或敷衍塞責，或乾脆不理睬。

正在這時，門吱的一聲推開了，環兒端了一碗剛熬出的人參湯進來。張之洞隨口問：「怎麼今天你自個兒送來，桃紅呢？」

往日一天上午下午各一次的人參湯，都是由小丫鬟桃紅送的。

「桃紅到街上買針線去了，不能再等她了。」

環兒邊說，邊將人參湯送到張之洞的手邊：「快趁熱喝了吧！」

隨着環兒的靠近，一片鮮亮、一股異香一齊向着張之洞撲來，他禁不住抬起頭將環兒看了一眼。是不是環兒難得有一次到簽押房來，她今天怎麼這樣格外用心妝飾打扮：本來烏黑的髮髻更黑亮，本來白皙的皮膚更細膩，本來姣好的身段更嫵媚。喝了一大口人參湯的張之洞胸腔裏頓時燥熱起來，他瞇着眼睛對環兒說：「你坐到我的腿上來。」

在揚州瘦馬館裏專門培訓了三個月的環兒，有着一身風騷技藝，面對着又老又忙的湖廣總督，她常有英雄無用武之地的歎息。今天怎麼啦，日頭打西邊出來？環兒又驚又喜。張之洞一把將她抱了過來，放在自己的腿上。他一邊摸着環兒的手，接着滿口花白鬍鬚便向環兒粉臉上湊了過來。環兒心裏樂滋滋的，甜蜜蜜的。張之洞身上的血越來越燥熱，一股火在五臟六腑裏猛烈地燒着，將他的頭燒得昏昏的暈暈的。他已忘記了這是辦理公務的簽押房，他也忘記了窗外正是紅日高照的朗朗青天，他不能按捺自己渾身騷動的慾火，急急忙忙地伸手解開環兒上衣的紐扣。女性的本能讓環兒一下子清醒過來，悄悄地說：「大人，這是簽押房哩，我們回上房去吧！」

「不要緊！不要緊！」張之洞邊說邊不停地解，猶如一個十天半月沒吃飯的餓漢似的。

環兒羞得滿臉通紅，渾身上下早已沒有一絲力氣，任憑張之洞胡亂地動着。眼看上衣的紐扣已全部打開，正要脱去時，卻突然門被推開，冒冒失失闖進來的辜鴻銘被眼前這一幕給驚呆了。

張之洞滿腔烈火遭遇這一瓢冷水，又恨又怒，扭過臉吼道：「甚麼人，給老子滾出去！」

環兒慌忙離開張之洞，雙手死勁地將鬆開的上衣抱住，低着頭與辜鴻銘擦身而過，奔出門外。

辜鴻銘已回過神來，快樂地拍掌大笑：「張大人，你太可愛了，太了不起了，我今天算是看到了一個真正的男子漢！」

張之洞又好氣又好笑，惡狠狠地罵着：「你還不滾，再在這裏多嘴，我要割掉你的舌頭！」

辜鴻銘樂哈哈地説：「好，好，我走，我走，讓你定定神。」

不料，辜鴻銘剛出門，張之洞又喝道：「回來！」

辜鴻銘又轉過身站在門邊。

「你找我有甚麼事，説吧！」

「也沒有別的大事。」辜鴻銘笑嘻嘻地説，「我是來告訴你，我和吉田貞和好了。我心裏真高興，想和你分享我的喜悦。」

吉田貞是辜鴻銘一年前納的日本小妾，他很寵愛她。三天前，吉田貞為了一件小事和辜鴻銘慪氣，這幾天裏把自己的房門關得緊緊的，既不讓辜鴻銘進門，也不和他説一句話，弄得辜鴻銘蔫頭耷腦，沒精打采，成天愁眉苦臉的，做甚麼事都提不起神來。前天，張之洞要他譯一份公文給英國駐漢領事館。他哭喪着臉説：「香帥，我這兩天無心思做事，譯不好。」張之洞問他為甚麼沒心思，他將此事説給張之洞聽，末了說：「香帥，你幫幫我的忙，讓吉田貞與我和好，我加班加點酬謝你。」

張之洞心裏笑道，這個混血兒真沒出息！讓個小妾整得這樣慘兮兮的，說出來也不怕別人笑話。說了句「我幫不了你的忙」後走了。

今天居然和好了，還要來與我分享喜悅，這小子也夠有趣的。想到這裏，張之洞的惱怒消去了多半：「你拿甚麼去討好她的？說給我聽聽。」

「不是討好，我是用我的妙法。」辜鴻銘得意地說，「昨天傍晚，我從衙門裏回到家後，吉田貞的房門還是緊閉着。我在屋外徘徊好久，真是無計可施。我走到窗戶邊，踮起腳來，想從窗口看看她。結果人沒看到，卻看見桌上那個金魚缸，頓時來了靈感。」

張之洞被他唾沫橫飛的敍述給吸引了，認真地聽着。

「金魚缸裏養着三條金魚。這三條金魚是她從日本帶來的寶貝，愛得不得了。就從這裏下手。我忙去後院找來一根細竹竿，又從太太房裏尋了一根針和一根細線，很快做成一副釣魚竿，挖了一條小蚯蚓掛在釣鉤上。然後人站在窗外，將釣竿從窗口裏伸進去，直伸到金魚缸上。釣絲垂進魚缸，小蚯蚓在水裏亂動，引得三條金魚一陣嘴饞，一條鼓眼黑金魚一口吞下蚯蚓。我心裏高興極了，忙將釣竿一抬，黑金魚被我釣到了半空，禁不住哈哈大笑起來。就在這時，門打開了，吉田貞氣呼呼地衝了出來，嚷道：死鬼，死鬼，你快放下！我趁這個機會，溜進她的房裏，整整一夜再不出來了。就這樣，和好了。」

說罷，自己捂着肚子笑個不停。張之洞看着辜鴻銘這副樂不可支的天真相，也被感染着心情舒暢起來。他心裏想着：天底下不乏聰明人，但聰明人往往機心多，難以相處；天底下也多無機心的人，但此輩又往往愚昧無知。像辜鴻銘這種絕頂聰明而又無機心、闖蕩四海而又天真單純的人真是少之又少。幕府有個這樣的人物，煩雜枯燥的簿書日子該增添多少生趣啊！從此，張之洞對這個有趣的混血兒更多了幾分親近感。

生命力陡增和洋務的興旺，讓張之洞處在欣欣然中，對蔡錫勇、陳念礽等人稟報的實際困難，總是以三軍統帥般的果決魄力和宏闊氣概予以斷然處置。

蔡錫勇說，馬鞍山的煤含硫磺過多，煉出的焦煤成色不高。張之洞便問，哪裏有合適的煤？蔡錫勇說，直隸開平的煤較好。張之洞立即說，那就從開平去買煤。蔡錫勇說：運費太多。張之洞說，不必考慮這些。於是，鐵廠便以高出馬鞍山七八倍的價從開平買煤。成本開支一時驟增。

陳念礽遂稟報丈人，眼下廠裏經營甚是困難，每日化鐵爐出生鐵一百噸，則虧本二千兩銀子，一月下來，化鐵爐就虧損六萬兩。湖北官場上不少人都說早知如此，不如買洋人的鋼鐵，還要不了這多銀子。張之洞開導女婿，萬事開頭難。眼下鐵廠未走入正道，產量低，自然成本高，以後日產量增大，鐵的質量提高，能夠與洋人的鐵一樣好賣了，成本自然就降低了。這尚在其次，最重要的在於我們中國人自己能用洋法造出鐵來了，這個意義就非比尋常，這將大大激發我們中國人的自強信心。我們不能永遠靠買洋人的成品過日子，萬一哪天與洋人交惡了，他不賣給我們怎麼辦？再者，我們辦鐵廠，重在開風氣之先，要藉此影響全國十八省；倘若我們遇到困難就退縮，那別人就再也不敢跟上來了，洋務實業何年何月才能進入中國？

陳念礽覺得丈人的話說得對，的確應該想得多看得遠，於是再也不提虧本的事了。

有一天，辜鴻銘氣呼呼地走進簽押房，對着張之洞大聲說：「香帥，這鐵廠辦事越來越不像話了。」

「甚麼事得罪了你？」

張之洞知道辜鴻銘辦事一向使氣任性，很難與人共處，不待他開口，心裏早已多半認為，又是這位怪脾氣的混血兒在自個兒招是惹非了。

「香帥，你看看，有這個理沒有？」辜鴻銘從頭上抓下瓜皮帽，青色的頭皮、後腦勺的大辮子，與鏡片後面那兩隻灰藍色的大眼睛配在一起，顯得極不合諧。

「我六天前跟鐵廠的協辦劉候補道說，過江到英國駐漢口領事館會見新來的領事詹姆士先生，順便向詹姆士打聽目前英國的鋼鐵行情，請他派一個人與我一道去。這本是一次禮貌性的見面，只需鐵廠派一位主管行銷的科員同去就行了。不料劉道說，拜訪英國的新領事，可是一樁大事，我們得好好計議計議。他們一議便議了五天，昨天上午派人接我到鐵廠。劉道認真地對我說，朝廷派往英國的公使是侍郎級的官員，那麼英國派駐我國的公使的級別也應如此看，侍郎在京師為正二品，外放則為巡撫級。駐漢口的領事比公使低一級，也應相當於我們湖北的兩司。按禮儀，新領事來後，我們鐵廠第一次正式拜訪，應請藩台大人和臬台大人一道去，才顯得鄭重。但他們忙，請不動，鐵廠應去最高官，即請蔡總辦。但蔡總辦這些天有病，也不能去，就得由本道代行。但本道只是協辦，官級也只是四品，不能相敵。與各位商議後，決定再加派兩位知府級處辦、四位知縣級科辦，七個人的品級累積起來，大致應與英國領事的級別差不多了。負責行銷的吳科員只是一個從九品，他只能作為隨員跟從。本道一再叮囑吳科員，你雖是隨員，但實際事是你辦，你一定要好好聽，回來好好寫一份帖子留下備蔡總辦和各位會辦、協辦、監督、襄理老爺們傳閱。就這樣，劉道帶了一行十餘人浩浩蕩蕩、排場十足地陪我過江去了漢口領事館，把人家詹姆士嚇了一大跳，還以為我們是上門找麻煩來的，忙叫衛士荷槍實彈以待。香帥，你看看，一件極小的小事，卻被他們辦得這樣複雜而煩瑣，您看鐵廠還像不像話！」

不料，張之洞哈哈大笑起來，連說了幾句「有趣有趣」後，對辜鴻銘說：「一個道員，兩個知府，四個知縣，加起來敵一個兩司，劉道這個算法，確實新鮮少見。是不是相敵，誰也說不準。但是，湯生，你也不要太氣憤，這也說明劉道辦事的認真。中國是禮義之邦，在外人面前更要體現禮義之邦的風範來。對此，我還是欣賞的。我對他們說過，鐵廠也好，槍炮廠也好，就是織布局、紗廠也好，雖是洋務局廠，也要比照我們衙門的規格辦。鐵廠的總辦是蔡道，協辦是劉道，在我們的心目中，它就相當於我們的道員級衙門。織布局的總辦是莫候補知府，我就是有意將織布局比鐵廠低一個級別，相當於我們的知府衙門。紗廠的總辦廖候補知縣又低一級，它就是知縣衙門。要這樣，才有個上下等級的區別。別尊卑，明貴賤，這是聖人為我們制定的治國大綱，也是我們中華民族禮儀的精華之所在。我們辦洋務，也要用這個辦法，否則就會亂了套。湯生，你要理解劉道的用意，不必生氣。」

辜鴻銘聽了張之洞這番話，倒也不知再說甚麼是好。這些年來，他在張之洞的具體指導下，用心攻讀全套儒家經典，對中國文化有了較深的理解，知道總督的話沒有錯，整個儒家學說，就是建築在親疏尊卑、上下等級的基礎之上。用聖人的話來說，便是「正名」。名不正，則言不順，言不順則事不成。但會見一個領事，要如此煩瑣，他卻不能贊同。此事至少影響了辦事的效率，耗費了許多不相干人的精力時間。不辦事的人堂堂正正地坐在台面上，真正辦事的人則只能一旁侍立，這算甚麼？在西方，是絕對不會出現這種場面的。

他退出簽押房，將總督關於洋務局廠也要按朝廷設的衙門規矩辦的這一番訓示，告訴幕友堂的眾人後，那些讀四書五經、辦刑名錢穀的幕友們，則一致讚揚總督的治理洋務有方。他們說，無規矩則無方圓，在中國辦洋務局廠不遵中國的禮制，那怎麼行？還是香帥有辦法！那些讀洋文西書的洋務幕友則紛紛表示難以接受。他們認為，局廠好比是大作坊，作坊是要出產品的，怎能以衙門視之？英美德法這些國家在辦局廠方面已有一整套行之有效的管理辦法，應該連同機器技術一道引進來。若機器技術是西洋的，管理則是中國衙門式的土辦法，這洋務實業能辦得好嗎？但這是他們私下議論時的憂慮，誰也不敢去向總督提出。用中華禮儀、聖人之教來辦洋務，這是何等堂堂正正冠冕堂皇！你一個中國人，還能不遵中國的禮教？

張之洞如此勁頭十足地在湖北大力興辦洋務，雄心勃勃地立志要在三五年時間裏把湖北變成海內第一洋務強省，不料，一場大仗突然爆發。這場意外的戰爭給中國帶來巨大的影響，成為改變近世中國命運的一個轉捩點。這場戰爭，便是有名的甲午海戰。

這年十月，是慈禧太后的六十大壽。早在去年開始，朝廷便已大張旗鼓地籌辦萬壽大典，並增加恩科鄉試和恩科會試。又指令各省必須為老佛爺的萬壽捐銀送禮，用於頤和園的掃尾工程和大典的開支。當時，這道廷命下到湖廣衙門時，辜鴻銘正在張之洞的旁邊，他看到後笑了笑說：「香帥，西方有一支人人都會唱的生日歌，一人過生日，大家都唱這首歌向他祝賀。太后過生日，我來為她獻一首生日歌，煩你替我奏報給她如何？」

張之洞說：「你先把歌詞唸給我聽聽。」

辜鴻銘眨了眨灰藍眼睛，搖頭晃腦地唸道：「天子萬年，百姓捐錢。萬壽無疆，百姓遭殃。」

一旁的梁鼎芬、梁敦彥等人都掩口笑了起來，心裏說：這個混血兒好大的膽子，竟敢當着張大人的面咒罵太后，豈不要被他訓個半死！

想不到，張之洞不僅未罵，反而也跟着笑了起來，笑後拍拍辜鴻銘的肩膀，說：「你這個生日歌，只在此處唱一遍算了，到外面去瞎唱，我可保不了你。」

各省都從藩庫裏擠出銀子來應付着，有的省趁機將此攤派到各府縣去，弄得怨聲載道。又有幾個譁眾邀寵的官員，居然提出全國所有食朝廷俸祿者，捐一月薪金出來為太后祝壽以盡孝心。朝廷抓住這個典型大加讚揚，而朝野官吏們卻恨不得將這幾個馬屁精食肉寢皮。

光緒皇帝也全副身心地撲在萬壽大典上。親政不久的小皇帝既要藉此酬謝慈禧的大恩大德，博取以孝治天下的美名，同時也要以此討得老佛爺的歡心，換取在她手中握了三十多年的至高無上的權力。沒有想到，遼東半島之外朝鮮國的內亂已演變為內戰，國家正處在危急之中。

史傳商末箕子子孫所開創的朝鮮國，自古以來便是中國的藩屬國。到了清末，國力衰弱，自身都難保，哪有精力來顧及朝鮮？而隔海相望的日本，通過明治維新之後，國力日益強盛，苦於國土逼仄，急欲向外擴張，朝鮮和中國的東北便成為他們垂涎三尺的地方。那時年幼的朝鮮國王李熙乃由旁支入繼大統，他的生父大院君李罡應攝政。李罡應素來仇恨外人，主張閉關自守。朝鮮政界中有一部分人親近日本，與李罡應積怨日深。王妃閔氏娘家乃朝鮮累世勳舊，其父兄想通過國王來執掌大權，於是藉李罡應政敵的力量來攻擊他，李罡應被迫交出權力。不久，李罡應又藉軍方之力發動兵變，打垮閔氏家族的勢力，重新執政。變兵焚燒了日本駐朝鮮公使館，公使倉皇出逃回國。朝鮮舉國大亂。中國駐日公使黎庶昌急電天津，請北洋軍隊搶在日本兵入朝之前先行趕到，以免朝鮮落入日本人的手中。時李鴻章正丁母憂，張樹聲署直督，遂遣吳長慶帶淮軍舊部入朝平亂，設計誘捕這次內亂的大頭目李罡應，並將李罡應押到中國予以囚禁，恢復了國王的權力，朝鮮內亂迅速平定下來。在這次平定過程中，有一個人憑藉着過人的識見和勇敢，為誘捕李罡應立下頭功，此人就是時年二十五歲的袁世凱。

袁世凱的叔祖袁甲三當年在安徽與太平軍作戰時，吳長慶的父親吳廷襄正在家鄉廬江辦團練。一次，吳廷襄被太平軍所圍，情形危急，打發人向袁甲三求救。袁甲三的兒子袁保恆不同意救援，侄子袁保慶則主張發兵。袁甲三一時拿不定主意。三天後廬江被太平軍攻下，吳廷襄戰死。吳長慶接統廬江團練，他恨死了袁保恆，卻與袁保慶結成金蘭之交。袁保慶是袁世凱的嗣父。袁世凱不好讀書，嚮往走父祖輩的軍功之路。光緒七年，他投靠以提督身份駐軍山東登州的吳長慶。吳長慶唸舊情，收留了他。吳見袁年紀尚輕，安排他與自己的兒子們一道讀書，那時吳家請的塾師即張謇。十多年後的張謇得中狀元，名揚天下，但那時還只是一個默默無聞的窮秀才。張謇慧眼識人，他看出袁世凱書雖讀得不好，但辦事極有主意，是一個練達能幹之才。第二年朝鮮事起，吳長慶奉命東渡，亟需辦事的人，張謇力薦袁世凱。吳長慶破格委任袁幫辦前敵軍務。於是，袁世凱利用這個機會，充分施展了自己的才能，很快便嶄露頭角。

光緒十年，吳長慶離開朝鮮回國，留下三個營分別由提督吳兆有、總兵張光前及前敵營務處袁世凱統領。三個人中獨袁世凱看出朝鮮國內親日派日漸坐大的趨勢，對朝鮮政局的前途甚是擔憂，多次將這種憂慮密報李鴻章。李鴻章一向重視日本，故對藩屬國中的朝鮮的關心勝過越南，命令袁世凱密切關注局勢的發展。

不久，果然爆發郵局謀殺案。親日派挾持國王李熙，矯詔殺害親華的輔國大臣，掌握朝鮮大權，並議廢立。這時，支持李熙一派的發動勤王之師，並懇請中國駐防營援助。袁世凱等人率清兵冒死救出李熙一家。此事雖很快平息，但中國與日本結怨更深。不久，中國駐朝鮮商務委員陳樹棠內召回國，受李鴻章器重的袁世凱接替其職。此後，袁世凱成了實際上中國駐朝鮮公使。年輕氣盛的袁世凱主張對朝鮮採取強硬態度，不行則廢除李熙，置監國，或乾脆將朝鮮改為中國的一個行省。但李鴻章不同意，依然維持着慣常的對朝政策。到了光緒二十年，朝鮮爆發了東學黨之亂，亂兵達五六萬之多，朝鮮局勢再次面臨危急。李熙請求袁世凱幫助平亂。此時日本也藉口保護使館，調兵入朝。

袁世凱將此變故急報李鴻章。李鴻章派直隸提督葉志超及太原鎮總兵聶士成選淮軍勁旅一千五百人，由海軍提督丁汝昌派軍艦護送入朝參戰。與此同時，日本已陸續派兵五千餘人，由陸軍少將大島率領先行進入朝鮮，朝鮮的各重要海口均有日本軍艦、炮艦停泊。由於中國軍隊的參戰，東學黨之亂很快平息。清廷吁請中日同時撤兵，但日本藉口改革朝鮮內政，拒絕撤兵。其用意十分明顯，那就是藉此使朝鮮脫離中國而成為日本的屬國。日本一再威逼李熙驅逐中國軍隊，並屢屢向中國駐軍和使館挑釁。此時，袁世凱已離朝回國，當面向李鴻章報告朝鮮危在旦夕的險惡局面。李鴻章一直希望依靠英國、俄國的干涉調停，避免與日本交火開戰，到這時才醒悟過來，戰爭不可避免，然則為時已晚了。六月下旬，他派總兵丁汝昌統率六千餘人進平壤，提督馬玉昆統率二千餘人進義州，以便援助孤懸牙山的葉志超部。日本軍艦集牙山口外，企圖攔阻中國軍隊登岸。二十三日，中國兵艦濟遠、廣乙為迎護高陞號運兵船，駛近牙山口外之廣島，日本軍船吉野、浪速、秋津橫海襲擊，首先開炮，中國兵船被迫還擊。甲午中日戰爭便這樣揭開了序幕。

廣乙、濟遠不是吉野等船的敵手，開仗不久，便重創而逃。隨後而來的高陞號遭吉野炮擊沉沒，船上九百五十名清兵全部被拋向海中，七百多人殉難。接下來，葉志超與日兵在成歡交戰，葉部大敗；卻以大勝欺騙李鴻章。李據以入奏，葉志超反獲嘉獎。八月一日，中日兩國正式宣戰。中日兩軍在平壤再次交戰，清軍又敗，總兵左寶貴壯烈殉國。八月十八日，中日兩國兵船在黃海大東溝海面上激戰。

這是中國海軍自成立以來所遭遇的第一次，也是最後一次大戰役。這一仗打下來，北洋艦隊的致遠、經遠、揚威、超勇等船被擊沉，廣甲號自毀，來遠號受重傷，以鄧世昌為首的海軍官兵死傷達千餘人。

日方吉野號等五艘戰船受重傷，死亡人員也有六百之多，兩相比較，中國損失更為慘重。

九月下旬，日軍開始從陸路進攻中國遼東。清軍在日軍的淩厲攻擊下節節敗退，九連城、安東、海城、蓋平等城相繼落入敵手。

與此同時，另一路日軍在聯合艦隊護送下，從花園口登陸，很快攻陷大連、旅順。日本在旅順進行滅絕人性的大屠殺，全城人幾乎殺絕。最後有意留下三十六人，作掩埋屍體的勞力用。

中國海陸兩軍的慘敗，日本軍事力量的強大及其對中國百姓的殘暴，引起中國朝野的巨大震驚和憤恨，許多人都把責任歸咎於北洋海軍和淮軍的最高統帥李鴻章，翰林院三十五人的聯名參摺，代表了當時全國人民的這種憤怒心情。參摺痛罵李鴻章「昏庸驕蹇，喪心誤國」，指出李鴻章有「遷延坐誤」、「任用私人」、「奸欺蒙蔽」、「卯翼小人」、「媚日貪利」五大罪狀，籲請朝廷嚴懲李鴻章，勒令其離開天津。認為「李鴻章一日不去北洋，則三軍之氣一日不能振作，潰敗之局一日不能挽回」。

與此同時，一股請求恭王復職的呼聲瀰漫朝廷。先是戶部侍郎長麟上疏請起用恭王，但摺子被留中不發。接着，工部侍郎李文田與京師一批官員又聯合上摺，再次請求恭王復出。此摺經軍機處上奏時，禮王世鐸帶領全班軍機大臣合詞啟奏慈禧請恭王出山。但是，這道大摺與長麟、李文田等的奏摺一樣如石沉大海，沒有回音。十天後，協辦大學士李鴻藻、翁同龢在召對時，又懇切請求恭王出山。同樣，此事亦遭慈禧的一口拒絕。

正在合朝為之失望的時候，突然傳出老佛爺同意恭王復出的喜訊。

文武大臣們既感到欣慰，又頗覺納悶：是誰有如此大的本事讓老佛爺天心回轉？不久，從內務府傳出消息：老佛爺的回心轉意，是因為皇上三番五次跪求的結果，而皇上之所以如此態度堅決，是因為他最為寵愛的妃子珍妃的竭力慫恿。

珍妃，這個中國兩千年封建帝制中最後一位因干預政事致使命運悲慘的皇貴妃，她的名字便這樣從後宮中最初走了出來。

於是，外官也漸漸對皇上的後宮私生活有了較多的了解。

光緒不喜歡太后強加給他的皇后小那拉氏，皇后仗着姑媽的權勢，也不把光緒看在眼裏。被封為珍妃的長敍次女美麗單純，得到光緒的寵愛。珍妃姊妹在娘家時，家中請的塾師是有名的才子文廷式。比起漢家閨女來說，旗人家的姑娘在家裏的地位較高，可以和兄弟們一起讀書。因此，珍妃和她的姐姐瑾妃從小便受到良好的教育。又因跟着父輩去過不少城市口岸，眼光較之一般女孩子也大為寬闊。這也是珍妃能得到光緒喜愛的原因。

也有從敬事房太監那裏悄悄傳出的消息，說皇上乃天閹，皇后與瑾妃因而不愛皇上，並成天為自己的苦命而憂心忡忡，沒有笑臉，惹得皇上見了她們也快樂不起來。但珍妃不這樣，她對皇上的天閹渾然不覺，一天到晚無憂無慮，臉上總是掛着天真的笑容。皇上怎能不喜歡她？太監、宮女們也個個樂意跟珍主子相處。敬事房的人說，這才是珍妃得皇上歡心的真正原因。

外臣對此雖不能辨底細，但有一點證明敬事房的話有道理。皇上大婚五年了，正式冊封的妃嬪有七位，一天到晚圍繞在他身邊的宮女二三十個。二十多歲的年輕人，身上也看不出別的毛病來，就是沒讓身邊的任何一個女人懷上孕，不是天閹是甚麼？

慈禧十年來一直對恭王疏遠冷淡，全班軍機大臣的合詞上奏，元老重臣的懇求都不起作用，還有誰敢再說話？普天之下，除開光緒一人外，再無第二個了。現在太后的態度改變了，是不是珍妃的慫恿且不去管它，光緒本人順應輿情，希望老伯父出山力挽敗局振作朝綱，卻是不爭的事實。

4 復出的恭王感歎：即便貴為皇伯，也不能沒有權力

說是老伯父，奕訢其實也並不是太老，今年不過六十二歲。當光緒十六年十一月醇王去世後，在皇帝的嫡親父輩中，他又的確是碩果僅存且唯一壽過花甲的老前輩了。他得到皇帝的尊重和倚賴是理所當然的。然而，皇帝沒有想到，他的這位伯父已經難以承受這份尊重和依賴了。

恭王府西院書房裏，恭王半躺在從德國進口的俯仰自如的牛皮沙發上，身上蓋了一件黃緞繡花薄棉被。初冬的陽光透過寬敞的玻璃窗，照在他乾癟的臉上，一雙略顯小的眼睛微微閉着。王府的太監宮女們以為他睡着了，不敢再走進書房來，只在窗外躡手躡腳地來回走動，以備王爺的不時召喚。

其實，恭王沒有睡。自從領了出山的懿旨後，他連夜晚睡覺都不安穩了，何況這一天中最好的上午辰光！

恭王奕訢退出權力中心已經整整十年了。剛退政時他深感委屈、失意和憤懣，甚至覺得這二十多年來的秉國當政的經歷如同作了一場夢似的，他給昔日的心腹同僚寫詩坦陳心曲：「吟寄短篇追往事，一場春夢不分明。」在夜闌更深的時候，他有時會突然浮出奇怪的念頭：假若當年不站在太后一邊，而站在肅順一邊，那情形又是如何呢？憑着肅順對曾國藩的一貫信任和曾對肅的感知遇之恩，江南局面的快

速釐清應該也是沒有疑義的。肅順固然跋扈囂張，但他的才幹也的確是朝中少有的。辦事輕重緩急，他還是能分得清的。他至少不會在庫帑緊縮的時候，提出修復頤和園的計劃。尤其是當恭王想到繼統續位的大事時，他更加痛心。倘若他與肅順聯手的話，同治死後，這九五之尊絕對會落到恭王府，而不會流失到老七家。唉，天命固然不可預測，這人事又哪裏是可算計得到的？

思前想後地過了幾年，日趨老境的恭王漸漸地心思平和了。國家大事，他索性一概不管了，安下心來在豪華舒適的王府中讀書寫字、賞花聽曲，以藝術之美來充塞心靈；山珍海味，歌舞宴樂，以醇酒與婦人來最大限度地獲得感官的愉悅。歡樂只在今宵，王府即是天堂。當年一心追求權勢欲建赫赫功業的恭王，再也不存任何雄心壯志，決定充分利用宣宗爺皇六子的天賜福分，在短暫的生命中盡享人世間種種歡快樂趣！

他以樂道堂主人的署名寫下了不少詩篇，結集於《萃錦吟》前後篇中。隨意從前後篇各挑一首來加以對比，都可以看出他十年賦閒期間的心態變化。如前篇中的一首七律：「紙窗燈燄照殘更，半硯冷雲吟未成。往事豈堪容易想，光陰催老苦無情。風含遠思翛翛晚，月掛虛弓靄靄明。千古是非輸蝶夢，到頭難與運相爭。」詩中流露的是前議政王對世事無情的幽怨心曲。再看後篇中的一首五律：「超然塵事外，已得六年閒。欲契真如義，情生造化間。澄心坐清境，深戶掩花關。味道能忘病，不知憂與患。」這裏則是今日樂道堂老人對人生真諦的初步領悟。

此刻，初冬的太陽已升得很高了。京師第一王府在冬陽的照耀下，暖意融融。斜躺在西院書房沙發上的恭王，微覺身上有一絲燠熱。他掀開黃緞被，離開牛皮沙發，走到窗邊的書案前。窗外，夏日裏那些茂盛繁榮紅綠相間的丁香花海棠葉早已凋零脫落，只剩下褐黃色的瘦弱枝幹，給人以衰颯老殘之感，而甬道兩旁的雪松，卻依舊蒼茂勁挺，頗具豪傑氣概。恭王凝神注視着這往日天天相見的冬景，此時卻讓他有種異樣的感覺。值班太監見王爺已起身，忙端了一杯新泡的江南龍井進來放在書案上，然後悄沒聲息地掩門退出。

恭王端起茶碗來啜了一口，就勢在書案邊的高背軟椅上坐下。四天前，養心殿東暖閣裏與太后敍話的情景又浮現在眼前。

自從在醇王葬禮上，與慈禧和光緒帝說了幾句話外，整整四年了，彼此沒有再見過面。當值大太監掀開厚重的棉簾，恭王一眼見暖閣正面的大炕上，太后、皇上分坐在短几的兩旁。他彎腰走上前去，正要在炕前正中鋪着的軟墊上跪下時，光緒忙說：「六伯免跪。」

慈禧也說：「六爺，今兒個不是叫起，這是一家子人敍話。按照家人的禮節，皇帝還要向您行禮哩！我看，都免了，彼此都去掉這個客套。請六爺就在對面的椅子上坐下吧！」

慈禧這種溫婉貼心的話，恭王已經好多年沒有聽到了。他記得同治初年江南尚未底定時，慈禧常常用這種語氣跟自己說話。但到後來，溫婉漸漸變成威嚴，貼心漸漸變成隔閡，再不是叔嫂間親熱融洽，而是君臣間的上下尊卑了。恭王在心裏品味了一番後，便在對面雕龍刻鳳的檀木大靠椅上坐下，立時便有太監送來一碗香氣四溢的熱茶。

「好幾年不見了，六爺身子骨還好嗎？」慈禧的聲音依然如舊的清脆動聽。

「託太后、皇上的福，老臣這兩年還沒生過大病。」恭王答着，就勢將對面的嫂子仔細地瞧了一眼，心裏微微一驚：也是六十歲的老太太了，怎麼還依然是面色紅潤，髮髻烏黑，她是如何保養得這般好的？想起自己，只比她大得兩歲，就如此多病多痛、血虧氣衰的，上天太眷顧這個逞強任性的女人了。

「一向瞎忙，這些年也沒去瞧瞧你。」慈禧也端起矮几上的茶碗來，輕輕地移動蓋子，右手小指上的三寸純金護指高高地翹起，淺淺地抿了一口後，又幾乎沒有一點聲音地將茶蓋蓋好，放回矮几上，然後拿起膝邊的素底繡着一支蘭花的絹巾，輕輕在脣邊上印了一下。整個動作在從容、優雅中又透出幾分高貴氣。「光緒十五年皇帝大婚後，我對他說，你已經娶媳婦了，是個大人了，老百姓家的兒子娶了媳婦都要當家理事了，何況一國之主的皇帝！我為你操了十多年的心，現在累了老了，也該歇息歇息，園子裏也修好了兩個宅院，我就搬到那裏去住。軍國大事，你一切自個兒做主吧！」

恭王靜靜地聽着。他知道慈禧的這些話的確都曾經說過，他更知道，慈禧這些話是言不由衷的。

「不料，七爺不肯，說皇帝雖然大婚，但還是年輕，肩膀嫩，擔不了這副重擔，要我再訓政兩年。我說，兩年前，我就要皇帝親政，是你說再訓政兩年待皇帝大婚後再親政，你自己說的話，你忘記了，你就不怕累壞了我？七爺說，看在祖宗的面上，你無論如何要再幫他兩年。我說好吧，就看在祖宗面上，再幫一下。今後國家的重大事情及二品以上官員的任命，我過問一下，其他事我不管了。夏秋兩季我住園子，冬春兩季住宮裏。住宮裏，也不要有事沒事都來麻煩我，得自個兒歷練，早早擔起這副重擔來。」

恭王仍然默默地聽着，間或微微點頭，他知道慈禧為甚麼要說這番話。她是在皇伯面前表明自己的苦心：這幾年皇帝親政的名不副實，不是因為她想攬權，而是皇帝親生父親的一再拜託。恭王心裏冷笑着。

「今年春上，朝鮮出了亂子，害得我們不得安寧。我原本在城裏過完春天後，仍回園子過夏天，皇帝和王公大臣都一再要我留在養心殿。我想也是，打仗這碼子事皇帝從來沒經歷過，怪不得他心虛。七爺也不在了，我不忍心眼看着他受這個苦，就留下了。」

恭王心裏想：皇帝怎麼啦，一句話都不說，任憑着太后一個人在絮絮叨叨。十年前，他當國時，常常這樣三人對坐商討國家大事，皇帝也總是難得講一兩句。那時恭王總把他當小孩子對待，也希望他多看多聽少說，但現在已經是二十四歲的人了，怎麼能還是像小孩子樣，只聽不說呢？即便是他平庸無能的父親，那年半夜帶兵到密雲抓肅順，也還沒有二十四哩！看來，皇帝連平庸的父親都不如，他難道是個孱駑下才嗎？

恭王瞟了一眼坐在矮几另一邊的侄兒。四年不見了，卻跟四年前的模樣沒有多大差別，仍然蒼白削瘦，神色不旺。通常的男人，婚後都會日漸向成熟粗壯的方向發展，可他結婚五年了，依舊還是一個沒有長成人的孩子相，想起五年來後宮沒有傳出一星半點喜訊，恭王陡然心驚：莫非他天生不是一個真正的男人！唉，祖宗百戰沙場，九死一生，靠千千萬萬屍骨換下來的這座漢人江山，怎麼就會落在這樣一個孱弱不全的人的手中？不要說聖祖高宗的強壯後裔數以百計，就連恭王府、惇王府裏都有上十個精精神神的漢子，偏偏就讓他來坐江山，這難道是天意嗎？一股悶氣堵住胸口，恭王頓時全身不舒服。

「中國和日本開仗以來的情形，六爺自然是知道的。李鴻章的海軍不中用，世鐸領的這班軍機也沒了主意，我對皇帝說，你六伯的病應該早已痊癒，請六伯出來幫幫忙吧！」

恭王聽了這話很不舒服。十年前他本沒有病，生病云云，純粹是為了遮掩世人耳目。他終於開口了：「老臣病體實未痊癒，不能再當重任，以免誤了大事。」

一直沒有吱聲的光緒急了：「六伯，闔朝王公大臣都盼望您出來挽救危局，您就出來幫幫侄兒吧！」

慈禧兩道精心描畫的柳葉眉略微皺了一下，她對兒皇帝的這副神態甚不滿意。恭王推辭一下，就急成這個樣子？明明說的是我叫你請他出來，為何又說成闔朝王公大臣的請求？也不能說「挽救危局」的話，真個是情急失態。載湉呀載湉，你真是太令我失望了。

「六爺，」慈禧平和地說，「皇帝沒臨過大事，一有風吹草動，就心慌意亂，咱們不幫襯幫襯他，行嗎？」

恭王見侄兒那副發自內心的企盼神態，本已心動，想起慈禧三番五次不理睬王公大臣的請求，心裏又有氣。他冷冷地說：「有太后在坐鎮，有禮王和軍機處諸大臣在運籌應對，老臣實無必要再來插手，且一衰弱老翁，亦於事無補。」

光緒生怕就此散了場，心裏又急了：「李師傅、翁師傅都說，國家正在危急存亡之秋，非六伯出來，不能安定國本。六伯，您無論如何都要出山呀！」

真正一個大孩子！恭王為侄兒的純真而欣慰，也為他的憂國之心而感動，對他的孱弱和不成熟生出幾分憐憫和寬恕來，再推辭不就，似乎有點不忍。

「六爺，莫說我在此坐鎮的話，我也是萬不得已。」慈禧望着奕訢，語氣顯然比剛才要硬了些。「國家遇到這樣的大事，你侄兒年輕又從沒經歷過，怪不得他這樣心急。我自然有責任幫他度過難關。六爺，你身為宣宗爺的嫡子，文宗爺的親弟，皇帝的親伯父，你能眼看着祖宗江山受到危害而不動心嗎？

你能眼看着你侄兒遇到難事而袖手不顧嗎？這江山眼下固然是皇帝他在坐，難道與你六爺就無關了嗎？你可是皇帝父輩中健在的唯一之人啊，他不求你求誰？倘若國家有甚麼閃失，六爺，你今後如何對得起列祖列宗的在天之靈。」

慈禧的話雖然直硬了點，但的確句句在理，擲地有聲。這個時候，還去跟她計較十年前的恩怨，不是顯得自己太狹窄了嗎？若堅不出山，不僅難以面對着這位不失赤子之心的侄兒皇帝，也會使李鴻藻、翁同龢等一班大臣寒心，實在地說，也有愧於列祖列宗。想到這裏，恭王決定擯棄前嫌，臨危受命。

「太后，皇上。」奕訢以誠懇的語氣說，「不是老臣有意推辭，委實是年老氣弱，只能在王府養老以終天年，不宜出入廊廟擔當重任，且當年越南之事十年來一直未曾忘記，深恐再誤國事。既然太后皇上不嫌老臣衰邁無能，老臣只能豁出老命，再作馮婦了。」

望着光緒臉上露出燦爛的笑容，慈禧心中冒出一絲酸意，她轉過臉對他說：「朝政是你在管，你跟你六伯說說，請他做些甚麼？」

光緒挺挺腰板，輕輕地假咳一聲，鄭重其事地說：「朕請六伯重領軍機處，兼管總理各國事務衙門，並添派總理海軍事務衙門，會同辦理軍務。」

不僅恢復原來的軍機處領班大道的舊差使，連醇王生前所領海軍、總署衙門也一併交付，可謂將政事外交軍事全盤委託了。恭王感覺到了侄兒的誠懇，也暗暗驚異嫂子的大方：難道她真的自認無法應付眼前的局面嗎？

他站起身，彎下腰說：「老臣領旨。」

「六伯請坐。」光緒伸出一隻手來向下壓了壓說，「六伯年老，有病在身，就不要入朝當值了，一切事都在王府辦，軍機處、總署、海軍衙門的人上王府來向您請示。」

慈禧笑了笑說：「六爺，大清的事，都託負給你一人了。」

「謝太后、皇上。」恭王嚴肅地說，「老臣只是盡忠效力而已，大清的事，還是由太后、皇上作主。」

領了旨的恭王，與嫂子、侄兒細細地商討起眼下的戰事來。

直到正午時分，奕訢才離開養心殿。杏黃大轎剛在恭王府大門口停下，王府長史寬齡便走了過來，輕聲說：「禮王已在小客廳等候多時，軍機處、總署、海軍衙門各位大人都有名刺遞來，請求王爺安排時間接見他們。」

恭王「唔」了聲，沒有說話，便走出轎門，踏上光潔如玉的大理石台階。

奕訢來到上房，大福晉帶着一批側福晉早已恭候着。大福晉把奕訢迎入室內，急着問：「太后怎麼說的？」

奕訢面色如常地答：「領軍機、總署和海軍衙門。」

大福晉一聽，滿面喜色，樂滋滋地說：「恭喜王爺！」隨即向後面傳話：「給王爺端來熱水，上銀耳羹！」

一會兒，一個丫鬟端着一盆熱水，後面跟着個小丫鬟，雙手捧着一條雪白的西洋毛巾。大福晉親自將毛巾浸在熱水裏，擰開後遞給丈夫。恭王接過，擦了擦臉和雙手。又進來一個丫鬟，雙手捧着一個掐絲珐琅銀碗，碗裏擱着一把精巧小銀勺。大福晉從丫鬟手裏接過銀碗，走到丈夫面前百般溫柔地說：「累了大半天，趁熱把這碗銀耳羹喝了吧！」

恭王喝了兩口後，隨手交給身邊的丫鬟。平日最得恭王寵愛的五側福晉走了過來，對着緊隨身邊的貼身丫鬟說：「去房裏把王爺的寬袍拿過來，給王爺更衣，讓王爺躺會兒。」

恭王擺了擺手：「不要更衣，我還要見禮王。」

大福晉勸道：「王爺辛苦了，歇會兒吧，別把自己給累壞了！」

恭王說：「禮王已在府裏等候很久了，不好叫他再等下去。」

說完對寬齡說：「你請禮王到東院議事廳等我，我一會兒去那裏與他會面。」

又對大福晉說：「你叫大夥兒都出去，讓我安靜片刻。」

大福晉對眾人揮了揮手，大家都退出門外，只有她和五側福晉留在房裏，以便伺候。

奕訢的確很累了，原本甚麼人都不見，回府後便躺下休息，但現在坐等的是接他手之後領了十年軍機處的禮親王世鐸，他不能不見。

奕訢閉着眼睛，默默地坐了一刻鐘後，起身離開上房，向東院議事廳走去。

「王爺！」從窗口看到恭王的身影時，世鐸便忙着起身，來到議事廳門邊等候。

「禮王，勞你久等了。」恭王一邊打躬，一邊對世鐸說，「請上坐。」

「王爺，您就叫我世鐸吧！」世鐸雖比奕訢年長三歲，但按輩份卻是孫輩。

「哪能那樣，坐吧！」

二人在議事廳花窗下的梨木鑲貝太師椅上坐下，寬齡親自為禮王上茶。

「王爺端坐，世鐸恭喜王爺，賀喜王爺。」

世鐸起身，整了整衣冠，矮矮胖胖的身軀眼看就要跪下去，奕訢忙起身攔住：「禮王，你這是做甚麼，快請坐！」

世鐸堅持要拜，奕訢高低不肯，二人推推搡搡地客氣了半天，世鐸沒有拜成，重新坐定。

「王爺，您這一出山，是慰天下臣民渴望雲霓之心呀！世鐸我盼星星盼月亮終於盼到了這一天。」世鐸端端正正地坐着，兩手放在膝蓋上。「不是在王爺面前表功，世鐸為請王爺復出，單獨跟太后說過兩次，又率領全班軍機給太后上過奏章一次，也是太后憐恤世鐸等的苦心，終於准了奏。」

世鐸說是不表功，其實是明顯地在表功，但他也沒說假話，的確多次奏請過，奕訢對這些也清楚，說：「禮王和眾軍機的心意我領受了，但我乃是罷黜之人，這些年來一直在王府養病，外間的事情也不清楚，實在是於國事無補，辜負了禮王和眾位軍機的厚望。」

「王爺，您太謙退了，普天之下，誰不知王爺的經緯大才。」世鐸白白胖胖的臉上現出萬分誠懇的神色。「甲申年，越南的事，責任實不在王爺，都是徐延旭、唐炯等人不中用。至於世鐸我，更無半點想領軍機的心。我自知無能，向無大志，只求這一輩子不出差池，保住祖宗傳下來的這頂鐵帽子，死的時候，能安安穩穩地傳給兒子，我就心滿意足了。是七爺三番五次地勸說，也是不得已領了這個差使，這十年間實在是沒有甚麼作為。現在王爺再來領班，我是謝天謝地謝祖宗，這個擔子算是平順地放下了，明天起我就可以安心樂意在家養鳥聽曲逗孫子了。」說罷，咧開嘴笑了起來。

奕訢面露微笑，極有興致地聽着世鐸的話。對於這位排行孫輩的老禮王，奕訢是清楚的。在高層次的黃帶子中，世鐸的確是個庸才。他不愛讀書，不愛騎射，也不甚關心軍國大事，他喜歡的是養鳥餵狗，打牌聽戲，伶人美女，吃喝玩樂。只是世鐸有個好處，他的所有這些作為，都只在他的王府裏進行，他和他的幾位公子都沒在市井上留下劣跡。而且世鐸愛交朋友，也願意給人幫忙，故而在紅黃兩帶子中間，他有好的口碑。身為一個鐵帽子王爺，世鐸如此行事，也算是王公中的大好人了。所以甲申年，慈禧和奕訢請他出來領軍機處，大家都沒有反對的意見。奕訢知道世鐸這番話是真誠和虛假各兼其半。他無政治野心，對交出軍機處大權的失落感不大；他平庸無才，應付不了眼下的局面，急於擺脫，這都是實情。但他做了十年的軍機處領班，嚐了十年握國家實權的味，從中獲取了無數的甜頭，真的讓他立即就回家去抱孫子，他能甘心？再說，十年間的軍國大事，他幾無不插手的，一時就完全擺開他，也不合適。還在從紫禁城回王府的路上，恭王坐在轎子裏就開始思索着他所面臨的第一樁大事：如何處置世鐸和那幾位軍機大臣。一種是學十年前慈禧那樣，將現在的軍機處連領班全行罷黜，以報當年的仇恨，出出胸中這口悶氣。剛一想到這層，奕訢便下意識地搖了搖頭。這樣做不明擺着是報復嗎？朝野中外，不會都說你心腸狹小、度量偏窄嗎？尤其是太后，她第一個會不舒服。當年那樣做，是她的主意，今日你以牙還牙，矛頭不是指向她嗎？往後還得和她同事，得罪她並不是好事。全班罷黜，行不得！但對現在這個軍機處，奕訢實在是不能接受。世鐸不說了，排在第二位的大軍機張之萬八十好幾了，已在病床上躺了兩三年，軍機處的大小事都不過問，這種隨時都會過去的衰翁，為甚麼還要讓他佔住位子不放？

還有一個額勒和布，也是甲申年大變中上來的，也是望八的人了。四年前中過風，雖留住一條命，但時常神志不清。這種人還留在軍機處做甚麼？軍機處乃朝廷最高辦事機構，日理萬機，需要的是最精明最能幹的人才行。世鐸真是糊塗得可以，把個軍機處當成了崇老院、怡養所，荒唐不荒唐！這兩個人無論如何得讓他們退出來。但他們都是元老級的人物，又沒有大錯失，只能用體面的方式退出。可以給他們一個特殊的榮譽，如授紫韁、准予紫禁城騎馬等。只是不能馬上實行，得過幾個月再說。排名第四的孫敏汶與第五的徐用儀，這次被清流罵得厲害，聲稱要攆出軍機處。奕訢也對他們無好感。特別是孫敏汶，不僅擅權專橫，更兼人品卑下，純粹是靠走老七的門路才進的軍機處，世人罵他是醇王府裏的一條狗，奕訢對他更是厭惡。孫、徐是得趕出軍機處，而且是越快越好，為了慎重起見，暫且隱忍一下，過兩個月再說。世鐸為何急着要跟我會晤，其實也就是想探一探關於他本人及軍機處其他人的處置，剛才這番話，不是說得很明白嗎？

奕訢想到這裏，笑着說：「我十年不問國事了，這乍一當差，還真不知從哪着手哩。你還得幫幫我！」

正是奕訢所猜的，世鐸之所以在恭王召見的當天上午便急忙趕來恭王府，並耐着性子在小客廳裏坐等了一個多小時，完全為了探一探恭王對他帶領的軍機處如何處置的口風。昨夜，當確知太后今上午召見恭王的消息後，孫敏汶、徐用儀悄悄來到禮王府。孫、徐二人知道輿情對他們不利，希望能通過世鐸來保持在軍機處的位置。二人湊了四十萬銀子給世鐸，請他出面在恭王面前說說情。世鐸說：「假如我還留下，就為你們說說；假若我都留不下，你們也只好捲鋪蓋了。」今天來恭王府，世鐸帶上了這四十萬銀票，但他不想輕易出手，若沒有一點希望，這四十萬不白白擲了，如何向他們二位交代？

世鐸一時還弄不清楚這「幫」字的含義，但至少沒有立即趕他下台的意思，還有一線希望在。他想再進一步探探。

「王爺言重了！」世鐸將前身向恭王那邊傾過去，一副誠虔謙卑的模樣。「世鐸世受國恩，又蒙太后、皇上和王爺的眷顧，在此危急之時，為國家出力，為王爺效命，是我的本份，豈敢當一『幫』字！」

世鐸說到這裏，有意停下，看看奕訢的表情，見他帶着笑意在傾聽，遂將昨夜挖空心思想好的「引餌」拋了出來。

「這次和日本的戰事，軍機處和李少荃都認為處理的關鍵在於以夷制夷，俄和英國都不情願讓日本一國獨吞朝鮮，所以他們有可能會站在我大清這邊。俄國公使巴魯諾夫和英國公使莫頓與我的私交都很好，他們對我是無話不談，我為他們在中國辦過不少好事。俄國的皇后曾私下委託巴魯諾夫為她尋覓一顆大珍珠。巴公使尋覓不到，請我幫忙，結果我在福州為他找了一顆，當作禮品送給了他，巴公使感激不已。要解決與日本的戰事，必須仰仗俄英兩國公使。王爺和他們會談的時候，若用得着我，我一定樂意效勞。」

世鐸這個「引餌」太誘人了。「以夷制夷」，原本就是過去奕訢辦外交的絕招。自從得知有復出的可能後，他就在考慮如何來解決與日本海戰事，想來想去，還只有重新拿起「以夷制夷」的法寶。世鐸既然有這樣的好關係，何不就讓他來辦理此事？看來世鐸至少這段時期不能離開軍機處。

「禮王，你不要急着歇肩撂挑子，許多事都還要你一起來辦。英俄兩國公使，這些天我就會約見他們，還要煩你先去疏通疏通。這樣吧，」奕訢輕拍了一下茶几，作出一個決定。「明後天我親奏太后、皇上，讓你留下，和我一起來領軍機處吧！」

果然上了鉤！世鐸心中一喜，口裏卻說：「戰爭失利，我負有很大責任，軍機處領班這個差使，我幹不好，王爺才是世所矚望，我退出，也好讓王爺重建軍機處。」

奕訢已聽出世鐸的話中之話了，立即說：「軍機處，我不會重建的，還得依靠各位大人共度艱難。」這句話讓世鐸一驚，看來孫敏汶、徐用儀都有救了，忙笑着說：「軍機處的各位同寅都託我先向王爺恭喜道賀，他們都遞來了名刺，隨時等待王爺的召見。」

奕訢說：「不必一一來了。過些日子，待我與總署、海軍衙門打過交道後，再請各位放駕到王府來，我們一起見個面。」

「好。我這就把王爺的意思告訴他們。」世鐸說到這裏，隨即又特意補充一句，「軍機處各位盼着王爺出來，可是望穿雙眼呀！」

說罷，自個人先笑了起來。

奕訢也笑着說：「謝謝各位大人的厚愛。國家多事，太后、皇上心裏焦慮，全靠各位軍機為國排難，為太后、皇上分憂。」

「主憂臣勞，主辱臣死，自古皆然。各位軍機蒙太后、皇上聖恩，雖肝腦塗地，不足為報。」說着，世鐸從左手袖袋裏取出兩張銀票來，懇摯萬分地對說，「王爺復出，宮裏宮外的打點，驟然劇增。這些年，恭王府也沒有別的收益，這四十萬兩銀票，請王爺笑納，以備眼下急需。」

奕訢沒有想到，剛一復出，就有世鐸這樣身份的人一次便送上如此重的禮銀，說是巴結也可，說是賄賂也可，說是雪中送炭也可，奕訢心裏頓然有一種舒貼的感覺。皇阿哥出身的奕訢也與其弟奕譞一樣，並不是一個貪財愛貨的人，從小到大他不缺財貨，也體會不到財貨的重要。因此，恭王府並不專事聚斂。然而，到了同治初年，他剛領軍機處後不久，便發現議政王大臣的雙俸親王銀子都不夠使用，他奇怪地問王府長史。寬齡告訴他，每次進宮見太后，王府得準備五百兩銀子，用來打點宮內各處太監，光李蓮英一人至少得二百兩。奕訢怒道：我進宮見太后，辦的是國家大事，為甚麼要打點宮裏的太監？長史苦笑道，王爺有所不知，宮裏的太監並不明裏問你要銀子，但你若不給好處，他就想方設法給你設置障礙，弄得你處處不痛快，有時還得誤事。奕訢道，這成甚麼話！我非得稟告太后，革掉這個陋習不可。長使說，這個陋習由來已久，也不是本朝才有的，太后自己也知道。那年左侯從西北回來，要進宮見太后，不知這個規矩，在朝房裏乾坐了一個時辰。左侯脾氣大，在朝房裏嚷起來。一個同在朝房的侍郎將陪同左爺上朝的楊昌濬叫到一邊，悄悄地告訴他：塞三百兩銀票給當值太監就行了。果然，銀票剛塞，便叫起，楊昌濬偷偷告訴左爺：這是三百兩銀票的作用。左侯老大不高興，氣鼓鼓地，見到太后不說別的，先說這事。不料太后卻笑着說，宮裏太監窮，只得向外官打點秋風，只是不能要這麼多。也是你們這些做外官的給慣壞了，一個比一個多，把他們的胃口撐大了，現在連我都禁不住了。左侯聽了，張開嘴巴說不出話來。王爺您說這個陋習破除得了嗎？奕訢搖搖頭，無話可說。長史又說，還有宮裏來傳話報信的，也必得打發他們，看地位高低和傳話的內容：地位高的、傳的話重要的要給一百兩，地位低的、傳個一般話的至少也得二三十兩。除宮裏外，還有與各國公使館。那些洋人，也都是要錢要物的，這項開支，也不比打點宮裏的少。

奕訢開始懂得錢財的重要了。

俸薪不夠開銷怎麼辦呢？去貪污嗎？去賣官嗎？如此做，奕訢又覺得不合適。帶着這個疑問，他去請教做過直隸總督、大學士的岳丈桂良。桂良告訴他，外官的俸銀低應酬多，銀子一般都不夠用，故不少官員貪污受賄；但大部分官員是用另一種辦法來增加收入的，那就是收門包。登門求見，先遞銀子來。到家門來求見，多是為了私事，故願意出。現在各省督撫兩司，一直到府縣州廳都收門包，這已是人人皆知的私密。只是你先前不任事，沒有多少人上恭王府來求你罷了。現在，恭王府是京師中握有實權的第一大衙門，每天來登門求見的人多得很，完全可以定出一個門包制度來：多大的官得給多少銀子，有急事加倍。奕訢總覺得這門包收得不體面，這不是公開索賄嗎？桂良正色道，既然太后都允許宮裏的太監收打點費，為甚麼你恭王府收點門包就不行呢？況且你是拿這筆錢去應付宮中的敲詐，這不算你恭王的受賄。只是要派可靠的人管好這筆錢，不能讓門房私吞了。

奕訢採納岳丈的主意，公然在王府裏收起門包來。這後來自然成了眾人指謫的口實。不過，恭王也的確是靠了這筆收益才能應付宮中和洋人的。他一時還沒有想到這點，經世鐸一提，立即意識到此刻確需大批銀兩，但奕訢還是下意識地謝絕。

世鐸做出一副推心置腹的神色：「不瞞王爺說，這筆銀子也不是我的俸祿和養廉費，這也是這十年來門包的積蓄。今後王爺來領軍機處，許多開銷就不用我出面而是由王爺出，這筆銀子理應轉給王爺。」

見奕訢還在猶豫，世鐸爽快地說：「若王爺還覺得不合適的話，這筆銀子就歸我借給王府用，以後王府再還給我好了。」

世鐸有意不說出孫、徐二人來，一則是要自己獨得這份功勞，二則孫、徐目前口碑不好，怕說出來恭王更加不敢接。

見世鐸這樣說，奕訢只得收下，一邊說：「我叫寬齡寫個借條給你。」

「改日吧，改日吧！」世鐸忙起身。「王爺累了大半天，我又打擾了這麼久，實在不應該，我這就先告辭了。王爺有甚麼事要召我，我隨傳隨到。」

奕訢目送着矮胖臃腫的世鐸搖搖晃晃地走出王府，想起賦閒十年來門庭冷落，今日一旦復出，登門送錢的、遞名刺求見的便絡繹不絕，從今往後，這門前便天天軒車如流水，駟馬如游龍，送銀子送財貨的，將會在門房口排成長隊。他在心裏長長地歎息一聲：權力呀，你是一個多麼重要的東西，哪怕是貴為皇伯，也不能沒有你！

正在窗前遐想着，寬齡進來稟道：「王爺，李中堂李鴻章已在候客室裏等候。」

「哦，李中堂來了！」李鴻章是他今天的第一個客人，他轉過臉對寬齡說，「你帶他到西院大客廳裏去吧，我換上衣服就過去。」

5 恭王府裏，敗軍之將一吐苦水

恭王府裏無論是客廳、議事廳還是書房，都有中式西式兩種，視客人的身份與愛好分別安置接待。外國客人來訪，都安排在西式客廳，但也有例外。比如海關總稅務司赫德，是一個標準的英國人，但此人二十歲來中國，已在中國謀事四十年，自稱愛中國勝過愛英國，對中國古老文化酷愛不已。赫德每次來恭王府，奕訢都安排在中式客廳裏相見，而且事先還得特別佈置一番，把中國氣味營造得足足的。同樣的，本國客人來訪，則安排在中式客廳，對於那些愛好洋玩意兒的，則安排在西式客廳。恭王知道李鴻章是一個仰慕西洋的人，常將他請到西式客廳或西式書房相見。李鴻章在充滿異國情調的客廳裏剛剛落座，奕訢便進來了。

「李鴻章向王爺殿下跪安。」李鴻章彎腰作揖，左手端着一頂鑲着大紅珊瑚頂子的大蓋帽。

奕訢忙扶住李鴻章的手臂，說：「中堂免禮。」

說罷，注目望着眼前這個正遭受各方指責身處困境的四朝元老。與春天見面的那一次相比，李鴻章明顯地瘦了、憔悴了，頭髮鬍鬚上又多鋪了一層霜。七十一歲的前淮軍首領，原本腰板挺拔硬朗，如今已現出幾分佝僂之態了。

「中堂也老嘍！」

奕訢從心裏深深冒出這句話來，然後拉着李鴻章的手，一起在鬆軟的絨沙發上坐下，關切地問：「近來都還好嗎？」

「唉，再不濟也得挺過來呀！」李鴻章彷彿百感交集，一時不知從何說起似的。「現在王爺復出，一切都有指望了。」

奕訢感受到一種與世鐸不同的真正的情誼。事實上，他和李鴻章的關係的確非同一般。

這種不一般的關係，不但因為他們二人相交年代的久遠，更因為他們彼此之間對國事看法的投緣。當咸豐皇帝還在世的時候，年紀輕輕的奕訢便以器局開張而獲譽於朝，與著名的能幹大學士、軍機大臣文祥相契合，在對漢人領兵和與洋人打交道這兩件大事上，總是持開明的態度，與那些頑固守舊的滿蒙親貴們截然不同。他早期信任湘軍，後來又倚重淮軍，這使李鴻章對他感激。尤其在洋務事上，奕訢與李鴻章的觀點幾乎完全一致，即盡力維持和局，以便徐圖自強。從這個觀點出發，他們主張在國內大辦洋務，與洋人宜友好合作，信守合約，盡量不挑起事端，一旦有事也先立足於調和，盡量利用各列強之間的利益關係來求得平衡。因此他們常常遭到守舊勢力和清流人士的指謫，但他們一直堅信自己的這一套才是真正有效的治國方略，而反對者的論調不是有意唱高調嘩眾取寵，便是未親歷艱難不知深淺。在李鴻章眼裏，奕訢是他在朝中的強大奧援和靠山。在奕訢眼裏，李鴻章是朝廷的干城和柱石。共同的觀念和相互的依賴，使得他們成為少有的官場上的知心朋友，他們可以在自家的小房子裏推心置腹地談論國事和人事。

十年前奕訢被罷黜後，李鴻章頓感失去了一個強大的支持。畢竟有着幾十年不同於一般的關係，退居於王府的奕訢和依舊顯赫的李鴻章並未中斷聯繫，逢年過節，彼此常有書信問候，李鴻章間或也會去王府看望奕訢。

今年四月，李鴻章在渤海海面檢閱北洋海軍。那是他一生中最為出風頭的幾天。他坐在從德國進口的快艇裏，在萬頃碧波的海面上乘風破浪，檢閱那一艘艘氣派龐大裝飾一新的鐵甲戰艦。這是一支多麼威武的海上雄師啊！

李鴻章的巡洋快艦每經過一艘戰艦邊，該艦管帶帶領全體水手列隊站在甲板上，一齊對空鳴槍。此時汽笛長鳴，聲震四周，管帶手揮兩色小旗，向北洋海軍的最高統帥打出問候、請安的祝語。然後進行放炮打靶、快速前進、急速轉彎等各種實戰演習。這時的李鴻章，激動的心情，就如眼前的波濤一樣起伏不定。二十年的含辛茹苦、慘淡經營，今天終於有了這樣一支強有力的海軍。我李鴻章對大清的貢獻前無古人，不但在朝野內外是第一大功臣，就是在洋人面前也有頭有臉，今後可以和他們直起腰桿說話了。

回京師向慈禧稟報後，李鴻章特為去了一趟恭王府，一是去看看老朋友，二是對他說說這次海上閱兵的盛況，也讓他高興高興。他告訴前軍機領班，北洋海軍噸位目前排名世界第八，我們所防備的對手日本只排名十四，若說北洋海軍對付英法等國尚有困難，但對付蕞爾小國日本來說是綽綽有餘的。奕訢固然高興，但也提醒李鴻章，北洋海軍畢竟沒有經歷過實戰，真正的戰鬥力如何，要在實戰中才能看得出來。帶兵多年的李鴻章自然知道這一點。回到天津後，李鴻章命令北洋海軍官兵努力加強實戰訓練，但大多數官兵並不把這道命令放在心上。北洋艦隊的絕大部分管帶，是由福州船政學堂畢業又留學過英國的高材生，聘的教官，均為歐洲人，水手是從陸師中十裏挑一選出來的精壯漢子。這支洋味十足的艦隊，從官員到士兵，從來就有一種很強的優越感，習慣於高待遇高享受，沒有吃苦耐勞的傳統。作為軍人，他們也很少有為國赴難馬革裹屍的心理準備。因閱兵有功而得到朝廷賞賜的北洋艦隊的官兵們，並沒有意識到不久以後，就與一衣帶水的近鄰有一番毀滅性的海上惡鬥。

但李鴻章身邊的外籍軍事參謀們有所預感。他們告訴這位北洋大臣，日本舉國上下在發憤圖強積極擴軍備戰，目標對準朝鮮和中國的東北。日本海軍的噸位雖不及中國，但戰艦上的武器裝備精良、訓練有素，必須切實防範。他們並告訴李鴻章，英國船廠最近造出一隻時速二十三浬為目前世界第一的四千噸巡洋艦，如果將它買下來，可以大大加強北洋艦隊的力量。李鴻章很想把這條巡洋艦買下來，但此前他為買艦的事多次碰壁，心裏仍有餘悸。猶豫很久，他想起這次檢閱太后高興，或許趁着這個時候容易獲准，便鼓起勇氣再次上奏，請朝廷為北洋艦隊撥銀一百四十萬両，其中八十萬両用於購買巡洋艦和培訓駕駛人員及水手，另外六十萬両用於加強和更新各艦艇上的大炮。不料沒有多久，戶部便將這紙奏議駁回，說是太后萬壽大典在即，所費浩繁，一切其他開支都得停止，北洋艦隊買船添炮事着庸勿議。李鴻章看到批文後，歎息不已。很快這隻巡洋艦便給日本買去，取名吉野，成為日本航隊的主力。就是這個吉野號，在大東溝海面上的戰役中耀武揚威、兇猛狠惡，終於使得北洋海軍敗下陣來。李鴻章滿臉愁怨，無處訴說，滿腹苦水只得往肚子裏嚥。今天，在奉旨復出的多年上司兼老友面前，北洋海軍的最高統領真想好好地說說，要把含在喉嚨裏多年的那塊骨頭一吐為快。

李鴻章雖然對洋傢伙感興趣，但與盛宣懷不同。盛宣懷是盡可能地洋化。屋子裏的擺設，使用的東西，服用的藥物都是洋式的，只要與外國人在一起，他就一定穿西裝戴禮帽拿文明棍。平時的飲食，他也喜歡吃西餐喝咖啡，惟一的遺憾是他不會說洋話。李鴻章卻不這樣。他喜歡洋人的傢具用具，如鋼絲床，如沙發，如手錶，他也喜歡服西洋進口的藥丸。但他在任何場合下決不穿洋服，也決不以不會說洋話而遺憾。至於飲食方面，他更是頑固地保存家鄉的老傳統，抽水抽袋，喝黃山茶，吃油膩味重的皖菜。奕訢知道他的習慣，特為吩咐家人給他上府裏常備的祁門紅茶。

喝了兩口茶後，奕訢將談話切入正題。

「李中堂，今天請你過來，是想請你說說北洋海軍的實際情況。初夏閱兵時，你對北洋海軍抱有很大的期望，為何世界噸位排行第八的反不及排行十四的？是偶爾的失誤，還是實力不敵？還有，這次打了敗仗，北洋海軍有多大的損失，目前在威海港修整的艦艇還具有多大的力量，能不能跟日本再決一戰，勝負的結果將會是如何？李中堂，我們相交近四十年了，你應當相信我，請你務必對我說實話，這是我們與日本的決策的基礎。」

奕訢斂容正色說的這番話，雖然含有責備的意思，但李鴻章並不感到難堪，因為他們是多年的相知，更因為奕訢的話誠懇、實在。李鴻章是個做實事的人。他深知，誠實的話即使不順耳，也比那些順耳的虛假話要強過千百倍。在這一點上，醇王奕譞與他的六哥便有很大的區別。奕譞的致命弱點便是不務實，喜歡說過頭話，辦過頭事。李鴻章遇着奕譞這種頂頭上司，有苦說不出，還不得不違心順着他。奕訢的平實態度，讓李鴻章心裏有一種踏實的感覺。他正好藉這個話題向奕訢說一說這些年來的實情。

「王爺，您這個話問得很好。多年來，我就想對您說說，只是您既已退隱王府，我也不便以這些俗事來煩惱您。現在王爺既領軍機，又領總署和海軍部，我有這個責任要將這些年的事情如實稟告王爺。只是請王爺耐着性子聽下去，莫嫌我人老話囉嗦。」

奕訢笑道：「你說甚麼，說多少，我都願意聽，中午就在這兒吃飯，我還要陪你喝兩杯哩！」

「謝謝王爺的美意。」李鴻章喝了一口祁門紅茶，臉色端凝地說了起來。「要說我們大清的海軍，不是我當面在王爺面前說好話，實實在在地是在王爺的手裏草創的，又經王爺的特別照顧而初具規模的。」

奕訢輕輕地點點頭。為了取得奕訢的更大同情，李鴻章有意回顧起往事來：「早在咸豐十一年，曾國藩提出購外洋船炮的建議時，王爺便奏請以關稅款來購買外洋小兵輪，命廣東、江蘇等省督撫募內地人學習駕駛，又命已租的美國輪船二艘配上炮械，駛赴安慶，交曾國藩調遣。中國人指揮外國炮船，應從這裏開始。」

奕訢插說：「還是你的老師曾國藩有遠見，早在咸豐十年便奏請學習洋人造炮製船的技藝。我還記得他的摺子裏說得很清楚：目前資夷力以助剿，得紓一時之憂；將來師夷智以造炮製船，尤可期永遠之利。曾國藩真正是見高識遠，老成謀國。」

奕訢如此稱讚他一生所敬重的恩師，這讓李鴻章心裏甚是舒貼，忙說：「曾國藩的這個想法還得靠王爺您的玉成，若不是您緊接着奏請皇上設立總署及添加南北口岸關稅，哪有日後洋務之事的出現！」

「你說的也是實話。」奕訢若有所思地說，「若將後來的各項洋務舉措比作一台大戲的話，曾國藩的動議，我與文祥及我的岳父大人的會銜奏摺算是拉開了這台戲的帷幕。」

「王爺比喻得真好！」李鴻章不失時機地讚揚一句，繼續說下去。「同治元年曾國藩在安慶試造小輪船，同治四年在上海建製造局，五年朝廷任命沈葆楨為船政大臣，七年，江南製造局造出恬吉號兵船，這是我們大清第一艘戰船。」

「這恬吉還是你的老師親自取的名字。我記得他對我說過，恬吉二字寓含的是四海波恬、廠務安吉之意，他還親自坐着恬吉號從江寧到采石磯。」

「是的，王爺好記性。其實曾國藩那時身體已很衰弱，他之所以那樣高興，像年輕人一樣興致勃勃地登船試航，是因為他從恬吉號的身上看到大清徐圖自強的希望。」

「不錯！」奕訢的心裏充滿了對辭世二十多年的那位社稷之臣的無盡緬懷。

「這一年，瑞麟向英國訂購六隻船，又向德國訂購一隻。八年，船廠又造出一隻取名萬年青的兵艦。到了光緒四年，便有沈葆楨奏定各省每年協款四百萬両，南北二洋各分二百萬，專用來發展海軍，用十年的時間建成北洋南洋和粵洋三支海軍。這時多虧王爺出面說服沈葆楨，不要將有限的銀子平分，應先集中精力建好北洋，然後再建南洋、粵洋，這樣才保證北洋有較多的銀子辦事。」

奕訢笑了笑說：「沈葆楨那個倔老頭，把他的那個南洋看得很重，非要平分不可。不是我去勸說他，只怕別人是說服不了的。」

「正是王爺所說的，沈葆楨倔得很，那一年也是為了銀子，硬是跟曾國藩對着幹，最後還是曾國藩讓了步才罷休。」李鴻章繼續他的大清海軍史的簡要回顧。「北洋海軍就憑着這筆銀子，在七八年時間裏陸續在英國和德國定購鐵甲船兩艘、巡洋艦五艘、魚雷艇六艘，再加上上海福建兩船廠所造戰船十五艘，於是有了像模像樣的北洋艦隊。我又在天津辦了一所水師學堂，請閩省侯官人嚴復主持教務，培養海軍各種技術人員。」

「嚴復這個人我見過。聽人說，他的英文書寫能力比英國人還強，有這事嗎？」奕訢對嚴復表現出少見的興趣。

「有很多人這樣說。」李鴻章答，「這是一個絕頂聰明的人。他是福建船政學堂的第一屆學生，以第一名的成績畢業，曾在軍艦上實習五年，後又到英國海軍大學留學五年。他與別人的不同之處，是在海軍大學裏留學時，不僅研習海戰的戰術，還研習歐洲各國的政治、經濟等學問。有一次，他跟我談了一個晚上的話，他說我們不僅要學洋人的技術，還要學洋人的國家管理辦法，而且這比技術還重要。我看這人是個很有頭腦的人。過幾天，我把他從總教習提升為總辦。」

「嚴復多大年紀了？」

「今年剛滿四十。」

「喔。年紀還不大，今後說不定有無量前途。」已過花甲的皇伯近年越來越感覺到「年富」才是真正的財富，縱有金山銀山，一旦人死身亡，便全都化為烏有。他停了一會，說，「光緒十年前的北洋、南洋的舊事我還記得。十年後我不當政了，第二年海軍衙門建立。照理說，應該發展得更快，為甚麼不像大家所期望的那樣呢？」

「唉！」李鴻章從胸膛裏重重地吐出一口氣來。「王爺，您有所不知，我難呀！」

奕訢兩隻略為渾濁的眼睛盯着這位謗讟四聚的北洋大臣，認真地聽着他的下文。

「光緒十二年，朝廷設立海軍衙門，太后命醇王爺總理其事，命慶郡王和我為協理，又命善慶為會辦。我當時看到這道上諭，因設立海軍衙門的喜悅一下子減了許多。」

「為甚麼？」奕訢頗有興致地問。「你跟我都說過好幾次要由朝廷出面辦個海軍衙門。有人還說，張佩綸積極倡計此事，是受到你的指使。」

十年前，張佩綸因馬尾之役被革職充軍，在西北荒原一住四年才獲赦回籍。李鴻章賞識他的才華，家裏剛好有一個寡居的女兒，便將四十歲的鰥夫張佩綸招為女婿，並留在身邊做幕僚。一個當年視李鴻章為濁流的清流骨幹，如今卻成了依靠李鴻章棲身的上門女婿，不要說昔日友朋恥笑，想必張佩綸自己心裏也決不會好受。真可謂此一時也，彼一時也。然則張氏的違心曲己，也正好說明一種世情：對於大多數士人來說，「清高」只能建築在舒適的生存基礎上，失去了這個基礎，要再保持「清高」則十分不易。張佩綸的命真的不好。甲午海戰後，李鴻章大受攻擊，張佩綸也因此受到牽連，不少人指斥他應負「參謀失誤」之責。張佩綸成天如縮頭烏龜般地躲在家裏，忍氣吞聲地接受各方譴責而不敢做聲。

「沒有，這是有人存心挑唆，張佩綸那樣愛管閒事的聰明人，還要我來指使嗎？合北洋、南洋、閩洋、粵洋為一洋的事，他是可以想得到的。」李鴻章喝了一口祁門紅，繼續說，「朝廷同意設立海軍衙門，這是我企盼多年的事，我當然歡喜，但委了這一大堆人來辦，令我為難了。由醇王爺來牽頭，這是出於太后的重視。海軍是要與洋人打交道的，醇王爺對洋人的態度，王爺您是知道的，我真怕有些事與他講不清楚。」

對於自己的七弟，奕訢是再了解不過了。他輕輕地搖了搖頭，嘴角邊露出一絲苦笑。

「醇王爺倒也罷了，中間還夾一個慶郡王，後面又跟着一個善慶，這事可不更難辦了？」

李鴻章說到這裏，有意停了一下。對於慶王奕劻和善慶，他有着滿肚子的牢騷要發。這兩個人都是看中海軍衙門的時髦和銀子，不知費了多少心機才弄到這個肥缺，哪裏是辦事的人！可是，現在他們都還與他共着衙門辦事，還是不說為好。

「我打聽到曾紀澤英國公使任期已滿，請求朝廷讓曾紀澤進海軍衙門。醇王說，曾紀澤是個最合適的人，張之萬也推薦了他。於是我給他寫信，請他趕快回國。」

「曾紀澤有乃父之風，可惜天不假壽。」奕訢歎息。

曾紀澤回國後，出任海軍衙門幫辦，不久又兼任兵部侍郎、總理各國事務衙門大臣，眼看將要為國家擔當更大的責任，卻不料四年前以五十二歲的英年早逝，朝野均為之惋惜。

「是呀，那幾年的海軍衙門多虧了他在支撐。唉，為他的去世，我難過了好些日子，我為國家哭，也為自己哭，我一直把曾紀澤當親兄弟看待。」

以曾國藩待李鴻章的恩德，奕訢相信李鴻章說的不是假話。

「海軍衙門有曾紀澤在支撐着，我也極想利用它為大清的海軍做點實事，但事實上，我和曾紀澤的想法都是一廂情願，我們根本沒有力量按自己的意願辦事。現在看來，不辦海軍衙門還好，有海軍衙門，反而成了海軍擴建的最大阻力。」

「這話從何說起？」奕訢微微睜大眼睛問。

「光緒十二年未建海軍衙門前，北洋、南洋每年都還購船添炮。自從光緒十二年海軍衙門建立後至今，八九年間，北洋、南洋再未購買一隻外國兵艦，連炮台都沒有增加幾座。今年初夏海上閱兵後，王爺諄諄告誡我，要加強實力。這真正是金玉良言。回天津後，我即與洋技師商量購買英國剛下水的全世界時速最快的巡洋艦，結果戶部未批，這艘船讓日本買去，這次海上作戰成了我軍的剋星。現在想起來，真正追悔莫及！」

奕訢驚道：「從甲申年解甲歸田後，我就不再過問國事。李中堂，你剛才說海軍衙門設立來八九年，海軍沒有添購一艘兵船。這樁事，我還是第一次聽到。海軍衙門沒建之前，每年各省都有協助建海軍的四百萬兩銀子。建了衙門後，不要說再增撥銀子，就原先的四百萬，總得照常協解。八九年裏有三千多萬兩銀子，這是一筆巨款，不買軍艦火炮，拿它做甚麼去了？李中堂，你可要好好跟我說說。」

李鴻章望着臉色憔悴的軍機處領班，心裏想：恭王呀恭王，您是真不明白，還是想從我的口裏套話？這件事不但朝中百官曉得，連京師百姓都曉得。您不做軍機大臣，到底還是皇上的親伯父呀，何況還有一個女兒榮壽公主天天在太后的身邊，您怎麼可能一點都不曉得？

李鴻章猶豫着，不知怎樣開口，心裏將措辭仔細掂量一番後，重重地歎了一口氣，試探性地說：「王爺有所不知，海軍衙門設立的前一年，頤和園的園工便已開始了。」

不料奕訢冷笑了一聲後，說了一句令李鴻章頗感意外的話：「他們之所以要擠掉我，就是為了好放收手腳做這樁事。」

李鴻章雖說是領三殿三閣之首的文華殿大學士，但他未入軍機，一直往返於保定和天津之間，做他的直隸總督兼北洋大臣，他實質上只是一個外官。京師裏的事，他當然也是知道的，但畢竟不太明就裏。他也聽說過慈禧與恭王失和的主要原因是因為園工而起的：慈禧要修建，恭王反對，衝突便產生了。恭王並不因慈禧的不悅而讓步，故慈禧對恭王積怨愈來愈深，遂藉越南的戰事而罷黜恭王。恭王的這句話，證實了過去的傳聞，而且從話外之音裏還可以感覺到並不因如今的東山再起而冰釋前嫌。這樣看來，下面的話便好說了。因為恭王不是不知道，而是要從我這個海軍衙門協辦的口裏掏出對園工的不滿，使他得到滿足感，獲得一種「讓歷史來證明」的回報感覺。李鴻章本就有一肚子怨氣，正因無處發洩而鬱悶，眼下，正可以對這位多年的知交一吐衷腸。

「王爺這話使我明白了，為甚麼太后當初要讓醇王爺和慶郡王、善慶來管海軍衙門，他們是要讓海軍衙門變成頤和園的金庫。海軍衙門開辦不久，醇王爺便對我說，沒有太后，就沒有大清的今日，沒有太后，也沒有皇帝和李中堂你的今日。我們都要知恩圖報。再過四年，皇帝要大婚，大婚後太后就要歸政。歸政後太后想到園子裏去住，園子現在哪裏能住得人？為此，皇帝和我都很着急。太后這一點小小的要求，我們都不能滿足，良心上也說不過去。我問醇王爺，要我李鴻章拿多少銀子出來給太后修園子，我決不含糊。醇王說，不是叫你個人拿銀子，我是跟你商量下，聽聽你的意見。海軍每年有協款四百萬，眼下我們的船炮都大致齊備了，用不了這多錢。我想從四百萬裏騰出二百萬來給園工用，剩下二百萬足夠海軍開支了；再說，還有不少人願意報效海軍，海軍衙門還可以從那裏得到一大筆銀子。」

李鴻章端起杯子來喝了一口茶。

楊宗濂開海軍報效先例，正是他一手操持的。這事，他當然不想對奕訢說，故有意藉喝茶的機會停停，調整一下心緒。

李鴻章放下茶碗，繼續說：「我心裏想，醇王爺是皇上的生身之父，皇上的江山，還不就是他的江山？辦海軍，說到底也是為了他父子的江山。他既然把太后的頤和園和皇上的江山擺在一個位置上，我們作臣工的也無可奈何了。我說，王爺要這樣，就這樣吧。誰知，後來曾紀澤告訴我，不只挪用二百萬，而是將各省協款幾乎都拿到園子裏去了。曾紀澤氣得不行，我也沒料到。轉念我想，園工最遲到十四年底要完工，就算全部挪過去吧，也只有兩年了，就算這八百萬孝敬給太后吧，咱們今後還是有銀子辦事的。我反倒勸曾紀澤說，別跟善慶這班人慪氣了，統統地讓他們挪吧，到了光緒十五年，太后歸政，住到園子去後，他們就沒有藉口了。誰知，事情不是我所想的這樣簡單。」

李鴻章看了一眼奕訢，只見他鐵青着臉，緊閉着嘴唇不做聲。李鴻章知道奕訢心裏既憤恨又痛苦，他很可能在恨恨地默罵自己的七弟是在拿天下的銀子討好太后，以保障他醇王府裏的天子龍椅能坐得安穩無憂。

「沒想到，歸了政太后住到園子裏後，園工不但沒有結束，反而更紅火了。善慶給醇王、慶王出主意，說外面有傳言海軍衙門的銀子都用到園子裏去了，不如乾脆將兩樁事合為一樁事辦，倒可以堵好事者之口。慶王問如何合法。善慶說，園子裏有一個現成的湖，我們將它再拓寬挖深，湖面遼闊，太后必定歡喜。這是園工的事。然後利用這個大湖來做海軍的演習場所，在湖邊建一所海軍操練學堂，將天津的水師學堂移一部分到這裏來。善慶的話還未說完，慶王便拍起手掌來，笑道，這個主意好極了，我們乾脆將操練學堂的牌子掛在園子大門口去，對外就說擴湖是為了操練海軍，這樣就可以名正言順了。湖上再架座橋，好讓太后散心；山上再建個喇嘛廟，好讓太后參拜。醇王對這個設想也很滿意。當時老臣正在天津，未參加這個會議。事後，曾紀澤寫信告訴我，他對善慶這個餿主意極為反感：園子裏挖個池塘出來能練海軍嗎？這不存心讓外國人笑話我們太無知了？善慶正因得到醇王、慶王的誇獎而飄飄欲仙，哪裏聽得進曾紀澤的話，反倒譏諷他，說有意見為甚麼不在會議上提，你有膽就直接跟醇王、慶王去說。曾紀澤為人膽小謹慎，他心裏不願意又不敢說，怕醇王慶王不喜歡，更怕惱了太后。受善慶這一搶白，於是內火上來，一憂成病。據曾家的人說，曾紀澤後來早逝，就因為慪了善慶的氣。」

奕訢冷冷地插話：「難怪善慶這人不得好報，外放福州將軍，第二年便掉到閩江裏淹死了。」

李鴻章「嘿嘿」乾笑了兩聲後，接着說：「這個主意一採納，園子裏的工程就更熱火朝天地興建起來，規模更宏闊，新的建築更多，一直到現在都還沒完工。每年海軍的協款大半部分調去園工都還不夠。那年醇王又對我說，園子的銀子不夠了，總不能半途而廢吧。太后六十萬壽日也一天天逼近，再怎麼說，也要在慶典前把園子弄得基本上像個樣子。你身為天下督撫之首，還得請你出個面，給各省督撫寫封密函，乾脆跟他們講明白：要他們儘快向海軍衙門捐款，多多益善，正款辦海軍，息銀給園工，算是他們對太后的孝敬。我也不便反對，只好照辦。半年期間，又撈得七八百萬兩銀子。結果，連息帶正款，全部都花在園子裏了。我原先總以為挪海軍銀子去辦園工，純是因為醇王為感激太后的緣故，雖不妥當，但畢竟用心正大。後來我才知道，內務府在這裏面起了很大的作用，他們要借此撈銀子。有這股力量在後面，我李鴻章是決無能力抗拒的，便只有睜一隻眼閉一隻眼，順其自然了。」

奕訢自嘲地說：「算是被你看出來了。這也是有人竭力倡議修園子的重要原因。我一再阻攔，斷了他們的財路，所以才有甲申年的天怨人怒。」

內務府職掌內廷事務。宮中一切事，舉凡吃飯、穿衣、營造修繕、婚喪喜慶以及執事人員的賞罰升降等等，全部由內務府管理。晚清的內務府，是全國最大的腐敗衙門，賣官鬻爵，貪污中飽，敲詐勒索，瞞上欺下，甚麼齷齪無恥的事都敢作敢為。他們仗着老佛爺這把大紅傘的遮蓋，外官縱有沖天怨氣，也拿他們無可奈何。內務府斂取錢財的門路儘管很多，但最保險、獲利最多的一條路則是營造修繕。宮中辦工程三七開由來已久，大家見怪不怪，沒有人會出來舉報其間的中飽情事。內務府樂意興建土木，其源蓋出於此。

「就這樣，八九年間，海軍衙門三千多萬兩銀子，至少有兩千萬兩流失了，這流失的銀子，多半進了內務府上下裏外人的腰包，少半用在園工上，買船買炮的錢就再也沒有了。翁同龢接替閻敬銘掌戶部後更是明文宣佈，北洋艦隊十五年內不能增加一艘兵船。翁老三處處與我作對，他是公報私仇。害我李鴻章是小事，害了國家才是大事，翁老三真是罪不容誅！」

李鴻章向奕訢敍說這些年來的海軍衙門的事，有對善慶的譴責，對奕劻的不滿，甚至連醇王、太后也頗有微辭。但都沒有情緒化，唯獨說起翁同龢來，便氣忿忿的，彷彿要把海戰失敗的責任都推給翁同龢一人身上似的。這是因為翁家與李鴻章有一段很深的陳年過節。

那還是同治元年的時候，翁同龢的大哥同書還在安徽做巡撫。安徽那時正是所謂的四戰之地，湘軍與太平軍、捻軍在這裏展開激烈的角逐。翁同書不諳軍事，先是丟掉了臨時省垣定遠，後又因處理苗沛霖一事不當釀成大亂，丟失壽州。兩江總督曾國藩對翁同書極為憤恨，遂不顧翁家的顯赫地位，予以參劾，吩咐幕府文案起草奏稿。文案擬了幾稿，曾國藩都不滿意，最後讓李鴻章擬。李擬的奏稿甚得曾的滿意，其中「臣職份所在，例應糾參，不敢因翁同書之門第鼎盛，瞻顧遷就」這句最得曾的賞識，稱李深得做文章的「辣」字訣。果然，兩宮太后得了曾國藩的參奏後，不能因翁心存身為大學士、三朝元老而寬恕他的兒子，翁同書被定為「斬監候」。翁家因此而大亂，古稀之年的翁心存又急又恨，終於一病不起，當年冬天去世。翁同龢與他的二兄翁同爵為營救大哥上下奔走，好容易才保住翁同書一條命，卻又被充軍新疆。這件事讓翁同龢一生死死牢記，並因此對曾國藩和李鴻章存下永遠不可化除的深仇。

翁、李之間這段過節，奕訢知道，但說翁對李是公報私仇卻有失偏頗，遂有意淡化。「翁同龢掌戶部，雖不如閻敬銘那樣會理財，但他也有一個長處，會省儉。他不僅壓北洋艦隊的銀子，各省各部向戶部要銀子，他的態度是一樣的，能免就免，能省就省，實在不能免省的，他也要削減一半甚至到六成，要人家節儉着去辦。為此得罪了不少人，這些人都罵他鐵公雞。對於園工，我知道他也是不同意的，只是拗不過老七罷了。」

奕訢說的也是事實，李鴻章不再在這點上糾纏。「翁同龢既然不給北洋艦隊買船，他就應該知道我們海戰的實力並不強大，但他又一個勁地鼓吹打仗。據說皇上這次下的宣戰令，就是受翁同龢的鼓動緣故，太后其實還是主張持重的。虛驕浮躁，譁眾取寵，身為帝師而走清流一路，我最是討厭。」

李鴻章的這番話引起了奕訢的同感：是的，海戰的失敗，翁同龢同樣負有不可推卸的責任。他估計李鴻章還會將翁同龢罵下去，遂將話題扭正：「李中堂，還是回到我一開始的話題上。你說說，北洋艦隊目前還有多大的實力，我們與日本這場戰爭的前景到底會如何？」

李鴻章沉默片刻後說：「大東溝一戰，北洋艦隊損失慘重，致遠、經遠、揚威、超勇、廣甲沉沒海底，這五隻鐵艦，已不復存在。來遠、靖遠、定遠受傷嚴重，另有鎮遠、濟遠、平遠、廣丙、鎮南、鎮中六艘各受傷程度不等，現已經修復，全部開回威海衛港，加上大東溝未出戰之威遠、康濟，共尚有兵艦十一艘，另有蚊炮艇六艘，合起來十七艘戰船，再加上魚雷艇十二艘，若艦炮得力，士氣高昂，尚可一戰，只是……」

李鴻章稍停一會，才接着說：「大部分鐵艦雖經修復，但威力大減，經此挫折，從將官到士兵情緒低落，估計短期內難以出海作戰。」

「喔——」奕訢拖着聲音，下意識地點點頭，兩隻不大的眼睛盯着李鴻章問。「依你的看法，跟日本這場仗是繼續打下去呢，還是盡早坐下來談和呢？」

這是一個絕大的難題！要說繼續打下去，北洋艦隊的情況剛才已經說了，短期內簡直無戰鬥力。有情報說，日本的陸軍大將山縣有朋正在調兵遣將，麕集朝鮮，擬過鴨綠江，進犯中國遼東。從平壤失守的情況來看，駐守在遼東的中國陸軍也決不是日本的對手。打下去，中國只會失敗得更慘，損失更大，然則能言「和談」嗎？李鴻章想起這二個字，胸膛裏便彷彿有一股冷氣灌進似的。

從北宋末年以降，中國的士大夫在對外交戰中就十分忌諱「和談」二字。七百餘年來，有一種觀念在士人之間約定俗成：誰主和，誰就是懦夫、膽小鬼，甚至是賣國賊；誰主戰，誰就是勇士、英雄、愛國者。所以，一旦國遇外患，總是主戰呼聲一浪蓋過一浪，調子一個比一個唱得高，尤其是那些清流們，他們既不知己，也不知彼，自己既沒有辦事的實際經歷，又知道真的打起仗來，也不會上前線親冒矢石，倘若出了甚麼事，他們也不負任何責任。於是，他們主戰的喊聲比誰都響亮，以此博得國人的讚賞，同時也藉以打擊那些真正做實事但又與他們有衝突的人。作為多年來眾矢之的李鴻章，早已看透了清流的這一套伎倆，對之深惡痛絕，但他又無可奈何。七百餘年來積習而成的國情，你一人能改變得了嗎？百無辦法的時候，他也只能繞着躲着。而今，他苦心經營二十多年、耗費國家數以千萬計銀両的北洋艦隊慘敗於敵手，他的聲望已降到了一生的最低點，他再提出「和談」一事，豈不招致更大的舉國唾罵嗎？何況，宣戰諭旨是皇上經太后同意頒發的，他李鴻章能唱反調嗎？即便在恭王這樣相交四十年的上司面前，李鴻章也不敢冒這個天下之大不韙，只得硬着心說：「戰與和，這是國家的頭等大事，老臣已疲憊昏憒，這事得由王爺與太后、皇上來決定。」

恭王知道李鴻章的難處，不過，他已從李的神色中探到幾分底細，遂不勉強。看看已到中午，便中止談話，請李鴻章吃午飯。飯後李鴻章告辭回賢良祠，奕訢也不挽留。他必須好好午睡一下，下午四點鐘還有一個重要的約會。

6 東山再起的恭王，欲以戰和兩手應付危局

三點三刻，奕訢被叫醒，來到王府二進院子南面的中式客廳。這是自和珅時代起，中經慶王時代，直到恭王手裏都一直是王府最重要的會客場所。整個客廳的佈置，是純粹的中國風味。

檀木雕花高背椅，鑲着黑紋大理石的木茶几，博古架上擺着價值昂貴的各色古董。這一切都顯示着濃郁的中國式的審美情趣。尤其是牆上所懸掛的三代帝王墨寶，更凸現了書房主人的高貴地位。

東面牆上掛的是嘉慶帝送給其兄慶王永璘的字，上面是四個楷書：棠棣之花。取的是《詩經·棠棣》篇的首句。筆勢於端莊中微顯鋒芒，流露出那位越過眾兄而取得帝位的永琰的得意之態。西面牆上掛的是道光帝賜給奕訢的一句話：節儉為天下至美之德。字體規矩而略顯笨拙，極像那位龍袍上打補釘、又瘦又黑又精力充沛的「老土」皇帝。北面正牆上，懸掛的是一幅畫，畫的是三支飄逸的蘭草花。上款題了八個字：花中仙子，草中極品。下款題為：皇六弟鑒園主人清賞。字跡清秀俊逸，正是那位文采風流的文宗爺的手跡。這幅字畫原本掛在東面，北面掛的是奕訢的祖父嘉慶的那幅字。那年奕訢四十大壽，正是慈禧與奕訢關係最為密切的時候，慈禧帶着小皇上同治親臨恭王府祝壽，在客廳閒聊家常。慈禧一時興起，指着東邊的字畫說：那是我跟文宗爺合作的，我畫的蘭花，文宗爺題的款。滿座人忙站起仔細

欣賞這幅字畫，一個勁地恭維這幾筆蘭花畫得神極妙極，慈禧很高興。第二天，奕訢就叫人將這幅字畫與祖父的字換了個位置。第三天，慈禧與奕訢談完國事後，若無其事地說，正面牆還是應該掛老祖宗的字，我與文宗爺的字畫依然掛回原處。奕訢聽了，忙說，就這樣最好，就這樣最好！一邊說一邊背上直冒熱汗：我府上昨天的事她怎麼今天就知道了，而且如此在乎！從此，這幅畫掛在正中的位置再不能移動了。自那以後，也再沒聽慈禧說起挪回原地的話。

奕訢剛落座，他所約會的兩個客人便被寬齡導引了進來。走在前面的那位白髮蒼蒼、顫顫巍巍，人未進門先就乾嚎：「王爺呀！想不到老朽還有見到您復出的一天！」一邊說一邊搖搖晃晃地跨過門檻，剛進門，便又急着要下跪，奕訢忙快走前一步，雙手扶起說：「李師傅，擔當不起，擔當不起！」跟在李師傅後面的是一個虛胖臃腫的老頭子，也跟着喊着：「王爺呀！可盼着這一天了！」說罷抬起手直抹眼淚，趁着奕訢扶李師傅的時候，忙雙膝跪在地上，對着奕訢的腳磕了三個響頭，慌得奕訢忙說：「翁師傅，請起，請起！」忙着走了過來，雙手將他扶起。

這兩個老頭子對奕訢的感情顯然非禮王和李鴻章可比，看起來，奕訢此次的復出與他們似有着切身相關的利益，不然不至於如此動情。他們是甚麼人呢？

原來，被稱作李師傅的就是京中大老七十五高齡的李鴻藻，被稱作翁師傅的便是與李鴻章嫌隙甚深的翁同龢。李鴻藻做過同治帝的師傅，翁同龢做過同治、光緒兩朝帝師。清代皇室對帝師特別優渥。從皇上到文武百官，對做過帝師的人均以師傅相稱，以示尊崇。對於軍機處，奕訢採取暫時只增補不罷黜的策略，他首先想到要增補的，便是十年前因自己的原因而退出的那幾位軍機大臣。當時共進退的有四位，其中大學士寶鋆，工部尚書景廉都已去世，在世的只有李鴻藻、翁同龢了。李、翁二人雖仍分別為刑部尚書和戶部尚書，但在不在軍機卻有很大差別。自己既已復位，當然也要讓他們復位，何況這次他們二人也為此出力甚多。所以，在堆成小山般請求接見的文武大臣名刺中，恭王將李、翁的名刺挑出來，排在僅次於李鴻章的第二位，並特為安排在中式傳統客廳裏予以會見。

三人坐定後，李鴻藻還在用手抹着他那兩隻昏花的老眼，嘴裏喃喃地說：「我可活到這一天了，終於看到王爺您再領軍機處了。我就明天死，也瞑目了。」

李鴻藻這句傷感的話自有他的真情在內。這十年來，他不僅丟了軍機大臣，也因清流凋零、盛況不再而丟了清流領袖的地位，心中常有蒼涼之情，年愈老而此情愈熾。

奕訢忙說：「李師傅，您可不能說這樣的話，我還要多多借重您哩！」

「我不行啦，我老啦！」李鴻藻搖了搖白花花的大腦袋，摸着銀似的長鬚說，「平壤失守的消息傳到京師，我心裏急了。國家到了這種地步，禮王爺看來是無能為力了，扭轉乾坤只能靠王爺您。我當天晚上便坐轎去叔平府上，請他和我會銜奏請恭王復出。我這副老臉沒有面子了，要借重叔平在皇上說話的分量。」

「老中堂言重了！」翁同龢忙插話，「我跟老中堂是不謀而合，正準備第二天上他的府上商議這事，不料老中堂夤夜來了。這天夜晚，我和老中堂一起就擬好了摺子，一直忙了大半夜。我不能讓老中堂連夜回去，就請他在我家裏委屈睡一睡，第二天中午才讓他回府。」

李鴻藻說：「這是我四五十年來第一次在別人家裏過夜。」

奕訢知道這兩個自己過去的老搭檔，互相之間一唱一和地說這番話的真實用意，遂不再轉彎子，直截亮出了底牌：「甲申年因我的無能而使兩位師傅受牽連，十年來我每想起此事，便於心戚然。這次二位力薦，我心中甚是感激。年紀老了，身體又衰弱，本不應出山，但二位師傅的好意我不能拂。再說，我不出山，二位的軍機，誰來恢復？二位都官佚崇隆，不在乎一個軍機，但這不是兼不兼差的事，這是恢復名譽的大事。」

「王爺這話說到點子上了。」一向視名節勝過生命的前清流領袖忙插話。

奕訢會心一笑：「所以，領下諭旨後，我第一個想法便是請二位師傅進軍機，還像十年前那樣，咱們一道辦事。」

「謝謝王爺的美意，只是我已老邁了，不能勝任軍機要任。」李鴻藻心裏非常興奮，表面上卻依然謙遜着。

「我看李師傅就莫推辭了，國家正處多難之時，只能當仁不讓。」相較李鴻藻來說，身為光緒第一號參謀的翁同龢就爽快得多了。「王爺未出山之前，我和李中堂早已參與了禮王的軍機處會議，但有沒有這個名位還是大不相同的，名不正則言不順。有了這個名位，我們今後也可以打疊精神來，名正言順地辦事了。」

「翁師傅說得好。我一面奏請太后、皇上，你們就一面辦事吧！」奕訢臉上露出一絲難得的笑容。「今日請二位來，除告知二位恢復軍機的事外，就是請大家商量兩件大事。」

兩個老頭子肅然聽着。奕訢臉上的笑容早已沒有了。

「我打算設一個督辦軍務處，負責調遣全國各路軍隊，以應付眼下的危局。兩位師傅以為如何？」

這顯然是要將全國兵權集於自己的手裏，兩個在宦海浮沉了一輩子的老官僚豈能不知？

李鴻藻忙說：「軍務事權不一，難收指臂之效。目前形勢緊迫，的確急需設立一個號令全國的督辦軍務處。王爺所想極是。」

「設立督辦軍務處很有必要。」翁同龢也趕緊表態，並乾脆點明要害，「而且督辦大臣非王爺您莫屬。」

奕訢說：「這個事，自然不能推給別人代勞。我來做督辦，請慶郡王做個幫辦，兩位師傅和榮祿、長麟一起來做會辦。」

榮祿是步軍統領，進督辦軍務處說得過去，而長麟是戶部侍郎，與此挨不上邊，這顯然是奕訢對他的酬勞，獎勵他在「復出」一事中的賣力。按照通常情況，這半年來戰事的實際統帥李鴻章應該進這個軍務處，但卻沒有。翁同龢不覺心中一快，默默地說了一句：做得好！

李鴻章誇耀世人的殊榮——漢大臣獨一無二的三眼花翎，正是翁同龢在平壤失守後竭力堅持下而拔掉的。他知道，李鴻章惱火他，到處對人說他是公報私仇，幾十年過去了，還沒有忘記那道參摺。翁同龢自認不是李鴻章所說的那樣，在對外事務上，翁同龢和清流首領李鴻藻一樣態度強硬，與李鴻章的務求和局針鋒相對。在處世上，翁同龢恪守士人的傳統道德，以道義相交，淡若清水，而李鴻章則不擇手段，拉幫結派，隱然在國中形成一個「北洋派系」。這都讓翁同龢反感。耗費了上千萬兩銀子經營的艦隊卻不堪一擊，不處置他這個統帥，何以平民憤？翁同龢自覺他對李鴻章的糾彈無愧於公理，決不是公報私仇。他當即對奕訢說：「王爺考慮得周到，翁某自當聽候差遣！」

李鴻藻摸了摸鬍鬚說：「不知王爺對禮王的軍機處如何安置？」

奕訢立即答道：「全班不動，照常辦事！」

李鴻藻一愣。翁同龢說：「孫毓汶、徐用儀二人的彈章不少。戰事失誤，他們二人要負大責任，不宜再在軍機處。」

奕訢笑了笑說：「眼下是非常時期，應同舟共濟，戰事結束後再說。」

李鴻藻明白了奕訢的用心，說：「張中堂、額中堂都已老病在家休養多年了，我也老邁，翁師傅事多，孫、徐二位又不愜人口，軍機處得有一個年富力強、幹練有為的人來頂着日常事務。」

奕訢：「李師傅的話極對，不知夾袋裏現有合適人選嗎？」

「叔平，你有人嗎？」李鴻藻轉臉問翁同龢。

「一時還沒有。」翁同龢知道李鴻藻一定是早有一個人在，才會提出這個動議的，別說一時真的沒有，就是有也不能搶了他的生意。

「叔平那裏沒有，我這裏倒是有一個，現正做禮部侍郎的剛毅。」

奕訢問：「就是當年平反葛畢氏冤案的那個剛毅嗎？」

「正是。」李鴻藻點了點頭。

葛畢氏案件，許多人可能不知道，若換一種叫法：楊乃武小白菜案件，那便是家喻戶曉的晚清一樁大冤案了。

當時，剛毅身為刑部郎中，案子正落在他的手裏。這樁冤案的受審、平反過程中，剛毅出力甚多。他也因此而獲得慈禧的賞識，從那以後官運亨通。剛毅現年五十七歲，在卿貳大員中算是年輕的了。「剛毅辦事精明幹練。這一點，在老朽看來，朝廷中少有可及的。讓他進來，做個走腳跑腿、擬旨傳命的打簾子軍機，是最合適不過的了。再說，他這次為王爺的復出出力不少，可以信賴。」

剛毅是滿人，一向在六部做實缺官，不曾聽說他與清流有過甚麼往來，這些年裏是不是與李鴻藻建立了特殊關係？不過，對剛毅辦理葛畢氏案件，奕訢還是清楚的。他那時正在執政，和慈禧一樣，也很稱讚剛毅的能幹。軍機處除開自己和額勒和布是滿人外，其餘全是漢人，出於制衡，也免得滿蒙親貴說閒話，再啟用一個滿人也有必要。想到這裏，他說：「剛毅確為能幹，過兩天召見時，待我稟報太后、皇上後再定。」

見窗外的天空已漸趨暮色，兩位老頭顯然不會在府中過夜，有一樁大事必須抓緊時間商量。奕訢望了李、翁二人一眼，神色嚴峻，聲音低沉：「二位師傅處於海內人望的地位，有樁事我不得不先聽聽您們的看法。」

見奕訢如此莊重嚴肅的神態，李、翁二人突然有一種石頭壓胸的沉悶感，心裏在琢磨：他會說出件甚麼事來呢？

「對於倭寇這次悍然進犯朝鮮和我國，我們當然應該與之戰鬥，所以皇上對日宣戰是對的。不過，我們也得作兩手準備，若再打敗戰，失地喪土，那怎麼辦？我們總得想個主意才是。遼東距北京並不太遠，萬一倭寇打到北京，難道我們能叫太后和皇上再來一次庚申年的熱河秋獮不成？今天對着兩位師傅說腹心話，我們既要作力戰的準備，也要作最壞的估計。到了臨近最壞的時候，我以為我們還是不要忌諱和談。」

奕訢說到這裏，雙目注視兩位白髮老頭。見他們都面色端凝，嘴巴緊閉，知他們對「和談」二字仍固守偏激，遂把口氣變得緩婉一些：「當然，我們不是那種兵臨城下的和談，更不是讓我大清去向倭寇求和，我的意思是先要作準備，還是以往我的老法子，以夷制夷，俄國和美國都願意充當調停的使者。」

「王爺快不要提俄國了，這俄國老毛子太令人氣憤了。」翁同龢忍不住插嘴。

「甚麼事，翁師傅你說說。」奕訢問。

「一個月前，我曾奉太后之命悄悄地去了一趟天津。」翁同龢將臉向奕訢、李鴻藻面前湊過去，小聲說，「這是一樁極絕密的事，回京後我只跟太后一人稟報過，此外沒有對第二個人說，今天我就對王爺和李中堂說說吧！」

甚麼絕密事？奕訢、李鴻藻凝神端聽。

翁同龢輕輕地將上個月發生的事說了出來。

原來，就在平壤失守、黃海海面上北洋艦隊失利的嚴峻時刻，慈禧想再過二十天便是自己的六十大慶典禮，她希望自己的萬壽節在和平的日子裏度過，故盼望與日本的戰爭能早日結束。由外國公使出面來調停，是最能保全臉面的事，她想到了俄國。

早在光緒十二年，美國侵佔巨文島的時候，李鴻章曾與當時駐俄國公使拉德仁在天津曾談及中俄雙方對朝鮮半島安全的保護一事。李鴻章表示，中國不會變更朝鮮政體。拉德仁表示，俄國不會侵佔朝鮮土地。當時，雙方都只這樣說說，並未簽約。後來，英國退出巨文島，李鴻章、拉德仁就不再提這個話了。中日戰爭爆發後，俄國眼見日本犯佔朝鮮，大為不甘心，於是俄國公使喀希尼與李鴻章舊事重提，表示俄國依然承認光緒十二年的口頭承諾，協助中國保護朝鮮。慈禧聽說回國休假的俄國公使喀希尼已假滿回任，來到天津，便要翁同龢親自到天津走一趟，見一見這個俄國公使，就說朝廷請俄國出面調停中日戰事。

但翁同龢死守南宋以來中國士人的原則：不言和談，何況自己是天子近臣，一向主戰，亦不願此事披露後遭士林的唾罵。慈禧一定要他去，對外嚴格保密，對天津官場，則以向李鴻章口傳諭旨為藉口。翁同龢無奈，只得銜命出發。

他裝扮成一個普通百姓，帶着三個僕從，趁天未亮離開北京城，坐一條小舢板船取道通州，再沿北運河南行。第二天夜裏抵達天津城外，再乘小轎進了北洋通商大臣衙門，向李鴻章傳達太后的諭旨。李鴻章第二天便到俄國駐天津領事館打聽。原來，公使喀希尼並未回任，從俄國回來的是參贊巴維福。巴維福和李鴻章照面後，明確表示喀希尼在國內無權，他說的話不能算數，俄國不便出此關說。李鴻章大為失望。翁同龢急忙趕回北京，向慈禧稟報。他因此對俄國人十分厭惡。默默聽完翁同龢的這段長篇陳述後，奕訢問：「俄國人為何這等出爾反爾？」

翁同龢說：「這個嘛，一時也說不清。洋人貪利，不講信義，也可能他們認為日本強悍，自己敵不過；也可能是本國有麻煩事牽累，無力應付外事；也可能如巴維福所說，喀希爾公使對李鴻章說的話，只是他個人的意願，而他本人在國內已無權，說話不算數。總之，我們可以俄國的態度作個例子，不能指望洋人，洋人是不會真心幫我們的。」

「翁師傅說得有道理。」奕訢點點頭說，「不過，洋人既然貪利，我們便可以利嗜之。他們的目標是利，間接也幫了我們的忙。俄國既不可信，李鴻章說美國公使貝田願意來調停。以我過去與洋人們打交道的經驗，還是美國人比較實一點。你們看，美國那裏是不是可以試一試？」

翁同龢不做聲。李鴻藻看出奕訢還是沒有放棄他一貫的以夷制夷的外交路數，他現在領軍機、領總署，大權在握，要怎麼做自然可以怎麼做，提出來商量，這是給我們兩個老頭子的臉面，要知趣才是。想到這裏，前清流派首領摸了摸鬍鬚，擺出一副國之大老的架勢，緩緩地說：「我中華謀國之道，原本秉承文武遺緒，一張一弛。故戰、和兩端都應執於手中，張以促戰，弛以言和，如此方可厝國家於磐石之上，處飄風驟雨中而不動搖。王爺今日執掌中樞，國運時局，都在王爺的把握中。王爺在努力備戰的同時，又在思量外國調停一路，真正是計出萬全，允執兩端。有王爺掌大清之舵，這是國家之幸，百姓之幸。老夫以為俄國既然不行，可與美國公使事先聯繫，早作安排。」

翁同龢睜大着眼睛望着李鴻藻：老頭子不是一貫強硬，主戰不主和嗎？不是一向對洋人深具戒備嗎？為何改變了主張，是年老血衰，沒有氣概呢？還是打定主意尾隨恭王，以求死後飾終隆重呢？他在心裏搖了搖頭，嘴巴仍閉着。

奕訢笑了笑說：「就按李師傅的話辦，先得跟美國公使聯絡聯絡，早作準備。時候不早了，還有一件事，我也想聽聽二老的意見。」

奕訢喝了一口茶說：「督辦軍務處設立後，第一件事便是調遣人馬出山海關對付倭寇，你們看調哪部分兵力為好？」

翁同龢說：「近幾十年來，湘淮兩軍支撐着大清的天下，這幾個月來參戰的人馬，都是淮軍班底，足見淮軍已不可用。各省督撫中也有請調出關作戰的，唯湖南巡撫吳大澂最為激昂。他所依仗的無非是湘人之鬥志，可見湘軍餘威未盡。眼下六十六鎮中，南方尚有十餘鎮的將官是湘軍出身的。我看可調湘軍出關，取代淮軍。」

李鴻藻說：「叔平所說極是，捨湘軍外無能戰者。」

奕訢若有所思地說：「調湘軍出關，就這樣定了。誰來做出關湘軍的總統領呢？吳大澂總不行吧，他沒有打過仗，別省將官大概也不會服他。可惜曾國荃去世了，不然由他來領軍最合適。」

「有劉坤一呀！他也是湘軍中一員宿將。論資格，健在的湘軍將官中數他最老了。他是兩江總督，論官銜也最高，由他領軍最合適。」翁同龢忙插話。

奕訢說：「翁師傅和我想到一起了。環顧各省軍營，領湘軍的還非劉坤一莫屬。只是他也快七十了，精力還濟嗎？」

翁同龢說：「精力聽說還行。當然，騎馬衝鋒是不行了，要的是他的資望地位。他只需坐鎮關外，出謀劃策就得了。」

「那就這樣定了，由劉坤一統領各路湘軍，出征山海關。」奕訢停了一下說：「兩江總督是要職，不可空缺，劉坤一這一走，由誰來接任？」

「由張之洞來接任吧！」李鴻藻立即說，「我常聽人說，今日十八省督撫，論聲望，數直隸總督李鴻章第一；論資格，數兩江總督劉坤一第一；論才幹，數湖廣總督張之洞第一。李、劉、張如今是鼎足海內的三督。兩江要地，依老夫愚見，還只有調張之洞才壓得住。」

翁同龢心裏又嘀咕了：這老頭子竟如此顧念他的舊日同黨，把張之洞抬得這樣高。「海內三鼎足」，這個說法我怎麼沒聽說過？將張之洞排在第三位，人家兩廣總督李瀚章排第幾？翁同龢雖不喜歡張之洞，但當着李鴻藻的面，他也不好直接反對，只得轉一個彎子：「王爺，劉坤一帶兵出關，只是暫時的，不宜開缺他的江督一職。他在江寧十多年了，人地兩宜，仗打完了還得讓他回江督原任。張之洞去江寧，只能是署理，不能說是接任。」

「對，署理，叫張之洞以湖督身份署理江督。」

奕訢見窗外已暮色蒼茫，遂起身說：「今日勞累二位師傅大半天，受教良多。天色已晚了，我也不留二位在府裏吃飯了。我這裏有兩匣南海燕窩，分送給兩位師傅，就抵這餐飯吧！」

李鴻藻、翁同龢高高興興地從長史寬齡手裏接過燕窩，奕訢親自送他們出書房門外。

上午還是陽光燦爛，下午卻突然變天了。望着密雲不開的灰黑色天空，剛剛復出的恭王心中悵惘起來。他不知道與日本這場戰爭的結局到底會怎樣，也不知道十年來已被老七、世鐸等人攪亂的朝政將如何釐清。他更不知道三十年前，與曾國藩、文祥相期的「徐圖自強」能不能有實現的一天。「受任於敗軍之際，奉命於危難之間」，他嘴上喃喃唸着，心裏想：今日的我與當年的諸葛亮不是同一處境嗎？可惜我早已沒有諸葛亮當時的青春年華了，朝中也缺乏劉玄德那樣賢能誠懇的君主。唉，奕訢深深地歎了一口氣，望着昏暗的夜空出神，好半天才無端地冒出一句話來：這天怕是要下雪了。